21 世纪法学系列教材

妇女法学

Women's Law

|第二版|

主　编　| 李明舜　但淑华

撰稿人　| 但淑华　郭　晔　郝　佳　黄　晶
以姓氏拼音为序　　姜秀花　蒋永萍　李明舜　李秀华
　　　　　　　　李岳阳　林建军　刘永廷　马　焱
　　　　　　　　唐　芳　王　欢　魏开琼　谢　芳
　　　　　　　　邢红枚　周应江　朱晓飞　左玉迪

法律出版社
——北京——
始创于1954年

好书,同好老师和好学生分享

图书在版编目（CIP）数据

妇女法学／李明舜，但淑华主编． --2 版． --北京：法律出版社，2025． -- ISBN 978 - 7 - 5244 - 0555 - 9

Ⅰ．D923.8

中国国家版本馆 CIP 数据核字第 202520BG96 号

妇女法学（第二版）
FUNÜ FAXUE(DI - ER BAN)

李明舜　但淑华　主编

责任编辑　陈　慧
装帧设计　孙　杨　苏　慰

出版发行	法律出版社	开本	787 毫米×1092 毫米　1/16
编辑统筹	法律教育出版分社	印张	15.25　　字数　266 千
责任校对	晁明慧	版本	2025 年 8 月第 2 版
责任印制	刘晓伟	印次	2025 年 8 月第 1 次印刷
经　　销	新华书店	印刷	固安华明印业有限公司

地址:北京市丰台区莲花池西里 7 号(100073)
网址：www.lawpress.com.cn　　　　　　　　销售电话：010 - 83938349
投稿邮箱：info@lawpress.com.cn　　　　　　客服电话：010 - 83938350
举报盗版邮箱：jbwq@lawpress.com.cn　　　　咨询电话：010 - 63939796
版权所有・侵权必究

书号：ISBN 978 - 7 - 5244 - 0555 - 9　　　　　　　定价:39.00 元

凡购买本社图书，如有印装错误，我社负责退换。电话:010 - 83938349

出 版 说 明

法律出版社作为中国历史悠久、品牌积淀深厚的法律专业出版社，素来重视法学教育图书之出版。

"21世纪法学系列教材"作为本社法学教育出版的重心，延续至今已有二十余年。该系列一直以打造新世纪新经典教材为己任，遍揽名家新秀，覆盖法学各科，因其卓越品质而颇受瞩目并广受肯定。该系列也一直根据法学教育的改革方向和发展变化的客观需要，不断进行调整重组，以便更好地为法学师生服务。

中国的法学教育正面临深刻变革，未来的法学教育势必以培养德法兼修的高素质法治人才为目标，以素质教育与职业教育相结合、理论教育与实践教育相结合、知识教育与应用教育相结合、国际视野与本土特色相结合为导向，法学教育图书的编写与出版也由此进入更新与创新的时代。

为顺应法学教育的改革方向和培养目标，顺应学科交叉融合和数字技术的发展态势，本社将应时而动，为不同学科、不同层次、不同阶段、不同需求的法学师生量身打造法学教材及教学辅助用书。或革新，或全新，以厚基础、宽口径、多元化、开放性为基调，力求从品种、内容和形式上呈现崭新风采，增强教材的时代性、科学性、实效性和可读性，致力于打造"理想信念塑造、专业知识传授、实践能力培养"三位一体的法学教材与教学辅助用书，为法学师生提供更好的教本与读本。

"好书，同好老师和好学生分享。"本社在法学教育图书出版上必将继往开来，以精益求精的专业态度，打造全新"21世纪法学系列教材"，传播法学知识，传承法学理念，辅拂法律教育事业，积累法律教育财富，服务万千法学师生和明日法治英才。

法律出版社

2025年6月

第二版修订说明

《妇女法学》教材自2015年出版至今已整十年。其间，妇女人权理念有了新的发展，国际与中国妇女权益保障的立法与司法实践也有较大进步。2023年2月，中共中央办公厅、国务院办公厅联合印发了《关于加强新时代法学教育和法学理论研究的意见》，对法学理论研究、法学教学和法学教材等也提出了新的更高要求。

本次修订旨在贯彻落实上述意见精神，反映妇女法学理论研究的前沿成果和妇女权益保障立法的最新发展，力争实现时效性、先进性和稳定性的平衡。修订内容主要体现在以下三个方面：

一是反映自2015年5月第一版出版以来妇女权益保障法律制度在立法、修法及学科研究方面的最新成果、理念价值和前沿理论，特别是2022年修订的《妇女权益保障法》《反家庭暴力法》以及《民法典》及其司法解释中有关妇女权益的内容。

二是在保持第一版学科体系与教材体例框架的基础上，增加对妇女法思想基础的论述和对妇女权益保障制度机制的阐释，力求更完整、准确、科学地阐述妇女权益保障制度的法学理论及实践。

三是为适应教学需要，顺应法学教育改革方向和高校教材发展趋势，在体例上新增引例及引例分析，选取近年来妇女权益保障的典型案例或事例，进行深入分析和评述，以帮助读者更好地理解妇女权益保障制度。本次修订还增加了章前语、章结语、思考题等。

本书由李明舜教授、但淑华副教授任主编，作者以中华女子学院法学院（中国妇女儿童权益保障研究院）教师为主，也有来自中国政法大学、扬州大学、全国妇联的长期从事妇女法学教学科研和实务工作的专家学者。具体写作分工如下：

林建军： 第一章、第二章第二节
邢红枚： 第二章第一节

王　欢：第二章第一节

姜秀花：第二章第一节

魏开琼：第二章第一节

马　焱：第二章第一节

左玉迪：第三章第一节、第四章第二节

但淑华：第三章第二节、第四章第三节、第五章第五节

刘永廷：第三章第三节、第四章第四节

唐　芳：第三章第四节、第四章第五节、第五章第三节

郝　佳：第三章第五节、第四章第六节

李秀华：第三章第六节、第四章第七节

李明舜：第四章第一节

黄　晶：第五章第一节

郭　晔：第五章第二节

周应江：第五章第三节

蒋永萍：第五章第四节

朱晓飞：第五章第五节

谢　芳：第五章第五节

李岳阳：第五章第六节

最后，衷心感谢法律出版社编辑对本书的辛勤付出，以及中华女子学院法学院2022级王雯玲同学为本书排版、校对做出的贡献。

李明舜

2025年4月

序　言

　　本教材是中华女子学院法学院教师长期从事妇女法教学和科研工作的智慧结晶。作为全国妇联所属、教育部批准的女子普高本科学院——中华女子学院肩负着培养女性人才、为妇女维权和发展提供理论支持和人才支持的重任。中华女子学院法学院顺应学校的特色办学目标，确立了特色培养目标，学生除具备法科学生必备的法律素质外，还需具备依法维护妇女、儿童等弱势群体权益的能力和社会性别意识。为此，法学院于1992年以《妇女权益保障法》颁布施行为契机，在全国最早开设了妇女法课，并一直在妇女法领域不懈耕耘，产生了系列研究成果。研究成果的内容也从早期的《妇女权益保障法释义》、《妇女权益保障法问答》等简单释义类教材，逐步发展到不断整合现有知识、探究妇女法基础理论的《妇女法基本问题研究》、《妇女权益法律保障研究》等学术专著，其中2007年出版的《妇女法基本问题研究》一书已就妇女法的概念、调整对象、基本原则、法律渊源等基本理论问题进行了深入探讨，构建了妇女法的基本理论框架。此外，学院教师还陆续出版了《女性面临的法律问题》《妇女人权的理论与实践》《〈妇女法权益保障法〉修改理论与实证研究》《妇女法研究》等著作；发表了《妇女法概念之界定》《妇女权益保障法基本原则的新思考》《妇女权益保障法修改中的几个问题》《平等对待与倾斜保护——妇女法立法目的及其价值理念分析》《妇女法律与妇女人权研究综述》《中国妇女法的未来》等多篇学术论文。

　　本教材系统地对妇女法的基本原理、妇女法的产生发展及其根本动因等问题进行了抽象和阐释，构建了妇女法的完整理论体系，形成了与其他法学学科对话的独创性理论与学说体系，是法学院教师在妇女法领域进行不懈学术探索的结果。

　　本书的写作者主要是中华女子学院法学院教师，另邀请扬州大学法学院长期从事妇女法研究的李秀华教授加盟。本书具体写作分工如下：

林建军　第一章、第二章、第三章第五节、第四章

李明舜　第三章第二节、第七节

李秀华　第三章第三节

左玉迪　第三章第一节

唐　芳　第三章第四节

汤轶群　第三章第一节、第六节

目　　录

第一章　妇女法概述 …………………………………………………………（ 1 ）
　第一节　妇女法的概念 ………………………………………………………（ 1 ）
　第二节　妇女法的渊源与法律部门归属 ……………………………………（ 6 ）
　第三节　妇女法的产生与发展 ………………………………………………（ 14 ）

第二章　妇女法的指导思想与基本原则 ……………………………………（ 29 ）
　第一节　妇女法的指导思想 …………………………………………………（ 29 ）
　第二节　妇女法的基本原则 …………………………………………………（ 44 ）

第三章　妇女的权益 …………………………………………………………（ 54 ）
　第一节　妇女的政治权利 ……………………………………………………（ 54 ）
　第二节　妇女的人身和人格权益 ……………………………………………（ 63 ）
　第三节　妇女的文化教育权益 ………………………………………………（ 70 ）
　第四节　妇女的劳动和社会保障权益 ………………………………………（ 77 ）
　第五节　妇女的财产权益 ……………………………………………………（ 88 ）
　第六节　妇女的婚姻家庭权益 ………………………………………………（ 97 ）

第四章　妇女权益保障制度的社会性别分析 ………………………………（107）
　第一节　男女平等基本国策与社会性别主流化 ……………………………（107）
　第二节　妇女政治权利保障的社会性别分析 ………………………………（119）
　第三节　妇女人身和人格权益保障的社会性别分析 ………………………（126）
　第四节　妇女文化教育权益保障的社会性别分析 …………………………（134）
　第五节　妇女劳动和社会保障权益保障的社会性别分析 …………………（140）

第六节　妇女财产权益保障的社会性别分析 …………………（145）
第七节　妇女婚姻家庭权益保障的社会性别分析 ……………（152）

第五章　妇女权益保障制度机制 ………………………………（161）
第一节　妇女权益保障制度机制概述 …………………………（161）
第二节　保障妇女权益的工作机制 ……………………………（169）
第三节　法律政策性别平等评估机制 …………………………（180）
第四节　性别统计调查制度 ……………………………………（189）
第五节　保障妇女权益的救济措施 ……………………………（201）
第六节　妇联维护妇女权益的工作制度 ………………………（222）

第一章 妇女法概述

| 章前语 |

本章对妇女法的概念、调整对象、法律渊源和法律部门归属等问题进行了全面系统探究,进而归纳总结了妇女法的产生、发展脉络及其根本动因。这些问题是探究妇女法必须回答的基本问题。

第一节 妇女法的概念

一、基于特殊立法目的认识妇女法的概念

概念是"思维的基本形式之一,反映客观事物的一般的、本质的特征"[1]。妇女法概念界定的基础是对其本质属性进行理论上的抽象,以便推知妇女法的规律世界。抽象妇女法的"本质特征",其探究过程与探究其他任何事物的本质一样,实际上是在一些相对恒定的要素上确定其不同于"他质"的"本质",对与其接近的事物进行剥离和与其对立的事物进行对比。

一方面,如果以宏观"社会制度"为背景考察妇女法,妇女法和民法、刑法等其他法律均可以被抽象为"同质"的存在,均具有法律的特征。由此,妇女法首先是法律的组成部分。另一方面,如果以"法律"本身为背景考察妇女法,则妇女法与民法、刑法等其他法律又属于"不同质"的存在,这种"不同质"从妇女法的名称即可看得出来。

---

[1] 中国社会科学院语言研究所词典编辑室编:《现代汉语词典》,商务印书馆1987年版,第345页。

一般而言,法律的名称是以法律的调整对象即不同的社会关系来确定的,而妇女法则以特定主体即妇女群体来命名,专以妇女为法律的保障对象,这背后暗含着一个隐而不显的逻辑预设——妇女有被专门立法保障的必要,这显然是在与男性比较后作出的价值判断:从性别视角审视,男女两性关系的最佳模式尚未得到充分有效实现,法律应完成这一使命。这既是妇女法产生的根本动因,也是妇女法有别于其他法律的本质特征——特殊的立法目的。

在法律体系中,妇女法不是从来就有的,它是特定历史时期法律制度的产物。显然,在法律体系中为妇女这一性别群体专门立法并不是不言自明的当然命题,因此有必要对这种为实现特定立法目的进行法律资源配置的做法进行"问题化"处理,回答为妇女专门立法的价值正当性,即论证这种资源配置追求的价值理念的正当性,以及为实现理念所选择方法的恰当性。

从专门立法保障妇女权益的价值理念看,在应然层面,一方面,男女在同等情况下应被平等对待。因为男女两性同样作为生物学意义上的人,都有人的尊严、人的属性。这种"同质性"决定了男女两性在法律上拥有平等的法律地位,在政治、经济、文化、社会和家庭等各个领域享有平等的权利。另一方面,男女在不同等情况下应被正当差别对待。因为女性与男性相比还具有"异质性",主要体现为客观生理差异,女性存在母性生理机能,法律对此不能抹杀,应该予以尊重。从实然层面看,虽然在同等情况下,本应对男女平等对待,但在现实世界中,国际国内的大量实证调研数据表明,两性同样作为权利主体,在享有和实现权利方面远未实现平等。在我国,新中国成立后,党和政府高度重视妇女事业,为保障妇女权益、促进男女平等做出了不懈努力,取得了突出成效,妇女地位不断提升,妇女参与决策和管理的途径更加多元,受教育程度、健康状况、社会保障水平等都得到稳步提升和改善。但妇女在政治、经济、教育、人身、财产和婚姻家庭等领域仍面临一些问题和挑战,仍未全面充分实现男女平等。其根本和深远的原因在于女性面临的男女有别、男尊女卑的传统观念以强大惯性影响着性别秩序乃至社会秩序的建构。此外,虽然相关法律以性别中立的语言表达了平等原则,但假定的损害主要是基于男性生活经验,中立的模式很难全面有效应对和完全适用于针对妇女的歧视。为此,专门制定妇女法,旨在发挥法律对两性关系的调整作用,通过保障妇女享有的合法权益,消除对妇女一切形式的歧视,促进男女平等。我国最早于1992年专门制定了全面系统保护妇女权益、促进男女平等的基本法——《妇女权益保障法》。此后,全国人大常委会于2005年对该法作了较大修改,于2018年作了个别调整。2022年10月30日,十三届全国人大常委会第三十七次会议修订通过《妇女权益保障法》,于 2023 年 1 月 1 日起施行,旨在发挥法律对社会生活的调整作用,通过法律确认、保障妇女权益,促进男女平等。

从保障妇女权益采取立法这一方法看,妇女群体因文化观念等方面的原因在社会资源占有方面仍处于不利地位,而其自我改变、自我救济的能力和自我发展的潜力与强大的社会惯性难以抗衡,完全摆脱外部干预单纯依靠自身难以实现妇女地位改变的理想图景。"一些关于权利和自由方面的社会改革,如废除奴隶买卖,消除对女工和童工的虐待,克服种族歧视和性别歧视,也只有通过政府的积极干预才能实现。"[2]对妇女权益的保障需要诉诸外在权威,"国家负有积极行动的义务,保障公民充分地实现自己的权利和自由"[3],或补偿她们本应拥有而没有拥有的资源,或消除歧视,或排除她们行使权利的障碍等。法律作为"人们在社会实践过程中基于一定的需要而创造出来的社会调节机制"[4],以规则为基本要素,以国家强制力为后盾,其对妇女的保障具有更为突出的普遍性、稳定性和强制性。实际上,人类社会中用以配置各种资源的重要行为规则多采取法律的形式,通过法律进行强制性的再分配。因此,以法律创设和维护妇女权利,是发挥法律对社会生活的引导和规范作用,使妇女作为社会人回归社会,得到社会承认和肯定,并建立两性平等的人际关系和社会法律秩序,实现男女两性共同进步和协调发展。

显然,以妇女为出发点,以男女平等为目标,以法律为外在强制力,保障妇女各项权益的实现,使与理想相去甚远的实然的妇女状况得以改变,使两性关系的理想图景得以实现,是妇女法立足于法律体系的独特立法目的。

二、基于调整对象认识妇女法的概念

每个部门法都有归其调整的独特的具有同类性质的对象,对这种具有独特性及同类性调整对象的认识和描述是界定妇女法概念的基石。妇女法的存在已是不争的事实,然而妇女法的调整对象究竟是什么,迄今在学术界尚未展开充分讨论。

法律的调整对象是什么,主要有三种观点:第一种观点认为,法律调整的最普遍的对象是社会关系,这也是对调整对象的传统认识。第二种观点认为,"法律的调整对象是行为,而所谓社会关系不过是人与人之间的行为互动或交互行为,没有人们之

---

[2] 程燎原、王人博:《权利及其救济》,山东人民出版社 1998 年版,第 184 页。
[3] 程燎原、王人博:《权利及其救济》,山东人民出版社 1998 年版,第 184 页。
[4] 邓正来:《中国法学向何处去(上)——建构"中国法律理想图景"时代的论纲》,载《政法论坛》2005 年第 1 期。

间的交互行为,就没有社会关系。法律是通过影响人们的行为而实现对社会关系的调整"[5]。第三种观点认为,行为或社会关系的表述都是正确的,"法律对社会关系的调节,对社会秩序的维护,对社会利益关系的保障,进而对生产力的促进作用,都是通过对人的行为的影响而实现的,即通过设定和贯彻一定的行为模式来实现其一系列的规范作用和特定的社会作用"[6]。本书认为,行为与社会关系之间具有无法割裂的内在统一性,法律规范通过约束主体的行为产生调整特定社会关系的效力。本书对妇女法调整对象的认识建立在调整对象是社会关系的基础之上。

妇女法作为法律体系的一个组成部分,尽管其产生的根本动因有别于其他传统法律部门,是服务于预期目的——改善妇女处境、保障妇女权益、实现男女平等的国家意志行为,即妇女法调整的所有这些社会关系均应服从于妇女法的特殊立法目的。但无论这一立法目的是否有别于其他法,依然是通过对一定社会关系的调整来实现的。一如其他法,社会关系同样是妇女法的调整对象,而妇女自身的社会属性、妇女问题的广泛性,决定了妇女法调整的社会关系的广泛性。妇女的无限可能性释放、基本需求满足、主体性得以实现,必然涉及多维全方位整体性社会生活,为此,妇女法的调整对象也应全方位覆盖妇女参与的人身关系、财产关系、婚姻家庭关系、劳动关系等一系列社会关系。

无论妇女法调整的法律关系多么广泛,其中一方法律关系主体均被特定化和具体化为妇女,即调整妇女和其他主体之间的一系列社会关系。以妇女为主体,体现了妇女法主体具体而特殊的存在性。妇女法立法目的的实现寻求的是以妇女为主体单向改变的进路,是以妇女为目标人群考察其在各种社会关系中的状况,通过确认和保障妇女权利改变两性不平等的社会现实,其保障的对象被特定化为妇女。这里的妇女是指所有具有女性性别身份,在一定的现实状态中具有"特定社会属性"的一类人。因此,妇女法调整的是妇女与其他主体相互作用形成的各种社会关系。离开了妇女这个中介,就不可能形成妇女法所调整的社会关系。值得强调的是,妇女法调整的社会关系并非只发生在"男女两性之间",虽然妇女法最终追求的是两性关系的和谐公正,但妇女问题却不仅仅存在于妇女与男性相互作用的社会关系之中,其相对方还可以是法人、非法人组织。将妇女法调整的社会关系局限于男女两性之间,将无法规范男性之外的其他主体对妇女的侵权和犯罪行为,不利于妇女权益的实现。

---

[5] 张文显:《法哲学范畴研究》(修订版),中国政法大学出版社 2001 年版,第 60-61 页。
[6] 吕世伦、文正邦主编:《法哲学论》,中国人民大学出版社 1999 年版,第 113 页。

三、妇女法的含义

基于对妇女法立法目的以及调整对象的认识,所谓妇女法,是指国家制定或认可的,调整妇女与其他主体相互作用而形成的一系列社会关系,通过确认和保障妇女的各项权益实现性别公正的法律规范的总称。

这里所称的妇女法,有别于形式意义上的《妇女权益保障法》,是指实质意义上的妇女法。《妇女权益保障法》是一部由全国人大制定的专门保障妇女权益、促进男女平等的基本法。《妇女权益保障法》于1992年4月3日七届全国人大第五次会议通过,于同年10月1日施行,并于2005年进行较大修改,于2018年进行个别调整。2022年10月30日,十三届全国人大常委会第三十七次会议修订通过《妇女权益保障法》,于2023年1月1日起施行。妇女法比《妇女权益保障法》的范围更为广泛,不仅包括《妇女权益保障法》,还包括其他法律法规中旨在保障妇女权益、促进男女平等的相关法律规范。

对妇女法概念的全面认识应立足于以下三个方面:

第一,妇女法是权利法。妇女法的逻辑起点、轴心是权利,该法的价值既是通过权利体现的,也是通过权利实现的。妇女法的特殊立法目的在于确认和保障妇女享有与男子平等的一般权利和妇女基于客观生理差异而单独享有的专有权利。其内容主要是通过法律形式对妇女享有的权利予以确认和保障,重心在于针对现行法律没有规定而应该规定的妇女权利加以全面确认,对现行法律已有规定但尚未得到有效实现的妇女权利加以切实保障,强化妇女权利遭受侵害的法律救济,从而达到实现妇女权利、促进妇女全面发展和促进男女平等的立法目的。可以说,只有权利法的定位才能真正实现妇女的立法初衷,才能准确地反映妇女法的价值属性。至于义务的内容,则无须在妇女法中加以强调。一般而言,由于权利义务一致性是法区别于习惯、道德等其他社会调控方法的一个核心要素,几乎所有法律部门都以权利和义务的双向规定为调整机制。从表面上看,从法律规范的完整性出发,妇女法也应该遵循权利和义务兼而有之的模式,但妇女法特殊的立法目的决定了该法应以保障妇女权利为己任。如果规定义务,则无法突出立法重点,无法实现立法本意。更何况,对妇女义务的配置已在其他诸多法律中完成了,无须在妇女法中予以强化。

第二,适用主体的特定性。妇女法是专门保障妇女权益的基本法,其中的一方法律关系主体为妇女。每个女性社会成员,不论性别、年龄、职业等,从出生到死亡都置于与之发生的各种各样的社会关系中,都受到妇女法的规范,享有妇女法所规定的一般权利和专有权利。当然,在妇女群体内部,妇女的多元化使"妇女"这一概念的统一性受到挑战,不同妇女群体权利的实现状况不平衡,相对而言,残障妇女、农村妇女、老年妇女以及生活贫困的妇女等无疑是权利保障的重点。

第三,强烈的民族性、地域性。一方面,法律以人类的理性为基础,具有基于人类本质共通、普遍的要素,即具有普遍性;另一方面,法律与习惯、风俗等一样,具有各民族个别、特有的要素,即具有民族性。妇女法同样兼具上述普遍性和民族性的要素,其中尤其具有鲜明的民族性。各国的妇女法都是在本国特有的社会形态和条件下产生和发展的社会规范,是其所处的社会物质条件和文化条件的反映,深深地植根于一定的社会结构。妇女的发展状况,所处的社会制度以及本民族长期孕育的传统文化,尤其是习俗规范、性别文化、伦理道德、宗教背景等方面的状况,对妇女法的产生及其内容均有重要影响,渗透于妇女法之中。这些都构成妇女法的法意识源泉和其产生的社会基础,使妇女法具有鲜明的民族性、地域性。当然,随着经济全球化的深远影响,法律全球化也越来越明显,各国之间政治、经济、文化等领域的碰撞、融合成为常态。在这种背景下,不同法律制度之间的相互渗透、融合和趋同也就愈加明显。从时代发展特点看,随着社会的发展,妇女法的民族性、地域性色彩会逐渐减弱;相反,普遍性的共同要素将更为显著。

第二节 妇女法的渊源与法律部门归属

一、妇女法的渊源

法律的渊源也称"法律渊源",指那些来源不同,因而具有法的不同效力意义和作用的法的外在表现形式,因此,又称"法的形式"。妇女法的形式渊源就是妇女法借以表现和存在的法律规范形式。不同妇女法相关法律规范在宪法的统摄下,实现不同层次、不同规范之间的相互联系、相互配合,在内容上相互衔接,协调一致。[7] 根据我国现行法律规范的体系、层次和立法模式,妇女法的渊源主要有以下几种。

---

[7] 黄文艺:《中国特色社会主义法律体系的理论解读》,载《思想理论教育导刊》2012年第2期。

(一) 宪法

宪法是国家的根本大法,在一国法律秩序中具有最高性,体现在"内容的根本性、效力的最高性与规范的原则性"[8]。宪法是对人的权利中最基本、最重要的权利的保障,其采取的是最基本的保障手段、保障方式,旨在实现人之为"人"的法效目标,具有最高的法律权威和法律效力,任何法律都不能与之相冲突。宪法中一般都有涉及其他法律的原则性内容,是一切法律部门共同的法律渊源和立法基础,妇女法亦不例外。我国《宪法》第48条规定:"中华人民共和国妇女在政治的、经济的、文化的、社会的和家庭的生活等各方面享有同男子平等的权利。国家保护妇女的权利和利益,实行男女同工同酬,培养和选拔妇女干部。"

宪法的相关规定在妇女法的法律渊源中处于最高位阶,具有最高的法律效力,为妇女法确立了指导思想和规范基础。妇女法应承载宪法的规范意旨,将宪法原则具体化和系统化。

(二) 法律

这里的法律,是狭义的严格意义上的法律,专指全国人大及其常委会制定的规范性文件,包括基本法律及基本法律以外的法律。

法律是妇女法的主要表现形式,我国作为妇女法渊源的法律主要包括以下两个层次的法律:

1. 保障妇女权益的专门法律,即《妇女权益保障法》。《妇女权益保障法》是一部由全国人大制定的专门保障妇女权益、促进男女平等的基本法,是形式意义上的妇女法。《妇女权益保障法》为相关法律、法规等提供指引性的基本法律原则与制度框架,是妇女法最系统、最集中的形式渊源。

2. 其他相关法律,如《民法典》《刑法》《劳动法》《未成年人保护法》《母婴保健法》等。这些法律中均有涉及妇女权益保障的法律规范,是妇女法的重要法律渊源。

(三) 行政法规、规章

国务院是我国的最高国家行政机关,即最高国家权力机关的执行机关。国务院一方面负责法律的执行,另一方面根据宪法、法律和经全国人大授权,还可以制定与

---

[8] 白斌:《宪法教义学》,北京大学出版社2014年版,第195页。

宪法和法律不相抵触的规范性文件。这些规范性文件大多以"条例""决定""规定""办法"等形式表现，一般包括国务院制定的行政法规和国务院各部、委员会等制定的行政规章。

在我国保障妇女权益的法律体系中，有一些法律规范是由国务院及其所属各部、委员会等制定的，如国务院于2012年发布的《女职工劳动保护特别规定》等，通常具有针对性和可操作性等特点，对贯彻执行宪法和法律、保障妇女权益发挥了重要作用。

（四）地方性法规

包括省级地方国家权力机关即省级地方人大及其常委会，以及省、自治区的人民政府所在地的市和经国务院批准的较大的市的人大及其常委会制定的地方性法规；民族自治地方制定的自治条例和单行条例；省级地方国家行政机关即省级地方人民政府，以及省、自治区的人民政府所在地的市和经国务院批准的较大的市的人民政府制定的规章。

地方国家权力机关和地方国家行政机关在宪法、法律规定的权限内，可以根据本行政区域内妇女权益保障的实际情况，制定、发布保障妇女权益的条例、规定、实施办法、自治条例和单行条例等地方性法规或其他规范性文件。这些地方性法规或规范性文件同样是保证法律贯彻实施的重要措施，也是妇女法的法律渊源之一。这些地方性法规主要有两方面的立法思想：一是须符合《妇女权益保障法》的基本原则；二是适合当地妇女特别是民族地区妇女的实际情况，以满足当地的实际需要。

1992年《妇女权益保障法》（已被修改）施行后，我国很多省区市制定了专门保障妇女权益的地方性法规。2022年《妇女权益保障法》修订后，已有部分省市通过了地方性法规，如于2023年1月1日施行并于2024年修正的《上海市妇女权益保障条例》，于2024年6月1日施行的《福建省妇女权益保障条例》。

（五）司法解释

最高人民法院作为国家最高审判机关，根据法律的基本精神，在总结审判实践经验的基础上作出的关于适用法律的司法解释和指导性文件，以及确立、援用、认可并以"批复"形式下达的各种典型判例，也是妇女法的渊源之一。《人民法院组织法》第18条第1款规定："最高人民法院可以对属于审判工作中具体应用法律的问题进行解释。"全国人大常委会《关于加强法律解释工作的决议》第2条中指出："凡属于法院审判工作中具体应用法律、法令的问题,由最高人民法院进行解释。"目前,最高人民法院在保障妇女权益方面通过的司法解释主要集中于对妇女婚姻家庭权益的规定,如最高人民法院于2020年12月29日公布的《关于适用〈中华人民共和国民法典〉继承编的解释(一)》和《关于适用〈中华人民共和国民法典〉婚姻家庭编的解释(一)》(以下简称《民法典婚姻家庭编解释(一)》),2022年7月14日公布的《关于办理人身安全保护令案件适用法律若干问题的规定》,2025年1月15日公布的《关于适用〈中华人民共和国民法典〉婚姻家庭编的解释(二)》(以下简称《民法典婚姻家庭编解释(二)》)等。

(六)我国政府批准生效的国际公约和文件

20世纪以来,联合国通过了《世界人权宣言》(1948年)、《公民权利和政治权利国际公约》(1966年)、《经济、社会及文化权利国际公约》(1966年)等重要的国际人权文件,还通过了一系列保障妇女人权的国际人权文件,如《禁止贩卖人口及取缔意图营利使人卖淫公约》(1949年)、《男女工人同工同酬公约》(1951年)、《妇女政治权利公约》(1952年)、《已婚妇女国籍公约》(1957年)、《关于婚姻之同意、结婚最低年龄及婚姻登记之公约》(1962年)、《消除对妇女歧视宣言》(1967年)、《消除对妇女一切形式歧视公约》(1979年)等。目前,我国已经批准加入了包括《消除对妇女一切形式歧视公约》《男女工人同工同酬公约》《经济、社会及文化权利国际公约》等在内的一系列有关妇女人权的国际人权公约。从法律渊源上讲,我国已经批准加入的这些国际人权公约,是我国妇女权益保障法律体系的一个重要组成部分。根据这些公约的要求,保障妇女人权、促进男女平等,消除对妇女一切形式的歧视,既是我国政府的庄严承诺,也是我国政府应当履行的国际义务。

综上所述,我国妇女法的渊源是一个由不同形式的法律规范组成的有机整体,是一个开放的复合结构。不同的规范性文件处于不同的层次,具有不同的法律效力,在适用时应有所区别。目前,我国已经形成以宪法为基础,以《妇女权益保障法》为主体,包括相关法律、行政法规、地方性法规以及我国批准的国际妇女人权公约等在内的保障妇女权益、促进男女平等的法律体系。

二、妇女法的法律部门归属

法律部门,是指依据法律规范自身的不同性质、调整社会关系的不同领域(调整对象)和不同的调整方法等所划分的同类法律规范的总和。法律部门的划分从诸法合体到分立,至今已划分得越来越细。

法律部门是法律体系的基本组成要素。"所谓法律体系,通常是指一个国家的全部现行法律规范,按照一定的原则和要求,根据法律规范的调整对象和调整方法的不同,划分为若干法律门类,并由这些法律门类及其所包括的不同法律规范形成相互有机联系的统一整体。"[9]在我国现行法律体系中,存在不同法律部门,这些法律部门有各自特定的调整对象和独特的调整方法,内部结构严谨,外部协调一致,相互有机联系,共同实现法的统一目标。具体到妇女法的法律部门归属,目前在理论上存在较大分歧。

(一)法律部门的划分标准

法律部门的划分标准通常着眼于以下两方面:其一,是否有特定的调整对象。传统法律部门的划分主要以法律的调整对象为客观基础或主要标准。每一个独立的法律部门,都有自己特定的调整对象,解决特定的社会矛盾,从而与其他法律部门相区别。不同领域的社会关系成为法律的调整对象后,便成为法律部门形成的基础。不过,虽然调整对象是确立法律部门的重要标准,但其不是唯一标准,仅以此为标准,难以反映各个法律部门调整对象的复杂性,难以解释有的法律部门调整不同的社会关系,如宪法、刑法,也难以解释同一社会关系需要不同的法律部门来调整,如经济关系。因此,在此基础上,将法律规范的调整方法确立为法律部门划分的辅助性标准。其二,是否有特定的调整方法。调整方法主要指实施法律制裁的方法和确定法律关系主体不同地位、权利义务的方法。任何一个法律部门都有其基本的或典型的调整方法,如刑法采用较为单一的刑罚手段调整众多的社会关系,即刑罚制裁方法。民法、行政法则分别采取民事制裁或行政制裁的方法。民事法律的调整方法具有平等性、任意性等特点;行政法的调整方法则带有国家意志性、隶属性、强制性的特点。

(二)妇女法所属的法律部门

按照上述标准考察妇女法,无论是其调整对象还是调整方法,都不是独特的。就调整对象而言,妇女法调整的是在妇女与其他主体相互作用的领域里形成的各种社会关系,这些社会关系已分别被宪法和民法、劳动法、婚姻法等法律所调整;就调整方法而言,妇女法的调整手段具有综合性,妇女问题存在于社会生活的方方面面,妇女

---

[9] 黄文艺:《中国特色社会主义法律体系的理论解读》,载《思想理论教育导刊》2012年第2期。

法也是综合地运用民事、刑事、行政等多种调整方法。因此,妇女法不具备构成独立法律部门的基本要素,不能认定其属于独立的法律部门。

对于妇女法应归属于哪一法律部门,有学者认为,妇女法"具有法律的立法地位和效力,但却无具体的法律部门依从"[10]。有学者认为,妇女法同样有法律部门依从,至于应归属于哪个法律部门,又存在不同认识:有观点认为,妇女法属于宪法性规范,应归属于宪法体系。宪法规定公民基本权利,规定国家和社会生活的基本问题,调整的是与国家政治经济制度密切相关的一切重大社会关系,如政治关系、所有制关系等。妇女法的立法目的在于改善妇女的现实处境,确认和保障妇女的各项权利,实现男女平等,其基本精神与宪法确立的男女平等的基本原则一脉相承,因此,妇女法属于宪法性规范。我国"涉及宪法规定的基本权利方面的立法比较少,特别是一些非常重要的基本权利依然停留在宪法的抽象宣告层面,没有专门的立法将其具体化,也就是依然处于无法可依的状态。即使是内容涉及宪法规定的基本权利的立法,也主要是有关妇女、儿童、老人、残疾人等特殊群体权益的保障方面"[11]。也有观点主张,妇女法属于社会法。按照法的三大法域——私法、公法、社会法的分类来看,宪法、行政法、刑法、诉讼法等属于公法,民法和商法等属于私法。公法旨在维护公共利益;私法旨在维护私人利益。公法是强行法,其法律关系不由当事人任意改变,法律由国家机关依法根据职权执行;私法是任意法,其法律关系可以由当事人双方通过协议加以改变,法律的强制执行也应当通过当事人的请求进行。社会法是20世纪出现的分类,被认为是公法与私法之外的第三法域。"除去国家组织法与其他公法,浸润了公法色彩的、以往私法规范的领域即为社会法,其主要包括有关劳动关系、产业统制等方面的法律。换句话说,公法、私法、社会法形成三足鼎立的局面。"[12]妇女法的内容既包括体现国家本位的公法内容,又涵盖了体现个人本位的私法内容,是两者相结合的综合形态,故应归属于社会法。

主张妇女法属于社会法的观点在理论上有一定道理,公法与私法的划分至今仍具有一定的现实意义,一些学者认为私法强调个体本位,公法强调国家本位,而社会法强调社会本位,妇女法同时包括了公法和私法的内容,当属社会法。但社会法的定位无法体现妇女法的独特价值取向,难以反映妇女法产生的特定立法目的和存在的

---

[10] 杨大文主编:《婚姻家庭法》,中国人民大学出版社2000年版,第49页。
[11] 王广辉:《中国人权立法的回顾与前瞻》,载《中南财经政法大学研究生学报》2007年第5期。
[12] [日]我妻荣等:《岩波法律学小词典》,岩波书店1937年版,第502页。

独特价值。况且,同属于社会法的劳动法等显然有别于妇女法。如劳动法有其独特的调整对象——劳动关系,而妇女法调整的是在妇女与他人相互作用的领域里形成的各种社会关系,这些社会关系已分别被其他法律所调整,妇女法并没有独特的调整对象。本书认为,只有从宪法或者说人权法的高度认识妇女法,才能真正符合妇女法的立法本意。法律体系中之所以有妇女法的一席之地,主要是因为要改善女性与男性相比的不利地位,确认和保障妇女权利的实现,促进男女平等。其立法目的、立法理念与宪法或者说人权法一脉相承。就妇女法的立法内容来看,其也突出了保障妇女权利的要求和变革社会的政治色彩。从联合国妇女人权国际公约到我国的妇女法,无一不是服务于确立妇女的人权主体地位,把妇女作为人权保障的对象,改善妇女现实处境,解决一定历史时期经济社会发展过程中的具体妇女问题,将尊重和保障妇女的各项权利,消除法律上的性别歧视,实现男女在法律上乃至事实上的平等视为立法使命。由此,妇女法的诞生不仅有其理论基础,也具有政治色彩。相较而言,人权法的精神更能体现妇女法的立法目的和立法本意。

三、妇女法与其他法律的关系

《妇女权益保障法》作为专门保障妇女权益的基本法,其调整的法律关系广泛而复杂。妇女自身的社会属性、妇女参与社会生活的复杂性和妇女问题的广泛性决定了妇女权利内容的广泛性。妇女权利是一个内容丰富的完整体系,涉及社会生活的方方面面,如妇女在政治、文化教育、人身、财产、劳动、婚姻家庭等诸多领域所享有的权利,其中部分内容已分别在宪法和民法、劳动法、刑法等法律中有所体现,这些法律对妇女权益从不同角度作出了规定。因此,《妇女权益保障法》必然与这些法律发生联系和交叉,处理好《妇女权益保障法》与这些相关法律的关系,对全面理解认识妇女法而言非常必要。

总体而言,《妇女权益保障法》与其他相关法律是补充和完善的关系,凡其他法律未作规定又必须规定的,《妇女权益保障法》作补充性规定或突破性规定,凡其他法律已作规定但较为原则和抽象,对保障妇女权益又确有必要的,《妇女权益保障法》作具体规定。具体而言,《妇女权益保障法》与其他法律是一种分工配合的关系。

(一)《妇女权益保障法》与宪法

宪法是国家的根本大法,规定我国的社会制度、国家制度、国家机构的组织与活动原则、公民的基本权利和义务等带有根本性的问题,具有最高法律效力,是包括《妇女权益保障法》在内的所有法律的共同法律渊源,任何法律都不得与宪法相冲突。

我国《宪法》第 48 条规定:"中华人民共和国妇女在政治的、经济的、文化的、社会的和家庭的生活等各方面享有同男子平等的权利。国家保护妇女的权利和利益,实行男女同工同酬,培养和选拔妇女干部。"第 49 条规定:"婚姻、家庭、母亲和儿童受国家的保护……禁止虐待老人、妇女和儿童。"宪法保护妇女权益、促进男女平等的价值理念是《妇女权益保障法》的指导思想,也是《妇女权益保障法》的立法依据和原则所在,应辐射到保障妇女权益的法秩序中。《妇女权益保障法》规定的各项妇女权益是宪法规定的进一步具体化,以体现宪法的规范意旨。

(二)《妇女权益保障法》与民法

民法是规定民事主体包括婚姻家庭成员之间人身关系、财产关系的法律规范的总称,具体涉及人身权、财产权、婚姻家庭权。《妇女权益保障法》的重要内容就是妇女的人身权、财产权和婚姻家庭权,因此民法与《妇女权益保障法》有着密切的联系,妇女享有的人身权、财产权和婚姻家庭权既受到民法的保护,也受到《妇女权益保障法》的保护。《妇女权益保障法》关于妇女民事权利、侵权行为及其法律责任的规定,是对民法的进一步完善和补充。如 1992 年《妇女权益保障法》(已被修改)首次明确规定了妇女享有生育权,2005 年《妇女权益保障法》(已被修改)首次明确规定了妇女享有隐私权等,上述规定也是对民法的重要补充。2022 年修订的《妇女权益保障法》将修订前的第六章"人身权利"前移到第三章,并且将章名修改为"人身和人格权益",在《民法典》的基础上做了进一步的强调,突显对人格尊严的珍视和维护,突出了人格权益的重要地位。

(三)《妇女权益保障法》与行政法

行政法是调整国家行政管理机关在实现其管理职能的过程中所发生的各种社会关系的法律规范的总称。保护妇女权益,行政法律的调整也是不可缺少的。如依据《妇女权益保障法》《治安管理处罚法》等法律规定,对妇女实施性骚扰、家庭暴力或虐待家庭成员尚未构成犯罪的,公安机关应当对行为人给予行政处罚。此外,行政复议、行政诉讼等行政救济措施也是妇女维护自身合法权益的重要手段。因此,《妇女权益保障法》在一些方面需要依据行政法规范保证有效实施,国家行政机关的管理等活动也是《妇女权益保障法》具体实施的重要保证。

(四)《妇女权益保障法》与刑法

刑法是适用刑罚的法律,是国家立法机关制定并颁布的有关犯罪和刑罚的法律,它是保护公民各种合法权益的重要法律武器,它对侵权行为所采取的制裁手段是各种法律手段中最严厉的,所以运用刑法制裁严重侵害妇女合法权益的犯罪行为,充分发挥刑法的权威作用十分重要。妇女享有的合法权益,既受到《妇女权益保障法》的保护,也受到刑法的保护。一些侵害妇女合法权益的行为,须依《刑法》的有关规定追究刑事责任。《刑法》规定了强奸罪,强制猥亵、侮辱妇女罪,暴力干涉婚姻自由罪,重婚罪,虐待罪,遗弃罪,拐卖妇女、儿童罪等犯罪,为打击侵犯妇女合法权益的犯罪提供了法律依据,所涉刑罚是其他法律所不能代替的必要强制手段。

第三节 妇女法的产生与发展

在中国,妇女权利的取得经历了一个从无到有的过程。在几千年的封建社会,妇女与男性相比,被剥夺了政治、经济和文化等权利,除了和男子同样深受封建君权、神权、族权的压迫之外,还受到夫权的压迫,成为男人的依附者。直到近现代,妇女的权利才作为问题被提出。

一、半殖民地半封建社会妇女权利问题的提出

中国的妇女权利问题是在维新变法运动中提出的。戊戌变法时期,受西方资产阶级革命提出的天赋人权、自由平等启蒙思想的影响,当时的进步知识分子接受了男女平等思想,并把妇女的解放与社会变革结合在一起,抨击"男尊女卑""三从四德"等封建礼教。自19世纪60年代起,资产阶级维新人士积极倡导变法维新,妇女问题成为维新变法主张中的重要内容。康有为在其《大同书》中列举了种种妇女之苦,揭示了妇女所处的"可惊,可骇,可嗟,可泣"的悲惨境地,提出了"男女皆为人类,同属天生",压迫妇女则"损人权,轻天民,悖公理,失公益"。[13] "男女平等,各自独立"是天赋人权。他提出解放妇女的纲领是:兴女学,使妇女接受教育;婚姻自由,女子可自由

---

[13] 康有为:《大同书》,古籍出版社1956年版,第146页。

择夫；废除缠足等封建旧俗。当时的资产阶级维新人士将妇女的"放足""兴女学"作为争取妇女权利的突破口，他们认为女性的愚昧无知导致了国家的落后，而缠足是父权制文化对妇女压迫的象征性符号，愚妇不利于新国民的造就。1898年，康有为向当时的光绪皇帝呈奏折——《请禁妇女裹足折》，得到光绪皇帝的支持和官方明令推行，不缠足运动逐步在全国推广开来。然而，好景不长，维新变法运动失败后，反缠足运动随之夭折。"兴女学"是维新派倡导的另一项争取妇女权利的运动，他们认为教育是强国的重要手段，特别是女子教育关系到国家和民族的生死强衰，为改变封建道德对女性的教化，让女子享有与男子平等的受教育权成为必然选择。在梁启超的倡导下，1898年，中国第一所自己创办的女子学校——"中国女学堂"在上海诞生。鸦片战争以后，西风东渐，男女平权之行从上海等通商口岸逐渐影响到内地，宁波、上海、镇江等地女学次第开设，妇女公开出入社交场所，不缠足运动逐渐开展。自19世纪70年代起，男女平等之说在上海等地的报纸上不断出现。1876年，《申报》先后发表《论女学》《书〈论女学〉后》《再论女学》等文，介绍英、美、德等欧美国家女子教育高度发达的情况；指出女子占人口一半，女子教育不但之于女子，而且之于整个国计民生、人口素质都有极大关系；认为女子教育在中国上古三代已经开始，只是后世荒废了，现在应当恢复；女子教育的内容，不应限于传统范围，而应增加许多切实有用的学问，包括天文、舆地、算法、格致诸学，使妇女学成以后，或执掌教育，或研究学问，或靠学得的一技一艺堪为糊口之资。这些文章批驳男尊女卑观念，认为男阳女阴、本位对待之词，无尊无卑，要说先后，那倒是女先男后——"盖万物先阴后阳，不有女也，男何以生？"1878年，《申报》刊载《扶阳抑阴辩》一文，将新的天文学知识运用到对阴阳学说的辨析，批驳了重男轻女的观念，认为阴阳本是并立并尊的，男女也应当并重无别。[14] 概括起来，维新派在妇女问题上与封建传统势力对立的观点主要在于以下三个方面："1. 维新派批判缠足、守节、从一而终等摧残妇女身心的陈规陋习，提出'天赋人权'、男女平等的观念。2. 主张恢复妇女的人性，赋予妇女应有的权利。提倡妇女受教育，掌握自谋生计的本领；提倡妇女参加社会生产劳动，以取得经济独立，改变妇女从属地位。3. 维新派把妇女解放与救亡图存和社会改良联系起来，并提出男女一起'治内治外'共同管理国家。"[15]

人权观念的启蒙以及"放足""兴女学"促进了妇女的觉醒，一些受过新式教育的

---

[14] 金天翮：《女界钟》，上海古籍出版社2003年版，"导言"。
[15] 卢玲：《图说中国女性》，团结出版社2004年版，第287页。

女性渐渐成为一支活跃的社会力量,提出了自身解放的要求。康有为的长女康同薇和次女康同璧、梁启超的妻子李蕙仙、谭嗣同的妻子李闰、康广仁的妻子黄谨娱等成为当时女性觉醒者的代表。1897年,李闰和黄谨娱成立了最早的妇女组织"中国女学会",明确提出了以争取妇女权利为宗旨的指导思想。"1898年、1902年,薛绍徽、陈撷芬等先后出版过两份名同实异的《女学报》,对男女平等多有宣传。这些文章,以西方男女平等为参照系,证以最新的科学知识,驳斥传统的男尊女卑观念,使得女权思想带有鲜明的时代特点。"[16]

中国妇女的觉醒是在辛亥革命时期。辛亥革命推翻了封建王朝,资产阶级开始出现在中国的政治舞台,与维新运动同时兴起的资产阶级革命运动同样积极推动争取妇女权利。孙中山公开把男女平权作为其民权思想的组成部分,中华民国临时政府成立两个月,孙中山就命令内务部下发禁止缠足令,这种自上而下的运动取得了很好的社会效果。资产阶级以妇女问题为突破口来倡导个人权利,通过兴女学、鼓励妇女参加反清革命来反抗传统文化的统治。这一时期西方的资产阶级人权理论被逐步介绍到中国,进一步推动了当时中国对妇女问题的探索。一些知识分子纷纷出版研究中国妇女问题的著述,如金天翮于1903年发表了中国近代史上第一部系统论述妇女问题的专著《女界钟》,该书对之后的妇女解放运动产生了广泛而深远的影响。该书全面控诉了妇女的苦楚,系统讨论了男女平等问题,力主婚姻自由,倡导妇女教育,倡导女子参政,呼吁妇女自己解放自己。金天翮认为,西方资产阶级政治思想已经传入中国,像是一线阳光射进了古老黑暗的中国大地,但中国妇女界仍处于沉沉黑暗之中,因此要敲响女界革命的警钟,唤醒女同胞。他在该书中提出:"女子与男子各居国民之半,如果只行男子教育,而不行女子教育,势必连男子教育也受影响,亦如人之身体,'其左部不仁,则右部亦随而废'。"[17] 这一时期还出现了几位杰出的妇女运动先驱,秋瑾是其中最杰出的一位,也是中国近代史上第一个自觉为妇女争取人权的女权主义者,她反对包办婚姻,认为无信义、无情谊的婚姻应当终结。她还在《勉女权歌》中抒发了男女平权思想和革命抱负,写道:"吾辈爱自由,勉励自由一杯酒。男女平权天赋就,岂甘居牛后?愿奋然自拔,一洗从前羞耻垢。若安作同俦,恢复江山劳素手。旧习最堪羞,女子竟同牛马偶。曙光新放文明侯,独去占头筹。愿奴隶根除,智识学问历练就。责任上肩头,国民女杰期无负。"这一时期的斗争主要围绕以下几个方面

---

[16] 金天翮:《女界钟》,上海古籍出版社2003年版,"导言"。
[17] 金天翮:《女界钟》,上海古籍出版社2003年版,"导言"。

展开:一是针对封建妇女观提出了妇女的权利要求;二是争取妇女的受教育权;三是争取妇女参军革命的权利;四是争取妇女参政权。

1912年,孙中山把《中华民国临时组织法草案》送交临时参议院,草案中写道"人民一律平等",但临时参议院修订时改为"中华民国人民一律平等,无种族、阶级、宗教之区别",没有提性别。1912年3月该法案以《中华民国临时约法》的名称正式颁布,将在革命中与男子并肩作战的妇女排斥在参政权之外。为此,妇女领袖唐群英等带领妇女表示强烈抗议,领导了轰动一时的大闹参议院事件。但是,1912年8月颁布的《参议院议员选举法》和《众议院议员选举法》仍然不承认妇女的选举权。辛亥革命失败后,妇女运动被压制下去。

1919年,五四运动爆发,这场运动既是爱国主义运动,也是新文化运动,它把中国妇女争取权利的运动进一步推向高潮。五四运动前后,新文化运动的先驱们在男女平等的大旗下,呼吁妇女解放。1916年,陈独秀在《青年杂志》(后改名为《新青年》)上发表《一九一六年》,指出女性处于被征服者境地,呼吁女性冲破"三纲"的束缚,改变被征服的地位,不做他人的附属品——"奋斗以脱离此附属品之地位,以恢复独立自主之人格"[18]。鲁迅先生发表《我之节烈观》一文,指责传统礼教用"节烈"这一畸形道德标准束缚女性,给妇女造成了精神上和生活上的痛苦。许多知识女性也为寻求自身解放著书立说、身体力行。"女人也是人,也要有独立人格"成为当时知识女性的主体意识。妇女们为争取参政权、教育权以及婚姻自由权,进行了可歌可泣的斗争,如赵五贞因反抗包办婚姻割喉自尽;邓春兰呼吁大学开女禁,并直接给北京大学校长蔡元培写信要求进北大读书;等等。

国民党政府于1930年12月26日公布了《中华民国民法》,该法作为国民党社会改革的工具,体现了三民主义的主张,受西方私法自由、平等和博爱精神的影响较多。如在亲属编通则中确立了男女平等的原则,肯定了男女双方有权自主平等地决定自己的婚姻问题;关于权利能力与行为能力的规定不分男女,夫妻互为配偶,人格平等;亲属分类和亲等计算男女双系平等;亲权以父母共同行使为基本原则;女子与男子具有同等的继承权;等等。上述规定对反对封建礼教,摒弃旧的男尊女卑、男主女从的婚姻家庭关系起到了积极的作用,其进步意义不可低估。遗憾的是,虽然该法亲属编的制定集各国民法之精要,但因缺乏成熟的社会条件,实际上难以实现其既定目标,并没有对旧的婚姻家庭制度进行根本的改革,封建主义婚姻家庭制度在半殖民地半

---

[18] 《陈独秀文集》(第1卷),人民出版社2013年版,第134页。

封建社会中仍然居于统治和支配地位。

纵观上述争取妇女解放的运动及相关法律规定,虽然受时代的局限没有取得实质性的突破,但是在当时的历史条件下起到了唤醒意识、启蒙思想等的积极作用,这些都为日后的妇女立法创造了思想条件和社会基础,对促进社会变革和妇女解放无疑具有重要意义。

二、新中国成立前革命根据地时期妇女法立法的萌芽

五四运动前后,随着马克思主义妇女观进入中国,新文化运动成为以宣传马克思主义为主流的思想运动,一大批进步人士包括女性接受并运用马克思主义的理论,特别是运用其中的阶级观点分析中国的妇女问题。可以说,马克思主义妇女理论为中国共产党领导妇女运动奠定了思想基础。以李大钊、毛泽东、周恩来等为代表的革命先驱,在传播马克思主义的同时,提出并宣传解放妇女、改革婚姻家庭制度的主张,为我国婚姻家庭制度的根本改革进行了思想和理论上的准备。

1921年中国共产党成立后,把妇女运动纳入阶级和民族解放之中。中国共产党在成立初期和大革命时期提出了一系列关于男女平等、婚姻自由等妇女解放的思想和主张。1921年,党的一大就对妇女问题进行了讨论。1922年7月,《中国共产党第二次全国代表大会宣言》中系统地提出了解放妇女、实行男女平等的革命纲领。党的二大还制定了关于妇女问题的第一个文件《关于妇女运动的决议案》,其中表达了妇女运动是革命的一部分的思想,"妇女解放是要伴着劳动解放进行的,只有无产阶级获得了政权妇女们才能得到真正解放"[19]。"所以中国共产党除努力保护女劳动者的利益而奋斗——如争得平等工价,制定妇孺劳动法等之外并应为所有被压迫的妇女们的利益而奋斗。"[20] 党的二大决定党中央成立妇女部,第一位女中共委员向警予任部长。1923年6月,党的三大制定《妇女运动决议案》,提出"全国妇女运动的大联合""男女教育平等""男女职业平等""男女工资平等""女子应有遗产承继权""结婚离婚自由"等口号[21]。1925年1月,党的四大通过了《对于妇女运动之决议案》,提出

---

[19] 中共中央文献研究室、中央档案馆编:《建党以来重要文献选编(一九二一——一九四九)》(第1册),中央文献出版社2011年版,第161页。

[20] 中共中央文献研究室、中央档案馆编:《建党以来重要文献选编(一九二一——一九四九)》(第1册),中央文献出版社2011年版,第161页。

[21] 中共中央文献研究室、中央档案馆编:《建党以来重要文献选编(一九二一——一九四九)》(第1册),中央文献出版社2011年版,第266页。

了党领导妇女运动的三个原则以及发展妇女运动的三项办法等。[22] "1925 年 5 月，向警予增补为中共中央执行委员和中央局委员，同时担任中共中央第一任妇女部部长。"[23]

在中国共产党领导的苏维埃革命根据地，1930 年的闽西第一次工农兵代表大会制定了《婚姻法》。1931 年 7 月鄂豫皖工农兵第二次代表大会通过了《婚姻问题决议案》。1931 年 11 月，中华苏维埃共和国成立，中华苏维埃共和国中央执行委员会于 1931 年 11 月 28 日通过了《中华苏维埃共和国婚姻条例》（以下简称《婚姻条例》），并于 1931 年 12 月 1 日公布实施。"该条例是中国共产党建立全国性的工农民主政权之后关于婚姻家庭制度变革的第一个法律文献"[24]，《婚姻条例》确定男女婚姻以自由为原则，禁止童养媳，实行一夫一妻，禁止一夫多妻。1934 年 4 月 8 日，在《婚姻条例》的基础上，中华苏维埃共和国中央执行委员会又颁布了《中华苏维埃共和国婚姻法》，[25] 规定禁止一夫多妻、实行男女平等、保护妇女和子女合法权益，还对离婚后子女的抚养、财产的处理等问题作了具体规定。

抗日战争时期，许多边区都相继颁布了自己的施政纲领，其中也包括解放妇女、改革婚姻家庭制度的各项基本政策，这就为各边区提供了立法的基本依据。抗日战争时期，中共中央于 1937 年 8 月通过了《中国共产党抗日救国十大纲领》，作为抗日民主政权一切工作的准则。为贯彻实施这一纲领性文件，各抗日民主政权相继制定和颁布了施政纲领。在陕甘宁边区，边区政府于 1939 年 4 月 4 日颁布了《陕甘宁边区抗战时期施政纲领》，1942 年 2 月又颁布了《陕甘宁边区保障人权财权条例》。在晋察冀边区，1940 年 8 月，中共中央北方分局颁布了《晋察冀边区施政纲领》。"男女在社会上、政治上、经济上、家庭地位上，一律平等，实行严格的一夫一妻制，这是边区新民主主义社会的一种表现，在殖民地、半殖民地，半封建的社会里女子被当作一种商品而买卖，被当作一种奴隶而奴役，'三婢四妾'，成为一些特殊阶级的权利；'男尊女卑''夫唱妇随'成为封建人物奴役妇女的'天经地义'。所有这些随着边区新民主主义政治经济的建设而被粉碎。妇女解放是社会解放的一个内容，而妇女也只有在社会解放当中才能求得自己的彻底解放。"（1941 年晋察冀边区行政委员会指示信《关

---

[22] 中共中央文献研究室、中央档案馆编：《建党以来重要文献选编（一九二一——一九四九）》（第 1 册），中央文献出版社 2011 年版，第 251 页。

[23] 史全伟：《中国共产党历史上的 100 个第一》，人民出版社 2021 年版，第 105 页。

[24] 史全伟：《中国共产党历史上的 100 个第一》，人民出版社 2021 年版，第 151 页。

[25] 史全伟：《中国共产党历史上的 100 个第一》，人民出版社 2021 年版，第 153 页。

于我们的婚姻条例》)[26]在晋西北根据地,1942年10月19日,经中共中央晋绥分局提议,晋西北临时参议会通过了《对于巩固与建设晋西北的施政纲领》。上述施政纲领均体现了推行民主政治的施政思路,强调在社会生活和婚姻家庭领域坚决贯彻男女平等的原则,重视和保护妇女的民主自由权利。各边区民主政权还陆续颁行了自己的婚姻法规,如1941年4月1日公布的《晋西北婚姻暂行条例》、1943年2月4日颁布的《晋察冀边区婚姻条例》、1946年4月23日公布的《陕甘宁边区婚姻条例》等。上述婚姻法的基本原则和内容是:实行男女婚姻自由、一夫一妻制的婚姻制度,废除一切包办、强迫和买卖婚姻,禁止重婚、纳妾、童养媳以及类似一夫多妻的各种婚姻,促进男女平等,切实保护妇女儿童的合法权益。上述法律法规的颁布和施行,使广大妇女在政治、经济、文化以及婚姻家庭领域得到了解放,既推动了革命根据地的法制建设,又为我国妇女立法积累了经验。其中,男女平等、保护妇女儿童权益以及婚姻自由等基本精神被新中国妇女立法所承继下来。

从上述苏区、抗日根据地和解放区的立法活动可以看出,这些法令一以贯之的精神是废除封建主义婚姻制度,实行婚姻自由和妇女解放。这些法规的颁布和施行,废除了野蛮的封建主义婚姻制度,使广大民众特别是妇女不仅在政治上和经济上获得解放,而且在家庭男女关系上也获得了解放。这些立法规范调动了妇女的积极性,也成为妇女解放运动的思想指引,为中华人民共和国的妇女立法奠定了基础。

三、新中国成立后的妇女法立法

(一)新中国妇女法立法

新中国成立后,党和政府进行了卓有成效的法制建设工作,并且非常重视妇女的解放。国家通过自上而下的法律、政策等手段发动了对父权中心思想的批判,引导妇女离开家园走上社会。女性得以跨出家门,突破传统角色的枷锁,参加社会生产活动,步上两性平权的道路。同时,公有制的计划经济对改变社会性别关系也起到了意想不到的作用。我国妇女运动的发展进入了一个新的阶段——社会主义阶段,妇女运动和社会发展、国家建设紧密地结合起来,社会主义制度的建立使妇女的命运发生了历史性的转折,几代妇女为之奋斗的权利很快在立法上得到了全面实现。"妇女能顶半边天""时代不同了,男女都一样"不仅是口号,也是当时男女状况的现实写照。

---

[26] 韩延龙、常兆儒编:《中国新民主主义革命时期根据地法制文献选编》(第4卷),中国社会科学出版社1984年版,第816页。

1949年,中国人民政治协商会议第一届全体会议通过了起代行宪法作用的《中国人民政治协商会议共同纲领》(以下简称《共同纲领》),从国家根本法的高度明确广大妇女享有与男子平等的诸多方面权利,妇女全面获得了法律上与男子平等的地位。《共同纲领》第6条规定:"中华人民共和国废除束缚妇女的封建制度。妇女在政治的、经济的、文化教育的、社会的生活各方面,均有与男子平等的权利。实行男女婚姻自由。"第32条中规定,保护青工女工的特殊利益。妇女一夜之间在法律上享有了与男子完全平等的权利。1954年颁布的第一部《宪法》进一步明确了男女权利平等的法律原则,废除了以男子为中心的夫权统治,其第96条明确规定:"中华人民共和国妇女在政治的、经济的、文化的、社会的和家庭的生活各方面享有同男子平等的权利。婚姻、家庭、母亲和儿童受国家的保护。"我国宪法对男女平等和保障妇女权利基本原则的确认,为其他法律的制定和实施提供了法律依据。

在《共同纲领》男女平等基本精神的指导下,1950年4月13日中央人民政府委员会第七次会议通过了第一部体现男女平等基本原则的重要法律——《婚姻法》,同年5月1日起施行。这是新中国成立初期一部极为重要的法律,是我国在赢得革命战争胜利之后,为全面改革婚姻家庭制度和建立新的社会生活秩序而采取的重大立法举措。1950年《婚姻法》在总则中确定了婚姻自由、一夫一妻、男女权利平等、保护妇女和子女合法权益等基本原则,明令禁止重婚、纳妾、童养媳,干涉寡妇婚姻自由,借婚姻关系问题索取财物等行为。该法为妇女获得与男子平等的婚姻家庭权利提供了有力的保障,在我国婚姻史上占有重要地位。它既是我国民主革命时期婚姻家庭制度改革的历史经验的总结,又是适应新中国成立后调整婚姻家庭关系的实际需要而制定的。[27] 该法沿袭了苏区和延安时期一贯的男女平等原则,在第1条就开宗明义地界定了婚姻法的根本任务:"废除包办强迫、男尊女卑、漠视子女利益的封建主义婚姻制度。实行男女婚姻自由、一夫一妻、男女权利平等、保护妇女和子女合法权益的新民主主义婚姻制度。"在婚姻家庭关系中实现男女权利平等,保护妇女的合法权益成为1950年《婚姻法》的基本原则和重要任务。除此之外,党和政府还相继颁布了其他保障妇女权益的法律法规,如1953年2月通过《全国人民代表大会及地方各级人民代表大会选举法》,根据该法,男女公民都具有选举权和被选举权。1953年原政务院修正公布了《劳动保险条例》,规定女工、女职员在生育、产前产后有权休产假56天,工资照发等。1956年,国务院公布了《女工保护条例》,规定了女工特殊的劳动保护

---

[27] 杨大文主编:《婚姻法学》(第2版),北京大学出版社1991年版,第40页。

待遇。

"文化大革命"期间,我国的法制建设工作遭到了严重破坏,妇女立法同样处于停滞状态。直到党的十一届三中全会以后,社会主义的民主和法制建设重新步入正轨,与此相适应,我国立法机构加强了立法工作,制定和修改了一系列法律法规,许多法律中都贯穿了男女平等原则,都包含确认和保障妇女权益的法律条文。如 1982 年 12 月 4 日五届全国人大第五次会议通过的《宪法》,1979 年 7 月 1 日五届全国人大第二次会议通过的《刑法》和《刑事诉讼法》,1980 年 9 月 10 日五届全国人大第三次会议通过的《婚姻法》,1985 年 4 月 10 日六届全国人大第三次会议通过的《继承法》,1986 年 4 月 12 日六届全国人大第四次会议通过的《民法通则》等,都在其各自调整的领域使妇女享有与男子平等的权利。特别是 1982 年颁布的《宪法》,在 1954 年《宪法》的基础上,结合新时期的实际情况,再一次以国家根本大法的形式确认了妇女与男子法律地位上的完全平等,以及对妇女权益实行特殊保护的基本精神。宪法的这一指导思想为其他保护妇女权益的法律法规提供了立法依据。1980 年《婚姻法》在 1950 年《婚姻法》的基础上进一步重申了男女平等以及保护妇女、儿童合法权益等基本原则,并在此基础上增加了保护老人合法权益的内容。此外,我国进一步加强了女职工劳动保护立法工作。1986 年,原卫生部、原劳动人事部、全国总工会、全国妇联联合颁布了《女职工保健工作暂行规定(试行草案)》;1988 年,国务院发布了《女职工劳动保护规定》;1990 年,原劳动部发布了《女职工禁忌劳动范围的规定》;等等。

(二)1992 年《妇女权益保障法》

新中国成立以来,社会主义制度的确立使妇女获得了历史性解放,全面取得了与男子平等的法律地位,妇女广泛参加了政治、经济、文化、社会领域的活动。但是,基于历史和现实的多种原因,妇女权利的行使和利益的实现与法律的要求仍有一定距离,还存在妇女参政比例过低、妇女就业困难、妇女被拐卖、妇女遭受家庭暴力、农村妇女土地承包经营权受到侵害等现象。这些情况的存在不可避免地阻碍和限制了妇女各方面能力的发挥。

基于我国妇女权益保障的客观现实需求,同时受到国际社会的影响,20 世纪 80 年代后,制定专门妇女法的呼声越来越高。1987 年,部分全国人大代表提出议案,希望制定一部有中国特色的社会主义妇女法。议案被全国人大常委会采纳。内务司法委员会于 1991 年 10 月将《妇女权益保障法(草案)》提交七届全国人大常委会第二十二次会议进行初步审议。会后根据常委会委员的意见,全国人大法律委员会、内务司法委员会和全国人大常委会法制工作委员会又征求各地方、各方面的意见,对草案作了必要的修改和补充。《妇女权益保障法》于1992年4月3日七届全国人大第五次会议通过,于同年10月1日起施行。

1992年《妇女权益保障法》是我国第一部旨在全面确认和保障妇女合法权益、实现男女平等的基本法,为全面确立妇女权益保障的法律机制奠定了基础。其确认和保障了妇女所享有的政治权利、文化教育权益、劳动权益、财产权益、人身权利和婚姻家庭权益六大权益。

此后,我国又相继制定或修改了与妇女权益密切相关的法律,《刑事诉讼法》(1996年)、《刑法》(1997年)和《婚姻法》(2001年)等先后修改,《劳动法》(1994年)、《母婴保健法》(1994年)、《人口与计划生育法》(2001年)、《农村土地承包法》(2002年)等法律相继出台,强化了对妇女人权的法律保障机制。尤其值得一提的是,2004年3月,"国家尊重和保障人权"首次载入我国《宪法》,人权成为国家追求的基本价值和目标,这是我国人权事业也是妇女人权事业的一次重大突破。国务院及有关部门也颁布了《婚姻登记管理条例》(1994年)、《婚姻登记条例》(2003年)、《企业职工生育保险试行办法》(1994年)等,全国各省、自治区、直辖市先后制定了妇女权益保障法的实施办法、规定或补充规定。国务院制定了《中国妇女发展纲要(1995—2000年)》《中国妇女发展纲要(2001—2010年)》。

(三)2005年《妇女权益保障法》

1992年《妇女权益保障法》颁行以来,其在保障妇女各项基本权益、促进男女平等和推进社会文明进步等方面发挥了重要作用。但是,随着改革开放的不断深入,我国在政治、经济、社会、婚姻家庭生活和人们的价值观念等方面都发生了很大变化,特别是1992年《妇女权益保障法》所处的社会经济背景出现了一些变化,与不断变化和丰富多彩的社会生活相比出现了滞后性。针对立法技术上的欠缺,立法内容上的疏漏、滞后,修法的呼声越来越高,因此,有必要在保持适当稳定性的基础上,对该法加以完善、修改。2005年8月28日,十届全国人大常委会第十七次会议通过《关于修改〈中华人民共和国妇女权益保障法〉的决定》。这是对1992年《妇女权益保障法》的第一次修正,针对当时妇女权益保障中存在的突出问题,进行了多方面的修改和完善,条文从原来的54条增加到61条,其中新增7条,修改32条。其修改的主要内容如下:

1. 明确写入"实行男女平等是国家的基本国策"。把男女平等作为基本国策,是对新中国成立以来妇女发展问题在认识和实践上的高度概括和总结,是顺应历史潮流向国际社会作出的承诺。2005年《妇女权益保障法》第2条明确规定:"妇女在政治的、经济的、文化的、社会的和家庭的生活等各方面享有同男子平等的权利。实行男女平等是国家的基本国策。国家采取必要措施,逐步完善保障妇女权益的各项制度,消除对妇女一切形式的歧视。国家保护妇女依法享有的特殊权益。禁止歧视、虐待、遗弃、残害妇女。"

2. 明确执法主体,强化政府责任。为保障法律的有效贯彻实施,2005年《妇女权益保障法》尽可能明确各有关方面保障妇女权益的责任,特别是作为执法主体的政府及其有关部门的职责。对此,其在总则第6条从三个层面作出规定:(1)各级人民政府应当重视和加强妇女权益的保障工作。(2)县级以上人民政府负责妇女儿童工作的机构,负责组织、协调、指导、督促有关部门做好妇女权益的保障工作。(3)县级以上人民政府有关部门在各自的职责范围内做好妇女权益的保障工作。在妇女六大权益和法律责任各章,凡能够明确执法主体的,尽可能加以明确。比如,对于被拐卖、绑架的妇女,该法第39条第2款规定:"各级人民政府和公安、民政、劳动和社会保障、卫生等部门按照其职责及时采取措施解救被拐卖、绑架的妇女,做好善后工作,妇女联合会协助和配合做好有关工作……"这里明确指出了政府及相关部门,比修改前的"人民政府和有关部门"的规定更加明确。

3. 规范妇联的职责。为了更好地发挥妇联在妇女维权领域的作用。2005年《妇女权益保障法》在总则、政治权利、人身权利和法律责任四章中对妇联的权利和义务作出明确规定,明确了妇联在维护妇女权益工作中的地位。

4. 完善对妇女劳动和社会保障权益的保障。1992年《妇女权益保障法》第四章的名称是"劳动权益",鉴于社会保障是妇女享有的一项基本人权,确认和强调社会保障的权利性质是国家应尽的一种义务,因此2005年《妇女权益保障法》增加了"社会保障权益"方面的内容,并将章名更改为"劳动和社会保障权益"。由于社会保障制度涉及社会福利、最低生活保障、社会救助、社会优抚等诸多内容,2005年修改《妇女权益保障法》时难以一一兼顾,故该法将重点定位在与妇女有密切关系的生育保险、社会福利、社会救助等问题。2005年《妇女权益保障法》主要就消除就业性别歧视、推行生育保险等内容作出了新规定。

5. 完善对妇女人身权的保障。2005年《妇女权益保障法》针对对妇女实施性骚扰以及在媒体上贬损妇女人格等较为突出的问题作出相应法律规定,特别是第一次从基本法的高度明确禁止性骚扰,使实践中大量存在的案例有法可依。其第40条规定:"禁止对妇女实施性骚扰。受害妇女有权向单位和有关机关投诉。"

6. 完善对妇女财产权益的保障。第二期中国妇女社会地位抽样调查结果显示,没有土地的农民中女性占71%,各地农村妇女的土地承包及相关权益受侵害现象严重,此类案件涉及问题复杂,解决难度大。2005年《妇女权益保障法》对此从三个方面作出规定:(1)确立了基本原则,其第32条规定:"妇女在农村土地承包经营、集体经济组织收益分配、土地征收或者征用补偿费使用以及宅基地使用等方面,享有与男子平等的权利。"(2)作出禁止性规定,其第33条规定:"任何组织和个人不得以妇女未婚、结婚、离婚、丧偶等为由,侵害妇女在农村集体经济组织中的各项权益。因结婚男方到女方住所落户的,男方和子女享有与所在地农村集体经济组织成员平等的权益。"(3)针对以往存在的监督主体缺失、救济途径不畅通等问题,明确了权益受到侵害时的三种救济途径:其一,由乡镇人民政府依法调解;其二,向农村土地承包仲裁机构申请仲裁;其三,向人民法院起诉,人民法院应当依法受理。土地是农民最基本的生产资料和生活保障,土地承包及其相关经济利益是农民最为关切的权益。上述规定对于保障农村妇女的土地承包经营权及相关经济利益的实现意义重大。

7. 完善对妇女婚姻家庭权益的保障。重点明确了防治家庭暴力方面负有主要责任的机构和组织。2001年《婚姻法》中明确规定"禁止家庭暴力",将实施家庭暴力作为法院准予离婚的法定情形之一,并专门规定了对家庭暴力受害人的救助措施和施暴人的法律责任。这是第一次在国家基本法中对家庭暴力问题作出明确规定,是反家庭暴力立法的重大突破,对防治家庭暴力起到了积极作用。但是,当时的家庭暴力问题在整体上仍然不容乐观,投诉量仍然较高,因家庭暴力得不到及时制止而引发的恶性犯罪案件也时有发生。在众多的家庭暴力案件中,妇女成为主要受害者,为此,2005年《妇女权益保障法》进一步规定禁止对妇女实施家庭暴力,并规定了相应的救济途径。

8. 强化法律责任。增强可操作性,强化法律责任,是2005年修改《妇女权益保障法》的重点之一,相关内容主要体现在:(1)为受害妇女指出维权渠道并明确有关单位提供法律帮助的义务。第52条规定:"妇女的合法权益受到侵害的,有权要求有关部门依法处理,或者依法向仲裁机构申请仲裁,或者向人民法院起诉。对有经济困难需要法律援助或者司法救助的妇女,当地法律援助机构或者人民法院应当给予帮助,依法为其提供法律援助或者司法救助。"(2)对侵害妇女合法权益的行为规定法律责任并尽可能明确执法的机关。一种情况是对其他法律法规已经规定处罚的行为作出概括性规定。第56条规定:"违反本法规定,侵害妇女的合法权益,其他法律、法规规定行政处罚的,从其规定;造成财产损失或者其他损害的,依法承担民事责任;构成犯罪的,依法追究刑事责任。"另一种情况是对其他法律法规没有规定或者规定不够具体的,作出具体规定。如前文提到的第 39 条。(3)明确规定对在维护妇女权益工作中渎职的人员给予行政处分。第 57 条第 1 款规定:"违反本法规定,对侵害妇女权益的申诉、控告、检举,推诿、拖延、压制不予查处,或者对提出申诉、控告、检举的人进行打击报复的,由其所在单位、主管部门或者上级机关责令改正,并依法对直接负责的主管人员和其他直接责任人员给予行政处分。"

(四)2022 年修订《妇女权益保障法》

2005 年《妇女权益保障法》的实施,为妇女合法权益的实现提供了坚实的法律保障,发挥了重要作用。当然,其在实施过程中也反映出一些不足,如缺乏对歧视等核心概念的界定;保障妇女权益的工作机制不健全;人格权益的地位未得到彰显;对侵害妇女权益行为的发现报告不力;缺乏有关单位对就业性别歧视、性骚扰等行为的防治责任规范;妇女遭受侵害的法律救济不力;法律责任机制不健全;等等。上述问题使该法难以适应妇女权益保障的现实需要,在一定程度上影响了该法的权威性。2022 年 10 月 30 日,十三届全国人大常委会第三十七次会议修订通过《妇女权益保障法》,于 2023 年 1 月 1 日起施行。

2022 年修订的《妇女权益保障法》针对当前妇女权益保障中存在的重点难点问题,总结各地立法和实践经验,并恪守我国批准的联合国《消除对妇女一切形式歧视公约》等国际人权公约,对该法进行了多方面修改和完善,由修订前的九章 61 条增至十章 86 条,其中增加"救济措施"一章,作为第九章。此外,在结构上也有调整,将第六章"人身权利"前移作为第三章,并将章名修改为"人身和人格权益",突出了人身和人格权益的重要地位。修改的主要内容如下:

1. 完善总体性制度机制。(1)在立法目的中增加促进妇女全面发展、弘扬社会主义核心价值观。(2)规定国家采取必要措施,促进男女平等,消除对妇女一切形式的歧视,禁止排斥、限制妇女依法享有和行使各项权益。(3)明确了党政主导保障妇女权益的工作机制,在第 3 条第 1 款增加规定:"坚持中国共产党对妇女权益保障工作的领导,建立政府主导、各方协同、社会参与的保障妇女权益工作机制。"(4)增加规定,必要时开展男女平等评估,国家建立健全妇女发展状况统计调查制度。其五,明确国家将男女平等基本国策纳入国民教育体系。

2. 完善人身和人格权益。(1)增加规定禁止进行非医学需要的胎儿性别鉴定和选择性别的人工终止妊娠,规定医疗机构施行有关医疗活动时,应当尊重妇女本人意愿。(2)在禁止拐卖、绑架妇女的基础上,规定了政府与有关部门、村民委员会、居民委员会的发现报告制度,以及解救、安置、救助、关爱被拐卖、绑架的妇女等职责。(3)在禁止对妇女实施性骚扰的基础上,增加规定预防和制止对妇女的性骚扰制度,明确了学校和用人单位应当建立有效预防和处置性骚扰、性侵害的工作机制。(4)增加规定住宿经营者应当加强安全保障措施,发现可能侵害妇女权益的违法犯罪行为,应当及时向公安机关报告。(5)加强婚恋交友中的妇女权益保障,扩大人身安全保护令的适用范围。(6)规定建立健全妇女健康服务体系,为有需要的妇女提供心理健康服务支持以及逐步建立妇女全生育周期系统保健制度,设立妇幼保健机构,定期为女职工安排健康检查,合理配备满足妇女需要的公共设施。

3. 完善劳动和社会保障权益。(1)明确就业性别歧视防治机制,规定就业性别歧视的具体情形,并将就业性别歧视纳入劳动保障监察范围。(2)明确劳动(聘用)合同或者服务协议中应当包含女职工权益保护的相关内容。(3)要求用人单位不得因结婚、怀孕、产假、哺乳等情形,限制女职工晋职、晋级、评聘专业技术职称和职务,辞退女职工,单方解除劳动(聘用)合同或者服务协议。(4)完善生育保障,规定国家建立健全职工生育休假制度,保障孕产期女职工依法享有休息休假权益。(5)加强对贫困妇女、老龄妇女、残疾妇女等困难妇女的权益保障,按照有关规定为其提供生活帮扶、就业创业支持等关爱服务。

4. 完善婚姻家庭权益。(1)规定国家鼓励婚前体检,明确婚姻登记机关应当提供婚姻家庭辅导服务。(2)规定妇女对夫妻共同财产有权要求记载其姓名等权利。对夫妻共同所有的不动产以及可以联名登记的动产,女方有权要求在权属证书上记载其姓名。(3)离婚诉讼期间,夫妻一方申请查询登记在对方名下财产状况且确因客观原因不能自行收集的,人民法院应当进行调查取证。同时明确了离婚诉讼期间夫妻共同财产的申报制度,夫妻双方均有向人民法院申报全部夫妻共同财产。

5. 完善救济措施。修订后的《妇女权益保障法》增加了一章关于"救济措施"的规定,作为第八章。(1)规定了督促督查处理制度。明确县级以上人民政府负责妇女儿童工作的机构、妇联可以督促有关部门或者单位依法查处侵害妇女合法权益的行为。(2)规定了联合约谈制度。用人单位侵害妇女劳动和社会保障权益的,人力资源和社会保障部可以联合工会、妇联约谈用人单位,依法进行监督并要求其限期纠正。(3)规定妇女在农村集体经济组织成员身份确认等方面权益受到侵害时的救济措施,明确乡镇人民政府应当对村民自治章程、村规民约等涉及村民利益事项的决定进行指导。(4)规定妇女权益保障公益诉讼、支持受侵害妇女起诉等制度。侵害妇女合法权益,导致社会公共利益受损的,检察机关可以发出检察建议和依法提起公益诉讼。

6. 完善法律责任。明确了对行为人的性骚扰告诫制度。同时,就有关单位违反报告义务、预防和制止性骚扰义务、消除就业性别歧视义务等的行为,规定了相应的法律责任。

章结语

本章第一节和第二节主要对妇女法的概念、调整对象、法律渊源、法律部门归属等问题进行了理论总结和阐释。其中,明确了本书所称妇女法的内涵,是指国家制定或认可的,调整妇女与其他主体相互作用而形成的一系列社会关系,通过确认和保障妇女的各项权益实现性别公正的法律规范的总称。本章第三节则梳理总结了妇女法产生、发展的脉络及产生的主客观条件,指出妇女法是近代社会客观外在条件、人类理性与妇女运动多种因素共同作用的产物。

思考题

---

1. 请谈谈如何理解妇女法的调整对象。
2. 简述《妇女权益保障法》与《宪法》的关系。
3. 简述2022年《妇女权益保障法》修订的重点内容。

第二章 妇女法的指导思想与基本原则

> **章前语**
>
> 妇女法的指导思想和基本原则贯穿妇女法始终,对妇女法的立法和司法发挥基础性、本源性作用,是妇女法立法宗旨的体现。本章将具体阐述妇女法的指导思想和妇女法的基本原则。

第一节 妇女法的指导思想

习近平新时代中国特色社会主义思想作为马克思主义中国化时代化的最新成果,是新时代中国共产党的思想旗帜,是国家政治生活和社会生活的根本指针,是全党全国人民为实现中华民族伟大复兴而奋斗的行动指南。我国的妇女权益保障工作必须始终不渝坚持习近平新时代中国特色社会主义思想的指导地位,全面贯彻落实习近平法治思想和习近平总书记关于尊重和保障人权的重要论述、关于妇女儿童和妇联工作的重要论述、关于注重家庭家教家风建设的重要论述。

一、习近平法治思想和习近平总书记重要论述的核心要义

（一）习近平法治思想的核心要义

习近平法治思想在2020年11月16日至17日召开的中央全面依法治国工作会议上正式提出,由"11个坚持"组成,即坚持党对全面依法治国的领导;坚持以人民为中心;坚持中国特色社会主义法治道路;坚持依宪治国、依宪执政;坚持在法治轨道上

推进国家治理体系和治理能力现代化;坚持建设中国特色社会主义法治体系;坚持依法治国、依法执政、依法行政共同推进,法治国家、法治政府、法治社会一体建设;坚持全面推进科学立法、严格执法、公正司法、全民守法;坚持统筹推进国内法治和涉外法治;坚持建设德才兼备的高素质法治工作队伍;坚持抓住领导干部这个"关键少数"。

习近平法治思想是马克思主义法治理论中国化的最新成果,且中国特色社会主义法治理论的重大创新发展,是习近平新时代中国特色社会主义思想的重要组成部分,是全面依法治国的根本遵循和行动指南。贯彻落实习近平法治思想是实现男女平等基本国策、引领我国妇女权益保障工作高质量发展的根本指导思想。

(二)习近平总书记关于尊重和保障人权的重要论述的核心要义

在推进我国人权事业发展的实践中,习近平总书记把马克思主义人权观同中国具体实际相结合、同中华优秀传统文化相结合,总结中国共产党团结带领人民尊重和保障人权的成功经验,借鉴人类优秀文明成果,走出了一条顺应时代潮流、适合本国国情的人权发展道路,体现了中国以人民为中心的人权理念,反映了中华文明"以人为本"的优良传统,阐释了新时代中国共产党以人民为中心的治国理政思想。

(三)习近平关于妇女儿童和妇联工作的重要论述的核心要义

党的十八大以来,以习近平同志为核心的党中央从党和国家事业发展全局出发,高度重视和积极推进妇女工作。[1] 党中央全面加强对妇女工作的领导,推进妇联改革,不断健全妇女权益保障法治体系,持续优化妇女发展环境,推动妇女事业取得历史性成就。[2] 习近平总书记坚持把马克思主义基本原理同中国国情和妇女发展实际相结合,同中华优秀传统文化相结合,围绕妇女儿童和妇联工作发表一系列重要论述,"深刻回答了新时代我国妇女事业发展举什么旗、走什么路、坚持什么原则等根本问题,深刻阐述了妇女事业发展的根本保证、方向道路、使命任务、制度保障、组织优

---

[1] 中共中央党史和文献研究院编:《习近平关于妇女儿童和妇联工作论述摘编》,中央文献出版社2023年版,出版说明。

[2] 《习近平在同全国妇联新一届领导班子成员集体谈话时强调 坚定不移走中国特色社会主义妇女发展道路 组织动员广大妇女为中国式现代化建设贡献巾帼力量》,载新华网,http://www.news.cn/2023-10/30/c_1129948471.htm。

势"[3],形成与时俱进、科学完整的思想理论体系,以全新的视野升华了党对妇女工作的规律性认识,成为习近平新时代中国特色社会主义思想的重要组成部分,是新时代发展妇女事业、做好妇女工作的行动指南和根本遵循。习近平总书记关于妇女儿童和妇联工作的重要论述主要明确和揭示了以下内容。

1.明确了坚持党的全面领导的首要原则,揭示了新时代我国妇女事业发展的最本质特征。习近平总书记坚持马克思主义政党学说,立足中国共产党领导中国人民长期奋斗的历史经验,深刻回答了新时代为什么要坚持党的领导、怎样坚持党的领导的重大课题,指出"妇女事业始终是党和人民事业的重要组成部分"[4],"做好妇女工作,不仅关系妇女自身发展,而且关系家庭和睦、社会和谐,关系国家发展、民族进步"[5]。强调"坚持党的领导,是做好党的妇女工作的根本保证"[6],"妇女事业和妇联工作要始终坚持正确政治方向,与党同心同行"[7]。要求"各级党委和政府要充分认识发展妇女事业、做好妇女工作的重大意义,加大重视、关心、支持力度"[8],"各级党委要坚持党管妇女工作原则,贯彻男女平等基本国策,加强对妇联工作的领导"[9];要求妇联组织毫不动摇坚持党的领导,"始终保持政治上的清醒和坚定,牢牢把握我国妇女事业的政治属性和妇联组织的政治定位"[10],"加强妇女思想政治引领,坚持不懈用新时代中国特色社会主义思想凝心铸魂,引导广大妇女坚定不移听党话、跟党走"[11]。在新征程上,必须更加自觉地把坚持党的全面领导作为妇女事业发

---

[3] 《谌贻琴:深入学习贯彻习近平总书记关于妇女儿童和妇联工作的重要论述 在中国式现代化建设中推进妇女儿童事业高质量发展》,载中国妇女网,https://www.cnwomen.com.cn/2024/03/18/99676161.html。

[4] 《〈习近平关于妇女儿童和妇联工作论述摘编〉出版发行》,载《人民日报》2023年6月12日,第1版。

[5] 《坚定不移走中国特色社会主义妇女发展道路 组织动员广大妇女为中国式现代化建设贡献巾帼力量》,载《人民日报》2023年10月31日,第1版。

[6] 《坚持中国特色社会主义妇女发展道路 组织动员妇女走在时代前列建功立业》,载《人民日报》2018年11月3日,第2版。

[7] 《坚定不移走中国特色社会主义妇女发展道路 组织动员广大妇女为中国式现代化建设贡献巾帼力量》,载《人民日报》2023年10月31日,第1版。

[8] 《把保障人民健康放在优先发展的战略位置 着力构建优质均衡的基本公共教育服务体系》,载《人民日报》2021年3月7日,第1版。

[9] 《坚定不移走中国特色社会主义妇女发展道路 组织动员广大妇女为中国式现代化建设贡献巾帼力量》,载《人民日报》2023年10月31日,第1版。

[10] 《坚定不移走中国特色社会主义妇女发展道路 组织动员广大妇女为中国式现代化建设贡献巾帼力量》,载《人民日报》2023年10月31日,第1版。

[11] 《坚定不移走中国特色社会主义妇女发展道路 组织动员广大妇女为中国式现代化建设贡献巾帼力量》,载《人民日报》2023年10月31日,第1版。

展的立身之本,更加自觉地用习近平新时代中国特色社会主义思想凝心铸魂,把党的全面领导贯穿到妇女工作全过程各方面,只有这样,妇女工作才能把正方向,妇女事业发展才会行稳致远。

2. 明确了当代中国妇女运动的时代主题,揭示了新时代妇女事业发展的方向道路。习近平总书记坚持马克思主义关于妇女解放与阶级解放、人类解放一致性的观点,深刻阐述了新时代妇女发展的时代内涵和根本途径,指出"实现中华民族伟大复兴,是党和国家工作大局,也是当代中国妇女运动的时代主题"[12],要"坚持中国特色社会主义妇女发展道路,把握实现中华民族伟大复兴的中国梦这一当代中国妇女运动的时代主题"[13],"激励广大妇女在贯彻新发展理念、构建新发展格局、推动高质量发展、实现高水平科技自立自强、全面推进乡村振兴中发挥自身优势和积极作用"[14];"要紧紧围绕贯彻落实党的二十大的战略部署,找准工作着力点,把党中央决策部署转化为妇联工作的具体任务"[15]。在新征程上,必须牢牢把握这一时代主题,把中国发展进步的历程同促进男女平等发展的历程更加紧密地融合在一起,使广大妇女肩负起更重要的责任担当,发挥"半边天"作用,为推进中国式现代化做出巾帼贡献,同时进一步实现妇女平等依法行使民主权利、平等参与经济社会发展、平等享有改革发展成果,使中国特色社会主义妇女发展道路越走越宽广。

3. 明确了新时代妇女的使命任务,揭示了妇女的重要地位和作用。习近平总书记坚持马克思主义唯物史观,弘扬中华优秀传统文化中的民为邦本等思想,坚守我党人民至上的政治立场,深刻阐述了妇女事业发展的主体力量,指出"以中国式现代化全面推进强国建设、民族复兴伟业,需要全体人民团结奋斗,妇女的作用不可替代"[16];"实现党和国家发展的宏伟蓝图,需要包括妇女在内的全体中华儿女共同奋斗。希望广大妇女做伟大事业的建设者、做文明风尚的倡导者、做敢于追梦的奋斗者,在全面建设社会主义现代化国家新征程上,为实现中华民族伟大复兴的中国梦作

---

[12]《坚持男女平等基本国策 发挥我国妇女伟大作用》,载《人民日报》2013年11月1日,第1版。

[13]《坚持中国特色社会主义妇女发展道路 组织动员妇女走在时代前列建功立业》,载《人民日报》2018年11月3日,第2版。

[14]《坚定不移走中国特色社会主义妇女发展道路 组织动员广大妇女为中国式现代化建设贡献巾帼力量》,载《人民日报》2023年10月31日,第1版。

[15]《坚定不移走中国特色社会主义妇女发展道路 组织动员广大妇女为中国式现代化建设贡献巾帼力量》,载《人民日报》2023年10月31日,第1版。

[16]《坚定不移走中国特色社会主义妇女发展道路 组织动员广大妇女为中国式现代化建设贡献巾帼力量》,载《人民日报》2023年10月31日,第1版。

出新的更大贡献"[17];妇联组织要开展富有特色的巾帼建功立业活动,引导妇女"奋进新征程、建功新时代,为中国式现代化建设贡献巾帼智慧和力量"[18]。在新征程上,必须把妇女事业融入中国特色社会主义事业"五位一体"总体布局、"四个全面"战略布局,为妇女建功立业搭建广阔舞台,最大限度调动妇女积极性、主体性、创造性,引导妇女积极投身中国式现代化的伟大实践,以行动建功新时代,以奋斗创造美好生活、赢得出彩人生。

4. 明确了妇女在社会生活和家庭生活中的独特作用,揭示了家庭家教家风建设在党和国家事业发展大局中的战略地位。习近平总书记坚持马克思主义家庭观,汲取中华优秀传统家文化,深刻阐述了汇聚家庭力量对中国式现代化建设的战略意义,指出"不论时代发生多大变化,不论生活格局发生多大变化,我们都要重视家庭建设,注重家庭、注重家教、注重家风"[19];"做好家庭工作,发挥妇女在社会生活和家庭生活中的独特作用,发挥妇女在弘扬中华民族家庭美德、树立良好家风方面的独特作用,是妇联组织服务大局、服务妇女的重要着力点"[20];"要讲好家风故事,引导广大妇女发挥在弘扬中华民族传统美德、树立良好家风方面的独特作用,营造家庭文明新风尚。要积极培育新型婚育文化,加强对年轻人婚恋观、生育观、家庭观的引导,促进完善和落实生育支持政策,提高人口发展质量,积极应对人口老龄化"[21];"要帮助妇女处理好家庭和工作的关系,做对社会有责任、对家庭有贡献的新时代女性"[22]。在新征程上,必须支持妇女夯实强国建设、民族复兴伟业的家庭基础,引导妇女带动家庭成员倡扬社会主义家庭文明新风尚,让爱国爱家、相亲相爱、向上向善、共建共享的文明新风尚充盈千家万户,"使千千万万个家庭成为国家发展、民族进步、社会和谐的重要基点"[23]。

---

[17] 《把保障人民健康放在优先发展的战略位置 着力构建优质均衡的基本公共教育服务体系》,载《人民日报》2021年3月7日,第1版。

[18] 《坚定不移走中国特色社会主义妇女发展道路 组织动员广大妇女为中国式现代化建设贡献巾帼力量》,载《人民日报》2023年10月31日,第1版。

[19] 习近平:《在2015年春节团拜会上的讲话》,载《人民日报》2015年2月18日,第2版。

[20] 《坚持中国特色社会主义妇女发展道路 组织动员妇女走在时代前列建功立业》,载《人民日报》2018年11月3日,第2版。

[21] 《坚定不移走中国特色社会主义妇女发展道路 组织动员广大妇女为中国式现代化建设贡献巾帼力量》,载《人民日报》2023年10月31日,第1版。

[22] 《坚持中国特色社会主义妇女发展道路 组织动员妇女走在时代前列建功立业》,载《人民日报》2018年11月3日,第2版。

[23] 习近平:《在2015年春节团拜会上的讲话》,载《人民日报》2015年2月18日,第2版。

5. 明确了新时代坚持男女平等基本国策、保障妇女儿童合法权益的国家意志，揭示了促进妇女全面发展的制度保障。习近平总书记坚持马克思主义人权观和马克思主义国家政权学说，深刻阐述了保障妇女儿童合法权益的战略意义、重要依据、丰富内涵和实践路径，指出"保障妇女儿童合法权益、促进男女平等和妇女儿童全面发展，是中国式现代化的重要内容"[24]；强调"妇女权益是基本人权"[25]，"要把保障妇女权益系统纳入法律法规，上升为国家意志，内化为社会行为规范"[26]，"在出台法律、制定政策、编制规划、部署工作时充分考虑两性的现实差异和妇女的特殊利益"[27]；要求各级党委和政府"积极为妇女参与经济社会发展创造条件、搭建平台，保障妇女、儿童合法权益，努力让尊重妇女、关爱儿童在全社会蔚然成风"[28]，"各级妇联组织要积极主动作为，着力推动解决影响和侵害妇女儿童权益的突出问题。要关爱帮扶低收入妇女、老龄妇女、残疾妇女等困难妇女，配合有关部门做好流动儿童、留守儿童的关爱服务。维护妇女儿童权益的工作要做在平常、抓在经常、落到基层"[29]。在新征程上，必须坚持中国特色社会主义人权发展道路，坚持男女平等基本国策和儿童优先发展，充分发挥党政主导的妇女儿童维权服务机制的重要作用，依法依规为妇女全面发展营造环境、扫清障碍、创造条件，让中国式现代化成果更多更公平惠及广大妇女儿童。

6. 明确了全党全社会关心关爱少年儿童的责任担当，揭示了中华民族永续发展的关键所在。习近平总书记坚持马克思主义儿童观，[30]继承中华优秀传统文化中的儿童教育之道，立足党的事业和强国复兴后继有人的战略高度，深刻阐述了培养什么人、怎样培养人、为谁培养人等重大问题，指出"少年儿童是祖国的未来，是中华民族的希望"[31]，"当代中国少年儿童既是实现第一个百年奋斗目标的经历者、见证者，更

---

[24]《坚定不移走中国特色社会主义妇女发展道路 组织动员广大妇女为中国式现代化建设贡献巾帼力量》，载《人民日报》2023年10月31日，第1版。

[25]《习近平出席全球妇女峰会并发表讲话》，载《人民日报》2015年9月28日，第1版。

[26]《习近平出席全球妇女峰会并发表讲话》，载《人民日报》2015年9月28日，第1版。

[27] 习近平：《论坚持人民当家作主》，中央文献出版社2021年版，第43页。

[28]《带着真心真情付出更大努力 为推动妇女儿童事业高质量发展作出新的更大贡献》，载《人民日报》2023年9月29日，第1版。

[29]《坚定不移走中国特色社会主义妇女发展道路 组织动员广大妇女为中国式现代化建设贡献巾帼力量》，载《人民日报》2023年10月31日，第1版。

[30] 马兴民、胡纯琦：《牢牢坚持马克思主义儿童观》，载《少先队活动》2021年第6期。

[31]《争当德智体美劳全面发展的新时代好儿童》，载《人民日报》2023年6月1日，第1版。

是实现第二个百年奋斗目标、建设社会主义现代化强国的生力军"[32],"培养好少年儿童是一项战略任务,事关长远"[33];要求"党和政府要始终关心各族少年儿童,努力为他们学习成长创造更好的条件"[34],"全社会都要了解少年儿童、尊重少年儿童、关心少年儿童、服务少年儿童,为少年儿童提供良好社会环境"[35];儿童工作者要"做儿童成长的引路人、儿童权益的守护人、儿童未来的筑梦人,用心用情促进儿童健康成长、全面发展"[36];家长"要给孩子讲好'人生第一课',帮助扣好人生第一粒扣子"[37]。在新征程上,必须坚守为党育人、为国育才的初心使命,落实立德树人根本任务,汇聚全社会力量,用心用情促进儿童健康成长,特别关心关爱流动儿童、留守儿童等群体,努力让孩子们感受到党的关怀和社会主义大家庭的温暖,为培养能够担当民族复兴大任的时代新人做出新的更大贡献。

7. 明确了以改革创新精神加强和改进妇联组织自身建设,揭示了妇联组织的职能定位和目标任务。习近平总书记坚持马克思主义群众观点,继承党的群众路线传家宝,深刻阐述了妇联组织在推动妇女事业发展中的重要作用,指出"妇联是党和政府联系妇女群众的桥梁纽带"[38]。发挥桥梁纽带作用、当好得力助手,这是妇联组织的政治定位。同时,妇联组织承担着代表和维护妇女权益、促进男女平等和妇女全面发展的重要任务,这是妇联组织的基本职能。这些职能定位,概括起来就是引领、服务、联系。"要围绕保持和增强政治性、先进性、群众性,继续深化妇联组织改革,着力补短板、强弱项、打基础、增活力,全面加强妇联党的各项建设"[39]。在新征程上,必须坚定不移走中国特色社会主义群团发展道路,把保持和增强政治性、先进性、群众性作为根本出发点和落脚点,以改革创新的思路谋划妇女工作,以改革创新的办法推动解决妇女问题,以改革创新的举措加强自身建设,把自身建设得更加充满活力、更

---

[32]《刻苦学习知识坚定理想信念磨练坚强意志锻炼强健体魄 为实现中华民族伟大复兴的中国梦时刻准备着》,载《人民日报》2020年6月1日,第1版。

[33]《美好的生活属于你们 美丽的中国梦属于你们》,载《人民日报》2015年6月2日,第1版。

[34]《让孩子们成长得更好》,载《人民日报》2013年5月31日,第1版。

[35]《让社会主义核心价值观的种子在少年儿童心中生根发芽》,载《人民日报》2014年5月31日,第1版。

[36]《发扬光荣传统用心用情促进儿童健康成长全面发展》,载《人民日报》2014年5月31日,第1版。

[37]《坚持中国特色社会主义教育发展道路 培养德智体美劳全面发展的社会主义建设者和接班人》,载《人民日报》2018年9月11日,第1版。

[38]《坚定不移走中国特色社会主义妇女发展道路 组织动员广大妇女为中国式现代化建设贡献巾帼力量》,载《人民日报》2023年10月31日,第1版。

[39]《坚定不移走中国特色社会主义妇女发展道路 组织动员广大妇女为中国式现代化建设贡献巾帼力量》,载《人民日报》2023年10月31日,第1版。

加坚强有力,最广泛地把妇女吸引过来、凝聚起来,成为妇女信得过、靠得住、离不开的"娘家人"。

8. 明确了共建共享一个对所有妇女、对所有人更加美好的世界的价值追求,揭示了中国妇女事业与全球妇女事业命运与共的紧密关系。习近平总书记坚持马克思主义人类解放思想,弘扬中国优秀传统文化中的世界大同、亲仁善邻等文明精华,深刻阐述了妇女事业发展离不开和平安宁的国际环境,指出要"加强全球妇女事业合作"[40],"创造有利于妇女发展的国际环境"[41],"要坚定和平发展和合作共赢理念,倍加珍惜和平,积极维护和平,让每个妇女和儿童都沐浴在幸福安宁的阳光里"[42]。在新征程上,必须以更加积极主动的姿态加强全球妇女事业合作,在参与全球治理体系改革和建设中发出中国妇女声音,在参与国际妇女事务中彰显大国责任,在国际舞台上讲好中国故事和中国妇女故事,不断提升妇女领域的国际话语权和影响力,为推进中国全方位开展特色大国外交,营造有利于妇女发展的国际环境贡献中国智慧、中国力量。

(四)习近平总书记关于注重家庭家教家风建设的重要论述的核心要义

天下之本在国,国之本在家。党的十八大以来,习近平总书记站在强国建设、民族复兴的战略高度,把家庭家教家风建设摆在治国理政的重要位置,发表了一系列重要论述,多次强调要重视家庭建设,注重家庭、注重家教、注重家风,系统阐述了家庭在社会发展中的基础性作用,家教在个人道德培养中的关键作用,以及家风在传承中华优秀传统文化、提升社会风气中的重要意义。

习近平总书记关于注重家庭家教家风建设的重要论述,以马克思主义理论为指导,植根于中华民族的家国情怀传统和共产党人的家庭建设实践,紧密结合新的时代条件和实践要求,以全新的视野深化对家庭问题的认识,创新性地从治国理政的高度对家庭的地位、功能、作用,家教家风建设的原则、目标、路径等基本问题进行深刻阐释,系统回答了新时代家庭家教家风建设"为何重要""有何内涵""如何建设"等一系列重大理论和实践问题,把我们党对家庭问题的规律性认识提升到一个新高度,是马克思主义家庭观中国化的最新成果,成为习近平新时代中国特色社会主义思想的重

---

[40] 习近平:《在联合国大会纪念北京世界妇女大会25周年高级别会议上的讲话》,载《人民日报》2020年10月2日,第2版。
[41] 《习近平出席全球妇女峰会并发表讲话》,载《人民日报》2015年9月28日,第1版。
[42] 《习近平出席全球妇女峰会并发表讲话》,载《人民日报》2015年9月28日,第1版。

要组成部分。习近平总书记关于注重家庭家教家风建设的重要论述,体现出家庭作为连接国家与社会的重要纽带,其内涵超越了私人领域的边界,成为公共伦理与国家治理的重要组成部分,有关论述成为新时代社会治理、党风廉政建设、文化传承与个人道德成长的重要指导思想,也是做好妇女权益法律保障工作的重要遵循。

习近平总书记关于注重家庭家教家风建设的重要论述,以历史与现实相贯通、理论与实践相结合的宏阔视野,深刻阐明了家庭家教家风建设的重大意义,深刻揭示了家庭与个人、社会、国家,家风与党风、政风、社风之间的内在关系,深刻回答了加强家庭家教家风建设的方向性、根本性问题,既提供了系统的认识论基础,也提供了科学的方法论指引。习近平总书记关于注重家庭家教家风建设的重要论述深刻阐述和明确了以下内容。

1. 深刻阐述家庭的重要地位和作用,明确家庭是国家发展、民族进步、社会和谐的重要基点。家是最小国,国是千万家;千家万户都好,国家才能好,民族才能好;国家好,民族好,家庭才能好。一方面,习近平总书记强调家庭的重要性,"无论时代如何变化,无论经济社会如何发展,对一个社会来说,家庭的生活依托都不可替代,家庭的社会功能都不可替代,家庭的文明作用都不可替代"[43]。另一方面,习近平总书记强调"把爱家和爱国统一起来,把实现家庭梦融入民族梦之中"[44],"凝聚起强国建设、民族复兴的磅礴力量"[45]。"国家富强,民族复兴,人民幸福,最终要体现在千千万万个家庭都幸福美满上,体现在亿万人民生活不断改善上"[46]。"没有国家繁荣发展,就没有家庭幸福美满。同样,没有千千万万家庭幸福美满,就没有国家繁荣发展"[47],尤其强调"要在全社会大力弘扬家国情怀,培育和践行社会主义核心价值观,弘扬爱国主义、集体主义、社会主义精神,提倡爱家爱国相统一,让每个人、每个家庭都为中华民族大家庭作出贡献"[48]。这些重要论述,把家庭家教家风建设上升到国家治理的战略高度,在更高层次上明确了家庭家教家风在国家发展中的地位,揭示了

---

[43] 《动员社会各界广泛参与家庭文明建设 推动形成社会主义家庭文明新风尚》,载《人民日报》2016年12月13日,第1版。

[44] 《动员社会各界广泛参与家庭文明建设 推动形成社会主义家庭文明新风尚》,载《人民日报》2016年12月13日,第1版。

[45] 《十四届全国人大一次会议在京闭幕》,载《人民日报》2023年3月14日,第1版。

[46] 《动员社会各界广泛参与家庭文明建设 推动形成社会主义家庭文明新风尚》,载《人民日报》2016年12月13日,第1版。

[47] 习近平:《在二〇一九年春节团拜会上的讲话》,载《人民日报》2019年2月4日,第1版。

[48] 习近平:《在二〇一九年春节团拜会上的讲话》,载《人民日报》2019年2月4日,第1版。

家国两相依的辩证关系,科学回答了新时代家庭家教家风建设"为何重要"的重大命题。

2. 深刻阐述家教的核心任务与方法,明确了品德教育在家教中的首要地位。家庭教育不仅关乎孩子的成长,更关乎国家和民族的未来。有关家庭教育,习近平总书记用立德树人是第一要务、家庭是孩子的第一课堂、家长是孩子的第一任老师、帮助孩子扣好人生的第一粒扣,系统论述了家庭教育的核心内容和路径方法等根本性问题。关于家庭教育的核心任务,习近平总书记强调,"家庭教育涉及很多方面,但最重要的是品德教育,是如何做人的教育"[49];"要在家庭中培育和践行社会主义核心价值观,引导家庭成员特别是下一代热爱党、热爱祖国、热爱人民、热爱中华民族"[50];"要积极传播中华民族传统美德,传递尊老爱幼、男女平等、夫妻和睦、勤俭持家、邻里团结的观念,倡导忠诚、责任、亲情、学习、公益的理念,推动人们在为家庭谋幸福、为他人送温暖、为社会作贡献的过程中提高精神境界、培育文明风尚"[51]。关于家庭教育的路径方法,习近平总书记明确提出,"办好教育事业,家庭、学校、政府、社会都有责任"[52]。"教育、妇联等部门要统筹协调社会资源支持服务家庭教育"[53]。"全社会要担负起青少年成长成才的责任"[54]。这些重要论述,为新时代家庭教育提供了科学指引。家长要以身作则,用正确的行动、正确的思想、正确的方法,帮助孩子培养好思想、好品德、好习惯。同时,家庭教育要与学校教育、社会教育紧密结合,形成协同育人合力,通过这些努力,为孩子的全面发展奠定坚实基础,培养能够担当民族复兴大任的时代新人。

3. 深刻阐述家风的价值内涵与传承,明确要以千千万万家庭的好家风支撑起全社会的好风气。家风是一个家庭或家族在共同生活中,经过培育并代代相传沿袭下

---

[49] 《动员社会各界广泛参与家庭文明建设 推动形成社会主义家庭文明新风尚》,载《人民日报》2016 年 12 月 13 日,第 1 版。

[50] 《动员社会各界广泛参与家庭文明建设 推动形成社会主义家庭文明新风尚》,载《人民日报》2016 年 12 月 13 日,第 1 版。

[51] 《动员社会各界广泛参与家庭文明建设 推动形成社会主义家庭文明新风尚》,载《人民日报》2016 年 12 月 13 日,第 1 版。

[52] 《坚持中国特色社会主义教育发展道路 培养德智体美劳全面发展的社会主义建设者和接班人》,载《人民日报》2018 年 9 月 11 日,第 1 版。

[53] 《坚持中国特色社会主义教育发展道路 培养德智体美劳全面发展的社会主义建设者和接班人》,载《人民日报》2018 年 9 月 11 日,第 1 版。

[54] 《坚持中国特色社会主义教育发展道路 培养德智体美劳全面发展的社会主义建设者和接班人》,载《人民日报》2018 年 9 月 11 日,第 1 版。

来的,体现家族成员精神风貌、道德品质、整体气质的家族文化风格、风气、风尚。家风也是承载中华文化、中国精神的重要表现形式。家风源于家庭,但其作用并不限于家庭,它是整个社会风气的基础。习近平总书记从健全自治法治德治相结合的基层社会治理体系出发,从正反两方面深刻揭示了家风对于社风的支撑作用,他强调"家风是社会风气的重要组成部分"[55];"千千万万个家庭的家风好,子女教育得好,社会风气好才有基础"[56];"好的家风引领人向上向善,不良的家风却会败坏社会风气,贻害无穷"[57]。这些重要论述,揭示了家风是一个家庭的精神内核,也是一个社会的价值缩影。中华民族传统家庭美德,如尊老爱幼、夫妻和睦、勤俭持家、邻里团结等,是家风建设的宝贵财富。新时代的良好家风就是要继承和弘扬这些传统美德,并结合时代要求,倡导家庭成员之间的平等互爱共融,比如夫妻之间互相尊重、平等互助,共同承担养老育幼的家务劳动,共同履行家风传承的主体责任;代际包括父母对子女、子女对长辈相互关爱、相互照顾。家庭成员要注重精神成长,自觉弘扬中华民族传统美德,秉承艰苦奋斗的优良革命传统,发扬社会主义新风尚,以家庭美德滋养家庭成员的精神世界,让新时代的好家风成为亿万家庭日用而不觉的道德规范和行为准则,以良好家风正党风、带民风、促社风。

4.深刻阐述领导干部家教家风建设的特殊要求,明确要把家风建设作为领导干部作风建设的重要内容。领导干部的家风不仅是其品行的"砥砺石",更是党风的"晴雨表"。习近平总书记强调,"领导干部的家风,不仅关系自己的家庭,而且关系党风政风"[58]。"领导干部的家风,不是个人小事、家庭私事,而是领导干部作风的重要表现"[59]。"党员领导干部要把对党忠诚纳入家庭家教家风建设"[60]。"每一位领导干部都要把家风建设摆在重要位置,廉洁修身、廉洁齐家,在管好自己的同时,严格要求

---

[55] 《动员社会各界广泛参与家庭文明建设 推动形成社会主义家庭文明新风尚》,载《人民日报》2016年12月13日,第1版。

[56] 习近平:《在同全国妇联新一届领导班子集体谈话时的讲话》(2013年10月31日),载中共中央党史和文献研究院编:《习近平关于注重家庭家教家风建设论述摘编》,中央文献出版社2021年版,第23页。

[57] 习近平:《在同全国妇联新一届领导班子集体谈话时的讲话》(2018年11月2日),载中共中央党史和文献研究院编:《习近平关于注重家庭家教家风建设论述摘编》,中央文献出版社2021年版,第25页。

[58] 习近平:《在会见第一届全国文明家庭代表时的讲话》,载《人民日报》2016年12月16日,第2版。

[59] 《科学统筹突出重点对准焦距 让人民对改革有更多获得感》,载《人民日报》2015年2月28日,第1版。

[60] 习近平:《在中央和国家机关党的建设工作会议上的讲话》,载《求是》2019年第21期。

配偶、子女和身边工作人员"[61]。从近年查处的案件来看,出问题的干部普遍家风不正、家教不严。习近平总书记强调"党员、干部特别是领导干部要清白做人、勤俭齐家、干净做事、廉洁从政,管好自己和家人,涵养新时代共产党人的良好家风"[62]。"各级领导干部特别是高级干部要继承和弘扬中华优秀传统文化,继承和弘扬革命前辈的红色家风,向焦裕禄、谷文昌、杨善洲等同志学习,做家风建设的表率,把修身、齐家落到实处"[63]。这些重要论述,深刻揭示了家风与党风的关系,新时代新征程上党员干部特别是领导干部要以身作则,并教育亲属子女和身边工作人员树立遵纪守法、艰苦朴素、自食其力的良好观念,明白见利忘义、贪赃枉法都是不道德的行为,落实党章党规党纪一以贯之的要求,守住拒腐防变的思想防线,保持清正廉洁的政治本色,以纯正家风涵养清朗党风政风社风,夯实百年大党的执政根基。

二、习近平法治思想和习近平总书记重要论述对妇女权益法律保障的重大意义

(一)坚持党的领导是做好妇女权益法律保障工作的根本保证

1. 中国共产党是妇女权益法律保障的领导力量。中国共产党是中国特色社会主义事业的领导核心。党的领导是做好党和国家各项工作的根本保证。在妇女权益法律保障工作中,党的领导同样发挥着无可替代的领导核心作用。新中国成立以来,党始终站在全局和战略的高度,将妇女权益保障纳入国家发展的总体布局,为妇女权益法律保障工作指明方向。从制定国家发展规划到出台各项政策法规,党都充分考虑妇女的特殊需求,确保法律制度能够切实保障妇女的平等权益和特殊利益。正是在党的坚强领导下,我国逐步构建起一套较为完善的保障妇女合法权益、促进男女平等的法律保护体系,为妇女享有平等的权利、获得充分的保护提供了坚实的法律基石。

2. 中国共产党历来高度重视妇女权益法律保障。习近平总书记指出,"在革命、建设、改革各个历史时期,我们党始终坚持把实现妇女解放和发展、实现男女平等写在自己奋斗的旗帜上,始终把广大妇女作为推动党和人民事业发展的重要力量,始终把妇女工作放在重要位置"[64]。中国共产党自成立之初,便将妇女解放视为革命事

---

[61] 习近平:《在第十八届中央纪律检查委员会第六次全体会议上的讲话》,载《人民日报》2016年5月3日,第2版。

[62] 《深入贯彻新发展理念主动融入新发展格局 在新的征程上奋力谱写四川发展新篇章》,载《人民日报》2022年6月10日,第1版。

[63] 习近平:《在会见第一届全国文明家庭代表时的讲话》,载《人民日报》2016年12月16日,第2版。

[64] 《坚持男女平等基本国策 发挥我国妇女伟大作用》,载《人民日报》2013年11月1日,第1版。

业的重要组成部分,而以法律手段打破强加在妇女身上的枷锁则是实现这一目标的关键抓手。在新民主主义革命时期,土地革命时期的《中华苏维埃共和国宪法大纲》明确规定了男女平等,保障妇女土地所有权、婚姻自由权和妇女参政权、妇女教育和劳动权益。在全民族抗战中,中国共产党在施政纲领和人权保障条例中贯彻男女平等原则,保障妇女的政治权利、妇女的婚姻家庭和财产权利,以及妇女的教育、劳动、人身等权利。在社会主义革命和建设时期,中华人民共和国成立后,颁布《婚姻法》《全国人民代表大会及地方各级人民代表大会选举法》,制定《宪法》保障男女平等和妇女各项权利。改革开放和社会主义现代化建设新时期,中国共产党进行《婚姻法》的修改与宣传贯彻,针对妇女权益受损现象,制定诸多完善、维护妇女权益的法律条款;制定和完善《妇女权益保障法》《婚姻法》等,正式提出男女平等基本国策、制定和实施妇女发展纲要;制定实施促进妇女发展的规划纲要,完善保障和改善妇女民生的政策措施。

中国特色社会主义进入新时代,中国把促进妇女事业发展放在更加突出的位置,把促进男女平等纳入党和国家工作大局统筹推进。妇女权益保障成为国家治理体系的重要组成部分。正是因为坚持党的领导,是做好党的妇女工作的根本保证,2022年修订的《妇女权益保障法》第3条第1款明确规定:"坚持中国共产党对妇女权益保障工作的领导,建立政府主导、各方协同、社会参与的保障妇女权益工作机制。"

(二)坚持中国特色社会主义是做好妇女权益法律保障工作的必由之路

1. 社会主义新中国使妇女的法律地位发生了历史性改变。1949年新中国成立,标志着人民权利新的时代到来,标志着近代以来中国人民遭受剥削、压迫和奴役历史的终结,也标志着由中国共产党领导的东方社会主义大国在人权实践中开启了新的篇章。中华人民共和国成立后,为了确保妇女在社会上和家庭中免受歧视,新中国不仅完全否定和彻底废除了旧中国遗留的那些歧视、压迫、残害广大妇女的法律和司法制度,而且还及时颁布了体现男女平等、保护妇女权益的新法律,以法律的形式对妇女的权益加以确认和保护。我国的妇女立法使中国妇女的法律地位发生了历史性的改变。

2. 坚持中国特色社会主义是做好妇女权益法律保障的必由之路。中国特色社会主义制度是在改革开放的伟大实践中形成的,是在中华人民共和国成立以来的持续探索中形成的,是在对近代以来中华民族发展历程的深刻总结中形成的,是在对中华民族五千多年悠久文明的传承中形成的。中国特色社会主义制度符合我国国情、顺应时代潮流,是唯一能够实现坚持党的领导、人民当家作主、依法治国有机统一,为国家富强、民族振兴、人民幸福、社会和谐提供根本政治保证的正确制度,也是充分实现我国妇女权益保障的必由之路。正是在中国特色社会主义制度下,我国形成了包括妇女权益法律保护制度在内的中国特色社会主义法治体系,有效地保护了广大妇女的合法权益。正是在中国特色社会主义制度下,党对妇女权益保障工作的领导全面加强,保障妇女权益的法治体系不断健全完善,妇女权益保障面临的环境持续优化提升,妇女权益保障领域的国际影响力明显增强,妇女权益保障和男女平等事业与经济社会发展同步推进,独具中国特色的保障妇女权益法律制度在促进男女平等和妇女全面发展中的作用日益凸显。

3. 中国特色社会主义是我国妇女权益法律保障的底色。我国保障妇女权益的法律制度本质上是中国特色社会主义制度在妇女权益保障工作领域的具体展开,是中国特色社会主义制度的重要组成部分。中国特色社会主义制度不仅为我国的妇女解放和男女平等事业提供了坚实有力的保障,而且决定了我国妇女权益法律制度的底色和性质。不断完善的妇女权益法律制度是中国特色社会主义制度优越性的重要体现。

(三)坚持以人民为中心是做好妇女权益法律保障工作的根本立场

1. 坚持妇女权益法律保障工作的人民主体性。《妇女权益保障法》第4条规定:"保障妇女的合法权益是全社会的共同责任……"保障妇女权益不只是妇女和妇联的工作,是整个国家和全社会的工作,需要大家共同参与。只有全体人民都增强男女平等、尊重妇女的理念,才能形成良好的社会氛围。领导干部都能重视妇女权益保障工作,各部门都能贯彻落实男女平等基本国策,立法、司法、执法等各方面承担起保障妇女权益的责任,《妇女权益保障法》才能发挥最大效能。

2. 坚持以人民的感受来衡量妇女权益法律保障工作的效果。习近平总书记指出:"努力让人民群众在每一个司法案件中感受到公平正义。"[65]妇女权益保障工作的出发点和落脚点都是维护妇女的合法权益,因此妇女群体和个人的感受是衡量妇女权益保障工作效果的首要指标,首先要让妇女在每一个案件中感受到公平正义。但是保障妇女权益不意味着要采取极端女权的立场不顾男性的利益,而是要在坚持男女平等基本国策的前提下开展妇女权益保障工作,在保障妇女权益的同时不能伤

---

[65] 习近平:《高举中国特色社会主义伟大旗帜 为全面建设社会主义现代化国家而团结奋斗——在中国共产党第二十次全国代表大会上的报告》,载共产党员网,https://www.12371.cn/2022/10/25/ARTI1666705047474465.shtml。

及无辜男性的利益,应当保障男女两性和谐发展。[66] 妇女权益保障工作要努力让当事人和局外人都能感受到司法的公平正义,要体现社会主义核心价值观。

3. 坚持人民主体地位,拓宽妇女民主权利行使渠道。习近平总书记指出:"人民性是中国人权发展道路最显著的特征。"[67] "人权不是一部分人或少数人享有的特权,而是广大人民群众享有的普惠性人权。"[68] 在这些重要论述的指引下,我国为实现最广大人民的根本利益奠定了坚实的政治基础,人民参政议政的热情高涨,政治素养日益提高,妇女在其中发挥了重要作用。基于此,我国逐步构建起一套较为完善且行之有效的妇女参政议政的机制体系。各级党组织将妇女工作纳入重要议事日程,从政策制定、资源调配到工作落实,充分发挥党总揽全局、协调各方的领导核心作用。一方面,在干部选拔任用的实际流程与标准设定中,性别平等已成为一条至关重要的基本原则。无论是在公务员招录考试中,还是在各类领导岗位的竞聘环节,均明确杜绝性别歧视现象,给予女性与男性同等的竞争机会与平台,为妇女权益保障工作提供了强大的政治后盾和组织保障。另一方面,在党代表、人大代表和政协委员的队伍构成中,通过一系列科学合理且积极有效的政策引导与制度保障,妇女所占的比例得到了显著提升。这不仅体现了我国在政治建设进程中对人权平等理念的深刻践行,更为广大妇女在更高层次、更广阔领域参与国家政治事务提供了坚实的平台与有力的支撑。越来越多的优秀女性凭借自身的智慧、能力与不懈努力,在党代表大会上为党的建设与国家发展建言献策,在人民代表大会中充分表达人民群众尤其是妇女群体的意愿与诉求,在政协会议里积极参与各类重大问题的协商讨论,她们的声音逐渐成为我国政治决策过程中不可或缺的重要组成部分。

4. 促进妇女全面发展,是以人民为中心的执政理念在保障妇女权益方面的集中体现。马克思关于人的解放和发展思想的价值主题和行动目标在于人的自由全面发展,而妇女的全面发展体现在妇女与经济社会同步发展、妇女与男子平等和谐发展、妇女自身的自由全面发展三个方面。2022年修订的《妇女权益保障法》提出要以促进妇女全面发展为目标,因此要不断健全优化制度机制,通过提供平等教育机会、改善医疗条件、促进就业公平等措施,确保妇女能够享有全面发展的权利。

在关注妇女全面发展的过程中,妇女权益法律保障还要关注妇女群体之间的均

---

[66] 徐婧、张丽霞、邢红枚:《以习近平法治思想引领妇女权益保障工作新发展》,载《中华女子学院学报》2023年第1期。
[67] 《坚定不移走中国人权发展道路　更好推动我国人权事业发展》,载《人民日报》2022年2月27日,第1版。
[68] 习近平:《坚定不移走中国人权发展道路　更好推动我国人权事业发展》,载《求是》2022年第12期。

衡发展和妇女在各领域的协调发展,解决妇女发展中的短板问题。尤其是要特别关心、帮助和爱护处于困难中的弱势妇女人群。此外,不同地区妇女发展水平仍然不平衡,男女权利、机会、资源分配仍然不平等,社会对妇女潜能、才干、贡献的认识仍然不充分。因此,妇女权益法律保障要着力推动解决影响和侵害妇女权益的突出问题,关爱帮扶低收入妇女、老龄妇女、残疾妇女等困难妇女。

(四)坚持尊重和保障人权是做好妇女权益法律保障工作的基本理念

人权是人类文明进步的标志,尊重和保障人权既是现代文明的基本精神,也是我国宪法确立的一项重要原则。在中国共产党的领导下,在习近平新时代中国特色社会主义思想的指引下,中国坚持以人民为中心的人权理论,将人权普遍原则同中国实际相结合,探索出一条适合中国国情的人权发展道路。"中国共产党领导和我国社会主义制度,决定了我国人权事业的社会主义性质,决定了我们能够保证人民当家作主,坚持平等共享人权,坚持以系统性思维谋划人权建设,推进各类人权全面发展,不断实现好、维护好、发展好最广大人民根本利益。"[69]推进全面依法治国,根本目的是依法保障人民权益。2015年,中国国家主席习近平在全球妇女峰会上提出"妇女权益是基本人权"[70],这一重要论断表明,保护妇女合法权益必须坚持尊重和保障人权的基本理念,以更为积极的态度、更为明确的责任、更为高远的目标、更为有效的措施保障妇女合法权益的实现。要坚持以人权保障为基本导向,把保障妇女权益系统纳入法律法规,上升为国家意志,内化为社会行为规范,全方位、多层次地大力推动妇女权益保障工作,把尊重和保障人权的基本理念贯彻在保障妇女权益的立法、执法、司法、守法的全过程各方面,为真正实现男女平等和促进妇女全面发展提供坚实有力的法律支撑。

第二节 妇女法的基本原则

引 例

曲某(女)于2014年5月17日在某网站上看到A公司发布招聘厨房学徒广告,

---

[69] 习近平:《坚定不移走中国人权发展道路 更好推动我国人权事业发展》,载《求是》2022年第12期。
[70] 《习近平出席全球妇女峰会并发表讲话》,载《人民日报》2015年9月28日,第1版。

广告中并无明确性别要求。曲某遂前往应聘,但公司前台工作人员告知曲某"厨房学徒不要女的",未对其进行面试。曲某于同年6月在某网站上再次看到上述公司发布同一岗位的招聘广告,遂申请某公证处对上述招聘广告网页进行公证。该公证书显示招聘主体为A公司,招聘职位为配菜(招6人),任职资格及其他条件载明:"1.男性,18~25岁……"曲某认为A公司存在就业歧视,遂向A公司所在地法院起诉,请求法院判令被告向其公开书面赔礼道歉并赔偿相关经济损失和精神损害抚慰金。

法院经审理认为,A公司发布仅限男性的招聘广告以及公司前台工作人员告知曲某"厨房学徒不要女的"等行为,构成对女性应聘者的区别对待和排斥。A公司所招聘的岗位并非不适合妇女的工种以及岗位,但在招聘过程中仅因招聘者性别而予以排斥的行为,损害了曲某的平等就业权,给曲某造成了一定的精神损害。故判决A公司向曲某赔偿精神损害抚慰金2000元,并作出书面赔礼道歉,驳回曲某其他诉讼请求。

一、妇女法基本原则概述

(一)妇女法基本原则的含义

法律的基本原则是法律的基础性原理,是法律依据的法则,是"可以作为规则的基础或来源的综合性、稳定性的准则。其特点是,它不预先设定任何具体的确定的事实状态,没有规定具体的权利义务,更没有规定确定的法律后果,但是,它指导和协调着全部社会关系或某一领域的社会关系的法律调整机制"[71]。

妇女法的基本原则是支撑妇女法规则最具基础性、本源性的概括性准则,是该法本质特征的集中体现和基本价值的高度概括浓缩,蕴含着该法调控社会生活所欲实现的核心价值目标,体现了妇女法的立法宗旨,并贯穿于该法的始终,在妇女法中发挥着立法准则、司法准则和行为准则等功能。

(二)妇女法基本原则的功能

妇女法基本原则具有以下功能:

首先,统领妇女法的体系结构。法的基本原则在法的体系结构中居于核心地位,起到最根本的指导作用。妇女法的基本原则对具体法律规范起着统领、整合和支撑

---

[71] 张文显:《二十世纪西方法哲学思潮研究》,法律出版社1996年版,第391页。

的作用,使全部法律规范在基本原则的统合下成为一个相互协调统一的有机体系。

其次,指导立法机关的立法活动。妇女法的基本原则为立法活动提供了指导性准则,是妇女法制定、修改以及实施的指导性要求与标准,可以确保法律的有机统一。妇女立法应当以基本原则为出发点,根据基本原则的价值取向制定出内在紧密有机关联的妇女法律规范的全部内容,有效实现妇女法的目的和宗旨。可以说,有什么样的基本原则,就会指导制定出什么样的法律规则。

最后,指导司法机关的司法活动。妇女法的基本原则可以为司法审判提供基本依据,指导司法机关进行能动性的司法活动。妇女法的基本原则对现行法律起到解释作用,对法律漏洞起到补充作用。当现行妇女法律规范滞后时,可根据基本原则的精神加以解释;当司法实践中新型案件没有法律条文可以援引时,可根据基本原则所蕴含的法律原理和价值取向进行适当的法律推理。

二、妇女法基本原则的体系

妇女法的基本原则主要包括保障妇女权益、促进男女平等和禁止性别歧视三项。其中,保障妇女权益是从妇女自我视角出发所追求的根本价值目标,而促进男女平等与禁止性别歧视是从性别视角出发从正反两个方面确立两性关系的最佳模式。三者相辅相成、相互协调,共同组成了一个完整的有机整体,共同构成了妇女法的灵魂,为妇女权益的实现提供了可供遵循的准则。

(一)保障妇女权益

从妇女的自我视角审视,妇女法作为旨在确认和保障妇女权益、推进男女平等的法律体系,其和妇女权益之间有着天然的不可分割的联系,妇女法和妇女权益相互依存、相互作用,保障妇女权益是妇女法的基本原则。

首先,妇女法的根本目的就是保障妇女权益的充分有效实现。一方面,妇女权益的实现是妇女法立法的起点和追求的终极价值目标。妇女权益的确立和实现是对妇女法进行价值评判检验的重要标尺。另一方面,妇女法是妇女权益的体现和保障,妇女法创设妇女权益,维护和保障妇女权益,是妇女权益的主要存在形态,是妇女权益得以依法实现的国家强制力保障。基于此,2022年修订后的《妇女权益保障法》第1条在立法宗旨中明确规定:"为了保障妇女的合法权益,促进男女平等和妇女全面发展,充分发挥妇女在全面建设社会主义现代化国家中的作用,弘扬社会主义核心价值观,根据宪法,制定本法。"

其次，基于妇女的历史和现实地位，妇女法以保障妇女权益为基本原则具有必要性。一方面，从妇女的历史和现实地位看，人类进入父权制社会以来，妇女一直处于受歧视、受压迫的不平等地位，男性享有特权。现实中，妇女地位虽然不断提高，但妇女权利仍时有受到不同程度的歧视、侵害，妇女还没有在完全意义上实现和男子事实上的平等。另一方面，从人权概念的产生看，在相当长的时间内，人权概念不包括妇女权利。18、19世纪，欧洲妇女受到人权观念的启发，针对当时人权主体并不包括妇女、妇女权利也不被看作人权的状况，开始思考自身的价值和地位问题，提出了妇女人权的观念。至1948年联合国通过《世界人权宣言》，人权问题开始受到国际社会关注，妇女人权逐步成为其中的重点内容，保障妇女人权成为不可抗拒的世界潮流。时至今日，有效保障妇女权利的思想在国际社会已深入人心，得到普遍认同，并在国际公约和各国国内立法中不同程度地得到确认和体现。《世界人权宣言》《公民权利和政治权利国际公约》《经济、社会及文化权利国际公约》等国际人权公约均确立了人人皆得享有普遍人权的原则。1979年，联合国大会通过了《消除对妇女一切形式歧视公约》，妇女人权保障在国际上迈出了重要一步。1993年，维也纳世界人权大会第一次将妇女人权概念写进大会通过的《维也纳宣言和行动纲领》，该纲领指出："妇女和女童的人权是普遍性人权当中不可剥夺和不可分割的一个组成部分。"这标志着妇女人权概念正式受到国际社会的承认和接受。1995年，联合国第四次世界妇女大会在北京召开，再次提出了"妇女权利就是人权"的口号，这一命题成为对妇女人权概念最简明、最经典的解释。妇女人权由此成为一个颇具启发性和革命性的概念。可见，妇女地位的历史和现实决定了保障妇女权益具有重要的理论和现实意义。妇女人权把人权主体引向了易被忽视的人群和领域，突出了妇女在人权中的主体地位，有利于消除人权观的双重性别标准和推动性别平等的实现。

因此，基于妇女法与妇女人权的天然联系，基于妇女的历史和现实地位，妇女法应彰显保障妇女权益的理念，把尊重和保障妇女权益作为本法的基本价值目标，把是否有利于保障妇女权益的实现作为检验和衡量妇女法的标尺，结合我国妇女权益的真情实况，全面确认、切实保障妇女权益，为妇女权益的实现提供完善的法律依据和强有力的法律保障。

(二) 促进男女平等

人人生而平等，人人有资格享有一切权利与自由，人人在权利面前是平等的，法律对所有人的保护或惩罚应当是统一的，不因性别以及种族、肤色、语言、宗教等而有任何区别,这既是人类追求的理想目标,也是人类进入文明社会的理性共识。因此,男女平等是妇女法的重要基本原则。严格意义上说,男女权利平等是妇女法的基本原则,因为妇女法的重心是确认和保障妇女权利,权利法的定位才更符合妇女法的立法初衷。强调男女权利平等并非排除平等履行义务,而是因为已有诸多法律规定男女平等履行义务的内容,所以妇女法无须再加以强化。为此,《妇女权益保障法》第2条第1款规定:"男女平等是国家的基本国策。妇女在政治的、经济的、文化的、社会的和家庭的生活等各方面享有同男子平等的权利。"

理解男女平等以适切领会平等为前提。平等具有丰富的意蕴,哲学、法学、政治学、社会学等领域的诸多思想家对平等进行了大量诠释。亚里士多德提出两类平等:一类是"数量平等",即"你所得的相同事物在数目和容量上与他人所得的相等";另一类是"比值平等",即"根据个人的真价值,按比例分配与之相衡称的事物"[72]。英国学者米尔恩认为平等是"对于在所有相关的方面都相同的情况,必须同样对待;对于在相关的方面不相同的情况,则必须不同地对待,而且这种不同对待应对应于相关的不同"[73]。马克思认为:"平等是人在实践领域中对自身的意识,也就是人意识到别人是和自己平等的人,人把别人当做和自己平等的人来对待。"[74]从诸多论述中可以看出,人类对平等有多个维度的认识,但无论有多少不同的表达,其精髓无非体现为"等者等之、不等者不等之"的内涵,即同等情况下同等对待和不同等情况下正当差别对待。

1. 同等情况下同等对待

男女两性同样生而为人,都有人的尊严、价值和人的属性,在法律等各方面应被平等对待,确立平等的法律地位。但从世界范围看,男女平等远未成为现实,因此,主张男女平等的根本动因在于寻求平等。

男女在同等情况下应被平等对待,意味着男性和女性应当在政治、经济、文化、社会和家庭等各个领域享有平等的参与资格,获得平等的发展空间,在法律上拥有平等的法律地位,享有平等的权利并被施加平等的义务。这一原则强调男女的"社会性""同质性"。此种平等也可理解为男女在机会上的平等或形式意义上的平等,这种机会平等是结果平等的前提、基础,直接影响利益结果的分配。因为,女性机会的缺失

---

[72] [古希腊]亚里士多德:《政治学》,吴寿彭译,商务印书馆1965年版,第234页。

[73] [英]A.J.M.米尔恩:《人的权利与人的多样性——人权哲学》,夏勇、张志铭译,中国大百科全书出版社1995年版,第59页。

[74] 《马克思恩格斯全集》(第2卷),人民出版社1957年版,第48页。

必然导致结果的倾斜失衡。

2. 不同等情况下正当差别对待

男女平等不仅需要平等无差别对待,还需要正当差别对待。保障妇女权益,不应全然不顾两性间的先天生理差异和后天社会性别差异,不可机械地追求所谓的机会平等、形式平等。因为与男性相比,女性既有人的一般性,又有异于男性的特殊性。两性差异具体表现在两方面:一是生理、心理方面的自然差异。这些差异体现了自然创造人类的合目的性。作为人类个体类别的特征,两性的自然生理差异都有其当然存在的价值,应受到尊重。二是由社会文化造成的社会性别差异。在两性的生命发展过程中,除了生理差异,还有社会文化造成的社会差异,这些差异主要表现为男性优势,以男性为中心。这种社会差异同自然差异一样,是认识人类自身不能抹杀的一个重要因素,甚至成为区别和认识男性或女性的基础。因此,如果漠视两性差异,机械地追求机会平等、形式平等,只会造成结果的不平等。唯有机会的"正当差别"对待,对处于不利境地的妇女群体加以倾斜,使她们获得相对公平的发展空间,才能实现两性事实上的平等。

男女平等的终极目标应体现在实质意义上的结果平等,而非形式意义上的机会平等。对男女两性而言,只有在承认两性先天自然生理差异、后天社会性别差异的基础上理解和认识男女平等,实行正当差别对待,才能真正实现结果平等。具体而言,正当差别对待包括针对女性的特殊生理特征而采取的"特别措施",以及针对历史文化原因造成的社会性别差异而对女性群体规定的"暂行特别措施"。其一,特别措施是指针对女性特殊生理机能赋予其专有权利。规定专有权利旨在保护女性群体特性,针对女性群体普遍客观存在的固有的母性生理机能,法律不应无视和抹杀,而应给予尊重,作出特别对待的制度安排。这种特别对待的做法体现了"不等者不等之"的真意,同样是平等的题中之义。同时,女性的特殊生理机能具有固有性、天然性,决定了采取的特别措施具有长久性。联合国《消除对妇女一切形式歧视公约》第4条第2款规定:"缔约各国为保护母性而采取的特别措施,包括本公约所列各项措施,不得视为歧视。"其二,暂行特别措施是指针对两性之间的社会性别差异采取以推进实质平等为目的的措施。暂行特别措施通常针对特定群体而设计,目的是改善其由于后天的社会文化习俗等造成的不平等状况,为修正机械的形式平等、推进实质平等而采取的倾斜性的临时措施。对女性的暂行特别措施并不构成"反向歧视"。联合国《消除对妇女一切形式歧视公约》第4条第1款规定:"缔约各国为加速实现男女事实上的平等而采取的暂行特别措施,不得视为本公约所指的歧视,亦不得因此导致维持不平等或分别的标准;这些措施应在男女机会和待遇平等的目的达到之后,停止采用。"

(三)禁止性别歧视

禁止歧视原则是人权保护的基本原则,其本质是毫无例外地对每个人的权利和尊严进行平等非歧视的保护,反对针对任何人的歧视。禁止歧视是人权普遍性的内在要求,源于人人生而平等的观念,每个人均平等无差别地享有基本权利与自由。20世纪对歧视的禁止"开始成为国内法和国际法中平等原则的实质性建构过程中的最基本因素"[75]。

男女平等与禁止性别歧视是一个问题的正反两个方面。所谓性别歧视,是基于性别的不公正待遇,是指基于性别的差别对待,此差别对待产生了妨碍或否认某一性别认识、享有或行使基本权利和自由的目的或后果。具体到对妇女的歧视,根据联合国《消除对妇女一切形式歧视公约》第1条的规定,是指"基于性别而作的任何区别、排斥或限制,其影响或其目的均足以妨碍或否认妇女不论已婚未婚在男女平等的基础上认识、享有或行使在政治、经济、社会、文化、公民或任何其他方面的人权和基本自由"。对妇女的歧视,涵盖三个构成要素:其一,对妇女差别对待。差别对待是基于性别而做的任何区别、排斥、限制,其目的或效果妨碍或否定了个人权利和自由的享有或行使,主要表现为区别、排斥、限制。所谓区别,指对妇女做出有别于男子的不同对待;所谓排斥,指剥夺妇女获得与男子相同的机会或权利;所谓限制,指对妇女享有与男子相同的机会或权利施加更多限制。其二,差别对待的理由欠缺合理性、客观性。"并非所有区别待遇都是歧视,只要这种区别的标准是合理和客观的,并且是为了达到根据《公约》视为合法的目的"[76],则不视为歧视。对于合理性,或者合规律理性,即从因果律出发,行动符合客观现实及事物发展的客观规律,具有现实有效性;或者合目的理性,即从目的律出发,行动符合主体需要和主体所追求的目的,具有价值正当性。[77] 例如根据联合国《消除对妇女一切形式歧视公约》第4条的规定,缔约国针对女性处于不利境地的客观现实,为加速实现两性实质平等采取的暂行特别措施,不视为歧视。此类差别对待即属于追求男女事实平等目的的合目的理性的差别对待。同样,缔约国为保护母性采取的特别措施,是针对女性有别于男性的客观生理差

---

[75] [奥]曼弗雷德·诺瓦克:《〈公民权利和政治权利国际公约〉评注》(修订第2版),孙世彦、毕小青译,三联书店2008年版,第622页。

[76] 此处的《公约》指《公民权利和政治权利国际公约》。参见人权事务委员会第18号一般性意见第13段。

[77] 郭栋:《法理的概念:反思、证成及其意义》,载《中国法律评论》2019年第3期。

异而采取的特别措施,符合客观规律,不构成歧视。其三,差别对待的目的违法或后果负面。差别对待的目的或效果同样是认定构成歧视与否的重要衡量因素。差别对待的目的/意图,指构成歧视的行为具有妨碍或损害某项人权享有、行使的不法目的/意图;差别对待的效果是指差别对待造成了妨碍或损害某项人权享有、行使的不利后果。

关于歧视的类型,经济、社会及文化权利委员会第 20 号一般性意见指向直接歧视、间接歧视以及系统性歧视三类。所谓直接歧视,"即处于同样情况下的一个人因为一种禁止的理由所受待遇不如另一个人"[78],"是在相同的情况下待遇不同或者在不同的情况下待遇相同"[79]。间接歧视指"表面上看起来是中性的法律、政策或做法,因为禁止的歧视理由而对行使《公约》权利有不适当的影响"[80],"指中立的标准对一种性别产生不同于另一种性别的效果"[81]。系统性歧视指"对某些群体的歧视是普遍的、持续的,并深深扎根于社会行为和组织中,时常涉及不受质疑的或间接的歧视",其后果是"使某些群体处于相对不利的地位,而另一些群体拥有特权"[82],"这种系统性歧视可理解为公共或私人领域的法律条例、政策、习俗或占主导地位的文化态度"[83]。

要深入理解"歧视",有必要辨析其与"平等"的关联。歧视是平等的反义表达,禁止歧视与平等是相近表达,二者"是一对相互联系而又相互区别的概念"[84]。禁止歧视原则与平等原则所追寻的目标和价值相同,即实现公平正义。但两者也存在如下不同:一方面,两者侧重的面向和角度不同。平等原则蕴含正面积极和反面消极两方面意蕴,但主要突出正面的积极意蕴,旨在积极推动;禁止歧视原则主要突出否定的消极表达,旨在强调消极防范。"从义务的角度来看,平等不仅包含禁止歧视立法的消极义务,也包含消除不平等对待以取得平等结果的积极义务;非歧视则仅包含不得存在不合理的区别待遇的消极义务。"[85]另一方面,平等原则是权利保护的基本原

---

[78] 经济、社会及文化权利委员会第 20 号一般性意见第 10(a)段。
[79] 《欧盟法》,袁发强译,武汉大学出版社 2003 年版,第 269 页。
[80] 此处的《公约》指《经济、社会及文化权利国际公约》。参见经济、社会及文化权利委员会第 20 号一般性意见第 10(b)段。
[81] 《欧盟法》,袁发强译,武汉大学出版社 2003 年版,第 269 页。
[82] 经济、社会及文化权利委员会第 20 号一般性意见第 12 段。
[83] 经济、社会及文化权利委员会第 20 号一般性意见第 12 段。
[84] 毛俊响:《国际人权公约权利限制的基本原则及其对我国的启示》,载《政治与法律》2010 年第 9 期。
[85] 毛俊响:《国际人权公约权利限制的基本原则及其对我国的启示》,载《政治与法律》2010 年第 9 期。

则,禁止歧视不仅是权利保护的基本原则,也是权利限制的基本原则,国家在对个人的权利施加限制的同时,必须坚持禁止歧视的原则。

从国际层面看,《联合国宪章》和众多国际人权公约都规定有禁止歧视条款。联合国《公民权利及政治权利国际公约》规定了最为广泛的禁止歧视条款。联合国《消除对妇女一切形式歧视公约》中则主要对"对妇女的歧视"作出了一系列规定。从国内层面看,自1992年通过《妇女权益保障法》起,部分法律先后明确规定了"禁止歧视"的原则。1992年《妇女权益保障法》第2条规定:"妇女在政治的、经济的、文化的、社会的和家庭的生活等方面享有与男子平等的权利。国家保护妇女依法享有的特殊权益,逐步完善对妇女的社会保障制度。禁止歧视、虐待、残害妇女。"2005年《妇女权益保障法》第2条修改为:"妇女在政治的、经济的、文化的、社会的和家庭的生活等各方面享有同男子平等的权利。实行男女平等是国家的基本国策。国家采取必要措施,逐步完善保障妇女权益的各项制度,消除对妇女一切形式的歧视。国家保护妇女依法享有的特殊权益。禁止歧视、虐待、遗弃、残害妇女。"2009年《劳动法》第12条第2款规定:"劳动者就业,不因民族、种族、性别、宗教信仰等不同而受歧视。"2007年《就业促进法》第3条规定:"劳动者就业,不因民族、种族、性别、宗教信仰等不同而受歧视。"2022年修订后的《妇女权益保障法》第2条第2款规定:"国家采取必要措施,促进男女平等,消除对妇女一切形式的歧视,禁止排斥、限制妇女依法享有和行使各项权益。"

引例分析

根据我国《宪法》《妇女权益保障法》《劳动法》《就业促进法》等法律,妇女享有与男子平等的就业权利,企业录用职工时,除国家规定不适合妇女的工种或者工作岗位,不得以性别为由拒绝录用妇女。

本案中,A公司招聘的岗位并不属于国家规定的不适合妇女的工种或者岗位,A公司仅仅因为性别原因而拒绝为曲某提供面试机会,违反了男女平等原则,构成就业性别歧视。本案的判决秉持男女平等原则,依法认定A公司构成就业性别歧视,维护了女性劳动者平等就业的权利。

妇女法的基本原则本身属于思想观念的范畴,不具有法律规范性,但却高度概括、浓缩或者说是抽象、整合了该法的基本价值,对具体法律规范起到价值辐射和法秩序统一的规范效力。

章结语

习近平法治思想、习近平总书记关于尊重和保障人权的重要论述、习近平总书记关于妇女儿童和妇联工作的重要论述以及习近平总书记关于注重家庭家教家风建设的重要论述是妇女法的指导思想。妇女法的基本原则具有统领妇女法体系结构、指导立法和司法活动的功能,主要包括保障妇女权益、促进男女平等和禁止性别歧视三项。

思考题

1. 如何用习近平法治思想指导妇女权益保障工作?
2. 简述习近平总书记关于妇女儿童和妇联工作重要论述的基本内容。
3. 结合新时代妇女权益保障的创新发展,谈谈习近平总书记关于妇女儿童和妇联工作重要论述为妇女权益提供的保障机制。
4. 请谈谈如何理解男女平等。
5. 简述性别歧视的构成要件。

第三章　妇女的权益

> **│章前语│**
> 《妇女权益保障法》的立法目的之一是确认妇女享有的各项权益。本章结合《妇女权益保障法》第二章至第七章的规定,介绍妇女享有的六大权益的内容、意义等。

第一节　妇女的政治权利

引　例

刘某等10人均是福建省某村第五生产小组的外嫁女,2017年和2019年,该生产小组在分配集体征地补偿款时,将她们排除在外未予分配。经多次协商、沟通失败后,刘某等人决定进行诉讼。县人民法院经审理查明:刘某等人的医保缴纳、社保缴纳、选民资格、土地承包经营权证、外嫁后是否被纳入城镇社会保障体系获得其他生活保障等证据,能够证明她们理应享有村民资格。但该村民小组的村民代表会议决定给予刘某等人不同于其他经济组织成员的区别待遇,与法律法规和国家的政策相抵触,损害了刘某等人作为该组织成员同等参与分配集体财产的合法权益。据此,县人民法院依法作出判决:被告某村民委员会第五生产小组给予刘某等人同等村民待遇,在判决生效后向原告刘某等人支付两次征地补偿款。本案判决生效后,该村民小组同意按时履行法院生效判决。[1]

---

[1] 巾帼维权解民忧"外嫁女"待遇同享——支持"外嫁女"获同等村民待遇案,参见《全国妇联发布第四届"依法维护妇女儿童权益十大案例"》,载广东女性e家园网2021年12月29日,http://www.gdwomen.org.cn/wqzxm/wqzs/content/post_979574.html。

一、政治权利概述

（一）政治权利的概念

古希腊先哲亚里士多德最早提出"人是政治的动物"[2]，任何人都不可能远离政治。所谓政治，"浅而言之，政就是众人的事，治就是管理，管理众人的事便是政治"[3]。孙中山的这一简明解释指出了政治的公共管理职能。若由此出发理解政治权利，它是公民依法享有的参与国家政治生活的权利和自由的统称，其行使主要表现为公民参与国家、社会的组织与管理活动。[4] 在政治权利的具体名称上，国内目前还没有统一的用语，有的表述为"参政权"，有的表述为"政治权利与自由"，有的则表述为"公民参与政治生活方面的权利"，等等。

（二）政治权利的意义

政治权利一般由一国宪法明文规定和确认，在宪法的基本权利体系中，政治权利居于特别重要的地位，是公民其他权利的基础。公民享有的政治权利的广度及其实现的程度，不仅是衡量一个国家民主化程度的标志，也反映了其民主和法治的现实状况。

（三）政治权利的内容

有关政治权利的内容或范围，目前还没有统一的看法。各国宪法规定的政治权利，主要包括选举权、公职权、政党权、请愿权和公决权等。结合我国宪法的规定和学理的分类，公民的政治权利主要包括选举权和被选举权、政治表达自由权、监督权和诉愿权。

1. 选举权和被选举权

选举是产生近现代国家机构及其公职人员的最普遍、最根本的方式，是公民对国家和社会发展的一种决定性选择。[5] 为保障公民的选举权和被选举权，各国宪法通常规定一些原则，比如普遍选举原则、自由选举原则、平等选举原则、直接选举原则、

---

[2] [古希腊]亚里士多德：《政治学》，吴寿彭译，商务印书馆1965年版，第7页。
[3] 《孙中山选集》，人民出版社1981年版，第692页。
[4] 李明舜、林建军主编：《妇女法学》，法律出版社2015年版，第69页。
[5] 王玉明：《选举论》，中国政法大学出版社1992年版，第12－13页。

差额选举原则、竞争选举原则等。当然,像其他任何权利一样,选举权和被选举权也不是绝对的。各国宪法往往对此作了一定的限制,主要包括年龄、精神状态和刑罚情况等。我国宪法对公民的选举权和被选举权只作了两方面的限制:一是年龄限制,只有年满18周岁,才享有选举权和被选举权;二是刑罚限制,即被剥夺政治权利[6]的人不享有选举权和被选举权。

2. 政治表达自由权

政治表达自由是近代民主政治的基础,是公民参与国家管理的基本形式。民主政治的健康运行,必须以公民能够享有表达自由为前提。围绕范围广泛的公共事务,公民能够借助报纸、电台和网络等媒介,进行公开的讨论,政府必须回应来自公民的呼声和意见。在此情形下,不仅直接与民主政治有关的政治言论应当受到保护,而且有助于培养公民政治参与的表达,也应当受到法律的保护。[7] 我国《宪法》第35条规定:"中华人民共和国公民有言论、出版、集会、结社、游行、示威的自由。"据此可知,在我国,政治表达自由权主要包括言论自由、出版自由、结社自由和集会、游行、示威自由。

3. 监督权

在政治权利体系中,公民监督权体现了政治权利从人民主权延伸,以公民身份参与国家公共决策,并最终依托主权权威纠正公共决策及其实施偏差的融贯逻辑。[8] 须知权力不受制约和监督,必然导致滥用和腐败。加强对权力的制约和监督,是发展社会主义民主政治的重要任务。权力必须在公民的监督下运行,确保权为民所谋。《宪法》第27条第2款规定:"一切国家机关和国家工作人员必须依靠人民的支持,经常保持同人民的密切联系,倾听人民的意见和建议,接受人民的监督,努力为人民服务。"第77条规定:"全国人民代表大会代表受原选举单位的监督。原选举单位有权依照法律规定的程序罢免本单位选出的代表。"第102条规定:"省、直辖市、设区的市的人民代表大会代表受原选举单位的监督;县、不设区的市、市辖区、乡、民族乡、镇的人民代表大会代表受选民的监督。地方各级人民代表大会代表的选举单位和选民有权依照法律规定的程序罢免由他们选出的代表。"

---

[6] 《刑法》第54条规定:"剥夺政治权利是剥夺下列权利:(一)选举权和被选举权;(二)言论、出版、集会、结社、游行、示威自由的权利;(三)担任国家机关职务的权利;(四)担任国有公司、企业、事业单位和人民团体领导职务的权利。"

[7] 王四新:《表达自由与民主政治》,载《环球法律评论》2009年第1期。

[8] 秦小建:《公民监督权的功能及制度实践》,载《学习时报》2017年2月15日,A7版。

4. 诉愿权

作为一种公民权利,诉愿权最早见于英国。1215年6月15日,在坎特伯雷大主教斯蒂芬的斡旋下,约翰国王被迫和反叛的贵族们签订了著名的《自由大宪章》。历经800余年,《自由大宪章》至今仍然具有法律效力的条文共计"三条半",其中第39条和第40条(1225年成为第37条的一部分)即有关诉愿权的规定。[9] 抚今追昔,作为贵族特权的诉愿权现已渐入寻常百姓家,成为公民的一项重要政治权利。我国《宪法》第41条规定:"中华人民共和国公民对于任何国家机关和国家工作人员,有提出批评和建议的权利;对于任何国家机关和国家工作人员的违法失职行为,有向有关国家机关提出申诉、控告或者检举的权利,但是不得捏造或者歪曲事实进行诬告陷害。对于公民的申诉、控告或者检举,有关国家机关必须查清事实,负责处理。任何人不得压制和打击报复。由于国家机关和国家工作人员侵犯公民权利而受到损失的人,有依照法律规定取得赔偿的权利。"归纳起来,诉愿权就是公民对于国家机关及其工作人员的批评和建议权、申诉权、控告权、检举权和要求赔偿权。这些权利都是公民维护个人合法权利和实现公共利益的重要途径和保障。

二、妇女政治权利的内容

有关妇女政治权利的内容,主要体现在以我国《宪法》为基础,以《妇女权益保障法》为主体,包括我国缔结或参加的国际条约在内的一整套保护妇女权益的法律体系之中。它包括以下几个方面。

(一)国家保障男女享有平等的政治权利

《妇女权益保障法》第12条规定:"国家保障妇女享有与男子平等的政治权利。"这是关于国家保障政治权利两性平等的原则性规定,作为《妇女权益保障法》中政治权利的第一个条款,其内容自1992年以来一直未有变化。从内容上看,它涵盖了两个方面:一是男女享有平等的政治权利;二是国家保障妇女与男子平等的政治权利。

1. 男女享有平等的政治权利。《宪法》第48条第1款规定:"中华人民共和国妇女在政治的、经济的、文化的、社会的和家庭的生活等各方面享有同男子平等的权

---

[9] 英国《自由大宪章》第39条规定:任何自由人,如未经其同级贵族之依法裁判,或经国法裁判,皆不得被逮捕、监禁、没收财产、剥夺法律保护权、流放,或受到任何其他损害。第40条规定:不得向任何人出售、拒绝或延搁其应享之权利与公正裁判。

利。"对照宪法条文可知,《妇女权益保障法》第12条是对我国《宪法》第48条第1款的具体化。

2. 国家保障妇女与男子平等的政治权利。为落实国家的这一责任,联合国《消除对妇女一切形式歧视公约》在第7条有关政治和公共生活的条款里,要求"缔约各国应采取一切适当措施,消除在本国政治和公众事务中对妇女的歧视",特别要保证妇女在与男子平等的条件下享有选举权、被选举权等权利。这既是国家固有的重要职责,也是我国必须履行的国际义务。

(二)妇女参与国家和社会事务管理的权利

《妇女权益保障法》第13条规定:"妇女有权通过各种途径和形式,依法参与管理国家事务、管理经济和文化事业、管理社会事务。妇女和妇女组织有权向各级国家机关提出妇女权益保障方面的意见和建议。"这是有关妇女行使政治权利的途径和形式的规定。《妇女权益保障法》第二章其他关于妇女权益的规定,都是对这四个方面内容的细化。与2018年《妇女权益保障法》第10条相比,2022年修订的《妇女权益保障法》一是将原第1款中规定的妇女有权"管理国家事务"改为"依法参与管理国家事务",表述更为准确规范;二是将原第2款[10]调整为总则部分第8条并予以完善,该条对涉及妇女权益的立法事项作出了原则性的规定。这一顺序上的调整使本法体例更加科学合理。

《妇女权益保障法》第13条第1款的规定是对《宪法》第2条第3款的具体化。《宪法》第2条第3款规定:"人民依照法律规定,通过各种途径和形式,管理国家事务,管理经济和文化事业,管理社会事务。"《妇女权益保障法》有关妇女行使政治权利的途径和形式涵盖的四个方面与《宪法》相一致。

《妇女权益保障法》第13条第2款的规定是对《宪法》第41条第1款的具体化。《宪法》第41条第1款规定:"中华人民共和国公民对于任何国家机关和国家工作人员,有提出批评和建议的权利……"广大妇女作为中华人民共和国公民,理所当然有权向各级国家机关提出有关妇女权益保障方面的意见和建议,这是妇女管理国家事务,管理经济和文化事业,管理社会事务的途径和形式之一。除了妇女,妇联与其他

---

[10] 2018年《妇女权益保障法》第10条第2款规定:"制定法律、法规、规章和公共政策,对涉及妇女权益的重大问题,应当听取妇女联合会的意见。"2022年《妇女权益保障法》第8条规定:"有关机关制定或者修改涉及妇女权益的法律、法规、规章和其他规范性文件,应当听取妇女联合会的意见,充分考虑妇女的特殊权益,必要时开展男女平等评估。"

代表和维护妇女利益的组织也有权向各级国家机关提出妇女权益保障方面的意见和建议。对于合理可行的建议,《妇女权益保障法》第17条中规定了"有关部门应当听取和采纳"的对应义务,从而明确了有关主体的权利和义务,对于畅通信息渠道、保障妇女行使政治权利具有重要意义。

（三）妇女的选举权利

《妇女权益保障法》第14条规定:"妇女享有与男子平等的选举权和被选举权。全国人民代表大会和地方各级人民代表大会的代表中,应当保证有适当数量的妇女代表。国家采取措施,逐步提高全国人民代表大会和地方各级人民代表大会的妇女代表的比例。居民委员会、村民委员会成员中,应当保证有适当数量的妇女成员。"这是有关妇女选举权利的规定。与2018年《妇女权益保障法》第11条相比,2022年修订的《妇女权益保障法》在原第2、3款"应当有适当数量的妇女代表"和"妇女应当有适当的名额"的基础上都增加了"保证"二字,这既坚持了男女平等的原则,又在数量和比例方面对妇女参政给予了特殊保护。

1. 男女享有平等的选举权和被选举权。选举权和被选举权是民主国家公民所享有的一项最基本、最主要的政治权利,妇女是否享有与男子平等的选举权和被选举权,是妇女能否平等参与政治生活的首要条件。《宪法》第34条规定:"中华人民共和国年满十八周岁的公民,不分民族、种族、性别、职业、家庭出身、宗教信仰、教育程度、财产状况、居住期限,都有选举权和被选举权;但是依照法律被剥夺政治权利的人除外。"《妇女权益保障法》第14条第1款是对《宪法》第34条的具体化,体现了选举权的两性平等原则。

2. 保证和提高妇女代表在人大代表中的数量和比例。1949年以来,我国妇女的参政水平实现了跨越式发展,取得了长足的进步。但在全国人大和地方各级人大中,妇女代表所占比例长期偏低,性别比例明显失调。为改变这一现状,有必要实行合理的倾斜保护措施,向男女实质平等迈进。《妇女权益保障法》在第14条第2款中规定,"全国人民代表大会和地方各级人民代表大会的代表中,应当保证有适当数量的妇女代表"。同时规定,国家要"采取措施,逐步提高全国人民代表大会和地方各级人民代表大会的妇女代表的比例"。这表明了立法者加大保障妇女合法权益、促进男女平等工作力度的决心。

3. 保证妇女在基层群众性自治组织中的适当数量。2022年修订的《妇女权益保障法》将原第11条第3款的"居民委员会、村民委员会成员中,妇女应当有适当的名额"修改为第 14 条第 3 款的"居民委员会、村民委员会成员中,应当保证有适当数量的妇女成员"。这一修订意味着要采取积极有力的措施确保妇女在基层群众性自治组织中占有一定的名额。在现实生活中,居民委员会成员中的女性通常占较大比例,但在农村,情形则截然不同。若村民委员会中无女性成员,则广大农村妇女的土地、财产等诸多利益就有可能受损。因此,该条款与《村民委员会组织法》第 6 条第 2 款中"村民委员会成员中,应当有妇女成员"的规定相衔接,确保妇女积极参与基层自治,行使一定的社会事务管理权。

(四)培养和选拔女干部

《妇女权益保障法》第 15 条规定:"国家积极培养和选拔女干部,重视培养和选拔少数民族女干部。国家机关、群团组织[11]、企业事业单位培养、选拔和任用干部,应当坚持男女平等的原则,并有适当数量的妇女担任领导成员。妇女联合会及其团体会员,可以向国家机关、群团组织、企业事业单位推荐女干部。国家采取措施支持女性人才成长。"与 2018 年《妇女权益保障法》相比,修订后的条款调整了个别表述,将原第 13 条第 2 款的规定修改后作为第 15 条第 3 款,并增加了第 4 款:"国家采取措施支持女性人才成长。"

1. "培养和选拔妇女干部"是国家义务。《宪法》第 48 条第 2 款规定:"国家保护妇女的权利和利益,实行男女同工同酬,培养和选拔妇女干部。"可见,"培养和选拔妇女干部"是宪法明确规定的国家义务,是实现"妇女在政治的、经济的、文化的、社会的和家庭的生活等各方面享有同男子平等的权利"的组织保障。《妇女权益保障法》第 15 条第 1 款中还规定,国家"重视培养和选拔少数民族女干部"。这是基于少数民族的实际情况,为了更好地贯彻民族区域自治制度的要求作出的规定。

2. 培养、选拔和任用干部应当坚持男女平等的原则。《妇女权益保障法》第 15 条第 2 款是对国家机关、群团组织、企业事业单位的义务性规定,即不仅在各级立法、行政和司法机关的领导机构中,国家要重视培养和选拔女干部,而且在群团组织、企业事业单位中,也应坚持男女平等原则,重视选拔女干部。同时,还应提升女干部的职务层次,应当有适当数量的妇女担任领导成员。

3. 妇联及其团体会员推荐女干部的权利。妇联及其团体会员都是致力于代表和

---

[11] 群团组织是指由机构编制部门管理其机构编制的人民团体和社会团体,包括妇联、工会、团委、残联、文联、作协、科协等 22 个社会团体。

维护妇女权益、促进男女平等和妇女全面发展的组织。妇联及其团体会员应当建立妇女人才库，积极配合有关部门培养、选拔女干部，并向同级干部管理部门和上一级妇联推荐女干部。各级干部管理部门应当将各级妇联及其团体会员的推荐作为重要参考，结合考察的实际情况，对符合条件的女干部可优先录用。[12]

4. 国家负有采取措施支持女性人才成长的义务。女性人才成长状况是衡量妇女地位的重要标志，也是社会公正的重要内容。促进女性人才成长是贯彻落实男女平等基本国策的客观要求，但我国女性人才发展状况与国家经济社会发展和当今世界潮流还有差距。国家需要从各个方面积极创造条件，在人才发展战略中采取各种支持女性人才成长的措施。

（五）妇联代表妇女行使政治权利

《妇女权益保障法》第16条规定："妇女联合会代表妇女积极参与国家和社会事务的民主协商、民主决策、民主管理和民主监督。"与2018年《妇女权益保障法》相比，修订后的条款将"中华全国妇女联合会和地方各级妇女联合会"简化为"妇女联合会"，增加了"民主协商"，与民主决策、民主管理和民主监督并列，强化了妇联的新职能。

《中国妇女发展纲要（2021—2030年）》中指出，发挥妇联组织在推进国家治理体系和治理能力现代化进程中的作用。支持妇联组织履行代表妇女参与管理国家事务、经济文化事业和社会事务的职责，强化妇联组织参与民主决策、民主管理、民主监督，参与制定有关法律、法规、规章和政策，参与社会治理和公共服务的制度保障。这些要求和《妇女权益保障法》有关妇联组织代表妇女行使政治权利的规定是一致的。

（六）批评、建议、控告、检举和申诉权

《妇女权益保障法》第17条规定："对于有关妇女权益保障工作的批评或者合理可行的建议，有关部门应当听取和采纳；对于有关侵害妇女权益的申诉、控告和检举，有关部门应当查清事实，负责处理，任何组织和个人不得压制或者打击报复。"与2018年《妇女权益保障法》（已被修改）第14条的规定相比，修订后的条款除将"合理建议"改为"合理可行的建议"，将"任何组织或者个人"改为"任何组织和个人"，将"必须查清事实"改为"应当查清事实"外，基本未改变原条文内容。

《宪法》第41条第1、2款规定："中华人民共和国公民对于任何国家机关和国家

---

[12] 张荣丽、邢红枚主编：《妇女权益保障法条文释义及适用指南》，中国法制出版社2022年版，第44页。

工作人员,有提出批评和建议的权利;对于任何国家机关和国家工作人员的违法失职行为,有向有关国家机关提出申诉、控告或者检举的权利,但是不得捏造或者歪曲事实进行诬告陷害。对于公民的申诉、控告或者检举,有关国家机关必须查清事实,负责处理。任何人不得压制和打击报复。"可以看出,《妇女权益保障法》第17条的内容与《宪法》的规定相一致,都包括了五项权利:批评权、建议权、申诉权、控告权和检举权。妇女依法享有这五项权利,任何组织和个人都不得非法剥夺,也不得对妇女进行压制或者打击报复,否则将承担相应的刑事责任、行政责任和民事责任。需要指出的是,妇女在行使上述权利时,必须实事求是,不得捏造或者歪曲事实进行诬告陷害。

引例分析

本案是通过人民法院的判决解决外嫁女两次征地补偿款权益问题的成功判例,与妇女的平等权利密切相关。根据《宪法》《妇女权益保障法》《农村土地承包法》《农村集体经济组织法》等法律的规定,禁止基于"性别""婚姻"等侵害妇女享有的与男子平等的合法权益。农村集体经济组织或者村民委员会、村民小组,可以依照法律规定的民主议定程序,决定在本集体经济组织内部分配已经收到的土地补偿款,但不能侵害集体经济组织成员同等分配土地补偿款的权利。

本案中,县人民法院依法受理了外嫁女刘某等10人的起诉,根据《妇女权益保障法》、《村民委员会组织法》和最高人民法院《关于审理涉及农村土地承包纠纷案件适用法律问题的解释》的规定,在充分的事实证据基础上,认可外嫁女刘某等10人的集体经济组织成员资格,认定她们应当与其他集体经济组织成员同等地享有分配土地补偿款的权利。这一判决是对该村民小组分配方案违法性的纠正,表明了人民法院对于侵害农村外嫁女合法权益的村规民约的否定态度,防止了多数村民以男女不平等的"村民自治"为由,违反相关法律法规,侵犯农村外嫁女这一少数群体的合法权益,从而将立法上的男女平等规定落到实处,捍卫了宪法和法律的尊严。由此可见,作为乡村治理的重要手段,村民自治的有序开展不仅以村民自治章程、村规民约或决议为基础,更要以国家法为根本。人民法院关于外嫁女参与集体收益分配的裁判,既尊重作为政治自由的村民自治,禁止对村民自治的自由进行不当干涉,也强调了对外嫁女参与集体收益分配作出规定的村民自治章程、村规民约或者决议不得违反经由国家法确认的平等规范。[13]

---

〔13〕 刘连泰、余文清:《村民自治与外嫁女平等权冲突的司法裁判逻辑》,载《浙江社会科学》2023年第7期。

第二节 妇女的人身和人格权益

引 例

张某某,女,于2023年3月30日进入某医院待产。入院完善相关检查后,因胎儿头部偏大,阴道分娩难产风险较大,主管医生向张某某及其丈夫说明情况,建议行剖宫产终止妊娠,被明确拒绝。张某某及其丈夫在产妇知情同意书上签字确认顺产要求。次日上午,张某某进入待产室。生产期间,张某某因疼痛烦躁不安,多次离开待产室,向其丈夫、婆婆要求剖宫产;主管医生、助产士、科主任也多次向其丈夫提出剖宫产建议,均被拒绝。最终张某某因疼痛难忍情绪失控跳楼。医护人员虽及时予以抢救,但张某某终因伤势过重,抢救无效身亡。

随着我国社会主义法治建设的不断发展和对人权保护的愈发重视,2022年修订的《妇女权益保障法》将原第六章的章名由"人身权利"修改为"人身和人格权益",并前移至第三章,突出了对妇女人身和人格权益的保护。

一、妇女的人身和人格权益概述

人身权益是指民事主体所享有的,以在人格和身份关系上体现的,与其自身不可分离的利益为内容的民事权益,包括人格权益和身份权益。人格权益是指民事主体对其特定的人格利益享有排除他人侵害,以维护和实现人身自由、人格尊严为目的的权益。[14] 身份权益则是指民事主体基于血缘、婚姻、收养等特定身份关系而依法享有的,以身份利益为客体的民事权益。[15]《妇女权益保障法》中,身份权益主要由第七章"婚姻家庭权益"规定,第三章主要是对妇女人身和人格权益的保护。

权益是权利和利益的合称。权利是受法律保护的利益,是指法律关系主体在法律规定的范围内,为满足其特定利益而自主享有的权能和利益,是法律对权利主体作为或不作为的许可、认定及保障。利益是人们受客观规律制约,为了满足生存和发展

---

[14] 郭林茂主编:《中华人民共和国妇女权益保障法释义》,中国法制出版社2023年版,第56页。
[15] 王雷:《〈民法典〉人格权编中的参照适用法律技术》,载《当代法学》2022年第4期。

而产生的,对于一定对象的各种客观需求。从权利扩展为权益意味着《妇女权益保障法》不仅保护法律已经确认的人格权,对法律虽未确认但不违反其强制性规定的人格利益也予以保护。

妇女享有与男子平等的人身和人格权益。这里的平等有两层含义:一是妇女享有的人身和人格权益类型与男子相同;二是妇女的人身和人格权益受到与男子平等的保护。由于历史和生理上的原因,现实生活中,妇女总体上仍处于弱势地位,妇女的人身和人格权益受到的侵害比男子更多、更突出,因此维护和保障妇女的人身和人格权益成为妇女立法的重要内容。《妇女权益保障法》针对妇女人身和人格权益保护领域存在的一些特殊现象和突出问题作出了有针对性的规定,接下来主要介绍《妇女权益保障法》中的这些特别规定。

二、妇女人身和人格权益的内容

(一)妇女的人身自由和人格尊严

《民法典》第 990 条第 2 款规定:"除前款规定的人格权外,自然人享有基于人身自由、人格尊严产生的其他人格权益。"此为一般人格权,即法律采用高度概括的方式确认自然人享有的具有权利集合性特点的人格权,该条款是为了适应新型人格利益保护而产生的兜底保护条款。[16] 作为对《民法典》的回应,《妇女权益保障法》也对人身自由和人格尊严这两项一般人格权内容作出了规定。

1. 妇女的人身自由

人身自由是一项重要的宪法权利,是自然人行使其他一切权益的前提和基础。[17] 妇女的人身自由不受侵犯,即妇女享有的一切人身自由均受法律保护,任何组织和个人都不得侵犯,否则应承担相应的法律后果。人身自由最重要的内容是行动自由,《民法典》第 1011 条规定:"以非法拘禁等方式剥夺、限制他人的行动自由,或者非法搜查他人身体的,受害人有权依法请求行为人承担民事责任。"《妇女权益保障法》第 11 条也强调,妇女的人身自由不受侵犯。禁止非法拘禁和以其他非法手段剥夺或者限制妇女的人身自由;禁止非法搜查妇女的身体。

2. 妇女的人格尊严

妇女的人格尊严不受侵犯。人格尊严是人基于人的尊严在人格上所具有的不可

---

[16] 王泽鉴:《民法总则》,中国政法大学出版社 2001 年版,第 126 页。

[17] 郭林茂主编:《中华人民共和国妇女权益保障法释义》,中国法制出版社 2023 年版,第 64 页。

冒犯、不可亵渎、不可侵害或不可剥夺的一种社会性的精神特质。[18] 人格尊严不受侵犯是自然人作为人的基本条件之一，也是社会文明进步的一个基本标志。

为了突出对妇女人格尊严的保护，《妇女权益保障法》第20条规定："妇女的人格尊严不受侵犯。禁止用侮辱、诽谤等方式损害妇女的人格尊严。"最典型、最常见的损害妇女人格尊严的行为是侮辱、诽谤。侮辱是公然以暴力、语言、文字或其他方式贬低妇女人格、毁损妇女名誉的行为；诽谤是以捏造散布虚假事实的方式损害妇女名誉的行为，包括口头诽谤和书面诽谤。

（二）妇女的物质性人格权益

物质性人格权是指自然人对其生命、身体、健康等物质性人格要素享有的权利，主要包括生命权、身体权、健康权。[19] 物质性人格权益是自然人赖以生存的最基本人格权益，在人格权体系中具有至高无上的地位，对其应当进行最高限度的保护。[20]

《妇女权益保障法》第21条除明确禁止实践中较为突出的侵害妇女生命健康权益的虐待、遗弃、残害、买卖等行为外，还特别规定"禁止进行非医学需要的胎儿性别鉴定和选择性别的人工终止妊娠"。因为这两种行为是重男轻女、传宗接代等传统观念的产物，不仅会侵害妇女的生命权、身体权、健康权，也可能引发男女比例失调等严重的社会后果。《人口与计划生育法》和《母婴保健法》也有类似的规定。

医疗机构在施行生育手术、特殊检查或者特殊治疗时，应当向妇女患者本人说明病情、医疗措施、医疗风险、替代方案等情况，并征得其同意。若妇女患者与其近亲属意见不一致，应当尊重妇女本人意愿。只有在不能或不宜取得妇女患者本人同意的情况下，医疗机构才应向其近亲属或监护人说明，由其代为同意。

国家除有尊重、保障妇女生命健康权益的义务，还负有采取合理措施，确保该权益得以实现的积极义务。为此，《妇女权益保障法》第30条规定："国家建立健全妇女健康服务体系，保障妇女享有基本医疗卫生服务，开展妇女常见病、多发病的预防、筛查和诊疗，提高妇女健康水平。国家采取必要措施，开展经期、孕期、产期、哺乳期和更年期的健康知识普及、卫生保健和疾病防治，保障妇女特殊生理时期的健康需求，为有需要的妇女提供心理健康服务支持。"第31条规定："县级以上地方人民政府应

---

[18] 《民法学》编写组编：《民法学》（下册）（第2版），高等教育出版社2022年版，第112页。
[19] 王利明、程啸：《中国民法典释评·人格权编》，中国人民大学出版社2020年版，第26页。
[20] 郭林茂主编：《中华人民共和国妇女权益保障法释义》，中国法制出版社2023年版，第72页。

当设立妇幼保健机构,为妇女提供保健以及常见病防治服务。国家鼓励和支持社会力量通过依法捐赠、资助或者提供志愿服务等方式,参与妇女卫生健康事业,提供安全的生理健康用品或者服务,满足妇女多样化、差异化的健康需求。用人单位应当定期为女职工安排妇科疾病、乳腺疾病检查以及妇女特殊需要的其他健康检查。"

(三)妇女的精神性人格权益

精神性人格权,是指不以具体的物质性实体为标的,而是以抽象的精神价值为标的的不可转让的人格权。[21]《妇女权益保障法》对妇女的姓名权、肖像权、名誉权、荣誉权、隐私权和个人信息等精神性人格权益作出了规定。针对近年来实践中出现的新闻媒体在进行报道时违反法律法规和新闻伦理,不当公开当事人隐私和个人信息,甚至进行与事实不符的宣传报道,侵害妇女的隐私权、名誉权等人格权益的行为,《妇女权益保障法》第28条第2款特别增加规定,媒体报道涉及妇女事件应当客观、适度,不得通过夸大事实、过度渲染等方式侵害妇女的人格权益。对于此处的媒体应作广义理解,既包括广播、电视、报纸等传统媒体,也包括网站、自媒体等新兴媒体。

此外,禁止用侮辱、诽谤等方式损害妇女的人格尊严。禁止通过大众传播媒介或者其他方式贬低损害妇女人格。未经本人同意,不得通过广告、商标、展览橱窗、报纸、期刊、图书、音像制品、电子出版物、网络等形式使用妇女肖像。

(四)妇女的生育权

生育权是指公民享有的生育子女的权利以及获得与此相关的信息、技术和服务以保障生育安全的权利。[22]《妇女权益保障法》第32条规定:"妇女依法享有生育子女的权利,也有不生育子女的自由。"

1. 生育权的性质

对于生育权的性质,学界认识不一,主要有身份权说和人格权说两种观点。其一,身份权说。"生育权只能基于丈夫、妻子的这一特定身份,在合法婚姻的基础上产生,由双方共同享有"[23],因此生育权是基于婚姻关系而为夫妻二人共同享有的一种身份权,只有结婚取得夫妻身份才能生育子女,这是婚姻的目的,也符合婚姻法和人

---

[21] 王利明、程啸:《中国民法典释评·人格权编》,中国人民大学出版社2020年版,第26页。
[22] 李明舜、林建军主编:《妇女法学》,法律出版社2015年版,第120页。
[23] 邓慧娟:《生育权:夫妻共同享有的权利》,载《中国律师》1998年第7期。

口与计划生育法。身份权说还认为,将生育权定位于夫妻身份权,有助于维护现有的婚姻家庭秩序,有助于公民计划生育义务的落实。许多持身份权说的学者还进一步将生育权理解为配偶权的一种。[24] 其二,人格权说。多数学者持此种观点,主张生育权是公法赋予自然人的一项基本人权,也是一种民事权利,属于人格权的范畴。[25] 因为生育权源于自然人延续后代的自然本性,是人的本质需求,是人之为人所必需享有的权利。

生育权属于人格权毋庸置疑。首先,生育是自然人正常的生理机能和普遍的基本需求,生育权是自然人的固有权利。尽管《民法典》并未明确列举生育权,但从法解释层面看,生育自由属于《民法典》第109条"人身自由"的涵摄范畴[26],生育权可为《民法典》第110条第1款[27]中的"等权利"所囊括,是一种物质性人格权。其次,虽然通过婚姻中的生育行为实现种的繁衍是婚姻生物学上的功能,但生育权与婚姻家庭没有必然的联系,它不以婚姻关系的存在为前提和基础,与夫妻身份无关。再次,生育权是人格权的观点为国际社会所公认。1974年《世界人口行动计划》即已将生育权规定为"夫妇和个人"都享有的基本权利。[28] 最后,我国法律法规关于生育权的一些规定也印证了生育权为人格权的观点。《人口与计划生育法》第17条中规定"公民有生育的权利",表明生育权的主体是公民,无须具备夫妻或其他身份要件。《吉林省人口与计划生育条例》等地方性法规更是明确生育不以结婚为必要前提,单身妇女在满足"达到法定婚龄决定不再结婚并无子女"的条件时,"可以采取合法的医学辅助生育技术手段生育一个子女"。2022年修订前的《妇女权益保障法》均将生育权作为一种婚姻家庭权益,是立足于身份权说;2022年该法修订时生育权的规定被移至"人身和人格权益"一章,这也表明立法者对生育权的性质改采人格权说。

2. 生育权的主体

基于生育权是人格权的认识,生育权的主体为自然人,每个自然人均平等享有生育权。值得提出的是,在自然生育行为中,子女生物学上的父母也是法律上享有生育权的父母,是当然的生育权主体。但在借助人工生殖技术的生育行为中,常常出现生

---

[24] 李明舜、林建军主编:《妇女法学》,法律出版社2015年版,第121-122页。
[25] 谭桂珍:《论"生育权"及其救济》,载《湘潭大学社会科学学报》2003年第2期。
[26] 李倩:《我国宪法与民法中生育权的区别与互动》,载《中国卫生法制》2024年第3期。
[27] 《民法典》第110条第1款规定:"自然人享有生命权、身体权、健康权、姓名权、肖像权、名誉权、荣誉权、隐私权、婚姻自主权等权利。"
[28] 李明舜、林建军主编:《妇女法学》,法律出版社2015年版,第122页。

物学意义上的父母与社会学意义上的父母发生冲突的情形。[29] 在此种情况下,只有基于子女出生的事实对子女享有照护权的父母才是生育权主体。

3. 生育权的内容

生育包括"生"和"育",即生殖和养育两部分。有关生育权的规定主要围绕"生"的部分,即妇女受孕、怀胎和生产的全过程,通常经由排卵、性交、受孕、妊娠、分娩等自然生殖过程完成。"育"则集中体现在《民法典》婚姻家庭编中的父母对子女的抚养教育义务以及《家庭教育促进法》第二章"家庭责任"等的规定中。具体而言,妇女的生育权主要包括以下三方面内容:

第一,生育决定权。《妇女权益保障法》第32条规定:"妇女依法享有生育子女的权利,也有不生育子女的自由。"妇女享有生育子女的权利,有权依据自己的自主意愿决定是否生育、与谁生育、何时生育、生育方式、生育间隔等,任何人不得无故刁难或强迫其中止妊娠。妇女也享有不生育的自由,包括依其自主意愿避孕、接受绝育手术、怀孕后终止妊娠等。考虑到终止妊娠对妇女的身体和心理均有较大影响,为保护妇女的身心健康,《民法典》婚姻家庭编和《妇女权益保障法》均对男方在"终止妊娠后六个月内"提出离婚诉讼的权利予以限制,但在此期间女方提出离婚或者人民法院认为确有必要受理男方离婚请求的除外。

第二,生育安全权。妇女享有获得生育保健以保证生育安全的权利,包括安全分娩和获得产前产后保健,获得避孕节育技术和生殖保健服务权、避孕节育措施知情选择权、孕产期和哺乳期生殖保健服务权。[30] 联合国《消除对妇女一切形式歧视公约》第12条第1款规定:"缔约各国应采取一切适当措施以消除在保健方面对妇女的歧视,保证她们在男女平等的基础上取得各种保健服务,包括有关计划生育的保健服务。"[31] 我国《母婴保健法》《人口与计划生育法》等对婚前保健和孕产期保健作了规范,2022年修订的《妇女权益保障法》在此基础上进一步增加了孕前保健和产后保健,并要求逐步建立妇女全生育周期系统保健制度。医疗保健机构应当提供安全、有效的医疗保健服务,有关部门应当提供安全、有效的避孕药具和技术,让育龄妇女能够安全地妊娠、分娩和科学养育健康婴儿,保障妇女的健康和安全,提高妇女儿童健康水平。

---

[29] 李明舜、林建军主编:《妇女法学》,法律出版社2015年版,第121页。

[30] 李明舜、林建军主编:《妇女法学》,法律出版社2015年版,第123页。

[31] [美]玛莎·A.弗里曼、[英]克莉丝蒂娜·钦金、[德]贝亚特·鲁道夫主编:《〈消除对妇女一切形式歧视公约〉评注》(上),戴瑞君译,社会科学文献出版社2020年版,第409页。

第三,生育保障权。生育保障权即妇女在生育期间获得物质帮助的权利,包括产期休假权、孕产期和哺乳期不被解雇权、劳动时间哺乳权、孕产期和哺乳期受特殊劳动保护权、获得计划生育奖励权和享受生育社会保险待遇权。[32] 联合国《消除对妇女一切形式歧视公约》第12条第2款规定:"……缔约各国应保证为妇女提供有关怀孕、分娩和产后期间的适当服务,于必要时给予免费服务,并保证在怀孕和哺乳期间得到充分营养。"[33]这一规定意味着,不仅缔约国内男女之间在生育上应享有平等的权利,而且女性之间也不应有歧视。[34]

引例分析

现实生活中,在医疗机构施行生育手术、特殊检查或者特殊治疗时,妇女患者的近亲属罔顾甚至违背妇女本人意愿作出医疗决定,损害妇女身心健康的行为时有发生,有的甚至像本案一样,造成妇女死亡的严重后果。针对这一问题,2022年修订的《妇女权益保障法》新增了有关妇女医疗知情同意权的规定,即第21条第3款。对这一条款的理解应注意以下几点:

首先,医疗机构应向妇女患者作必要的解释和说明,使其充分了解自己的病情,全面知晓该生育手术、特殊检查或者特殊治疗的目的、内容、结果、风险等,进而在此基础上自主作出符合其真实意愿的决定。只有妇女患者由于生理、精神状态无法作出有效判断和同意,妨碍了诊疗活动的正常进行,或者为实施保护性医疗措施不宜向妇女患者本人说明情况的,才应向患者家属说明并征得其同意。

其次,妇女患者有权中止正在进行的生育手术、特殊检查或者特殊治疗,或者要求改采其他方案,医生应当遵从其决定。

最后,在妇女与其家属或者关系人意见不一致时,应当尊重妇女本人意愿。一个智力健全的人是一个理性的人,每一个人都具有独立的人格,对自己的行为和利益具有独立的判断能力与决策能力,每一个人都是自己利益最大化的最佳判断者和决策者。[35] 同时,生育手术、特殊检查或者特殊治疗与妇女的生命权、身体权、健康权、生育权等物质性人格权息息相关,妇女在其中承受巨大的身心压力和健康风险,由其本

---

[32] 李明舜、林建军主编:《妇女法学》,法律出版社2015年版,第123页。
[33] [美]玛莎·A.弗里曼、[英]克莉丝蒂娜·钦金、[德]贝亚特·鲁道夫主编:《〈消除对妇女一切形式歧视公约〉评注》(上),戴瑞君译,社会科学文献出版社2020年版,第409页。
[34] 李明舜、林建军主编:《妇女法学》,法律出版社2015年版,第125页。
[35] 周安平:《社会自治与国家公权》,载《法学》2002年第10期。

人做决定更加符合妇女的需求,更有利于保障其权益。

本案中,张某某具有完全民事行为能力,即使在生产过程中也具有清醒的意识,完全可以自己决定生产方式,不属于应由家属代为决定的情形,这也是其生育决定权的一个体现。医院在张某某入院后履行了说明义务,张某某在知悉相关信息后仍要求顺产,并在产妇知情同意书上签字,这是符合法律规定的。然而当张某某决定改变生产方式后,医院因其丈夫拒绝而未行剖宫产手术,以致悲剧发生。也就是说,当张某某与其丈夫意见不一致时,医院优先考虑的是患者丈夫的意见,而非尊重妇女患者本人的真实意愿,这显然是存在过错的,依法应当承担相应责任。

第三节　妇女的文化教育权益

引　例

2021年某传媒高校艺术类本科专业招生简章中,规定播音与主持艺术、播音与主持艺术(双语播音主持方向)、广播电视编导(电视编辑方向)、广播电视编导(文艺编导方向)、表演、影视摄影与制作、音乐表演(声乐演唱方向)、表演(音乐剧双学位班)按照男女1∶1比例招生。由于该传媒高校艺术类本科专业多年来在录取比例上一直是女生多于男生,于是有人认为1∶1的招生比例是为提高男生的录取率,涉嫌招生性别歧视。

一、妇女的文化教育权益概述

教育之于人类社会发展的重要性不言而喻,教育之于个人生存和生活质量更是至关重要。关于教育,一般认为广义上的教育包括家庭教育、学校教育和社会教育三类,基本涵盖了人的整个生命历程;狭义上的教育,主要是指学校教育,也是日常生活中所谈及的教育。随着我国社会经济的不断发展,我国在法律意义上的教育已经不限于学校教育,家庭教育、社会教育也越来越受到国家的重视并通过立法予以规范。本书取广义上的教育之义。在人类社会历史上,无论中外,女性都曾被排除在学校教育之外,女性获得受教育权(主要指接受学校教育)是近现代以来的事情。

现代社会,接受教育既是公民的基本权利,也是公民应尽的义务。受教育权的实现，往往需要政府的支持和保障，因此国际社会普遍认为，为公民提供各类教育是各国政府责无旁贷的义务。我国现行《教育法》第4条第1款规定："教育是社会主义现代化建设的基础，对提高人民综合素质、促进人的全面发展、增强中华民族创新创造活力、实现中华民族伟大复兴具有决定性意义，国家保障教育事业优先发展。"对妇女而言，接受教育可以给妇女带来极大的好处，不仅是其生存和发展的前提，更是缩短男女两性差距、促进男女平等和妇女全面发展的重要条件，是在全面建设社会主义现代化强国中充分发挥妇女作用的前提和保障。为此，《妇女权益保障法》将妇女的文化教育权益单列为一章，对妇女文化教育权利和利益的实现予以特别保障，具有重要意义。宪法学上的公民文化教育权利一般是指公民依法享有的从国家获得文化教育的权利，以及从事科学研究、文学艺术创作和其他文化活动的权利。文化教育权利包括教育权利和文化权利两方面内容，两者既有区别又有联系。教育权是基础性权利，只有享有并实现教育权才谈得上享有文化权利。所谓教育权利，依据《经济、社会及文化权利国际公约》，是指"人人有受教育的权利"，"教育应鼓励人的个性和尊严的充分发展，加强对人权和基本自由的尊重，并应使所有的人能有效地参加自由社会，促进各民族之间和各种族、人种或宗教团体之间的了解、容忍和友谊，和促进联合国维护和平的各项活动"。文化权利则包括："本公约缔约各国承认人人有权：（甲）参加文化生活；（乙）享受科学进步及其应用所产生的利益；（丙）对其本人的任何科学、文学或艺术作品所产生的精神上和物质上的利益，享受被保护之利。"可见，享有文化教育权利往往伴随着对权利人的利益保护。用"文化教育权益"一词来规定，也是符合国际公约规定的。

马克思主义强调参加社会生产劳动是妇女解放的先决条件，中国共产党自成立以来，就一直重视妇女的教育问题。1922年7月，党的二大提出了两条教育纲领，即"废除一切束缚女子的法律，女子在政治上、经济上、社会上、教育上，一律享受平等权利"。毛泽东同志在继承马克思主义妇女观的基础上，结合新中国经济文化落后的现状，适时提出了"中国的妇女是一种伟大的人力资源。必须发掘这种资源，为了建设一个伟大的社会主义国家而奋斗"[36]。改革开放后，我国政府先后发布的四个中国妇女发展纲要都将贯彻男女平等、保障妇女获得平等的受教育机会纳入战略目标，为发展妇女教育、提高妇女素质提供了保障。我国现行《宪法》第46条第1款明确规定："中华人民共和国公民有受教育的权利和义务。"《义务教育法》《未成年人保护

---

[36] 中华人民共和国妇女联合会编：《毛泽东主席论妇女》，人民出版社1978年版，第20页。

法》《妇女权益保障法》《家庭教育促进法》《教育法》等法律法规也都从不同角度规定了女童的义务教育权和成年妇女的文化教育权,进一步明确了各类妇女都能享受不同程度的文化教育权利。

2025年1月,国家统计局发布的2023年《中国妇女发展纲要(2021—2030年)》统计监测报告显示,义务教育阶段性别差距基本消除。2023年,小学学龄女童净入学率和小学学龄男童净入学率均为99.9%,基本无性别差距。九年义务教育阶段在校生中女生为7537.7万人,比2022年增加128.8万人;占在校生的比重为46.9%,提高0.1个百分点。高等教育男女比例基本均衡。2023年,高等教育在校生中女生为2948.9万人,比2022年增加45.7万人;占在校生的49.9%,男女比例基本保持均衡。[37]

二、妇女文化教育权益的内容

(一)妇女的教育权益

理论上讲,妇女作为公民,在文化教育权益的内容上与男子并无不同,女子同男子一样平等享有法律规定的家庭教育、入学、升学、扫盲、职业教育、终身教育等方面的权利和利益。但是,由于社会历史文化传统及现实中男女两性的社会性别差异,女性的文化教育权益更容易遭受不公,因此有必要单独提出妇女的教育权益这一概念。

依据我国《宪法》《义务教育法》《妇女权益保障法》《家庭教育促进法》等法律的规定,妇女享有的教育权益主要包括以下内容。

1. 女性未成年人享有接受正确家庭教育的权益

在传统社会,家庭教育一直被认为是"家庭私事",国家极少介入。随着人权观念和人权理论的不断完善,儿童权利理论作为人权理论的特殊部分被提出并不断发展。未成年人多依赖家庭才能成长,家庭不仅为未成年人提供物质条件,还要对未成年人进行正确的家庭教育,从道德品质、身体素质、生活技能、文化修养、行为习惯等方面进行培育、引导和影响,只有这样未成年人才能身心健康地成长为合格公民。家庭教育是父母或其他监护人对未成年人的教育,但并非所有父母或其他监护人的家庭教育理念和方法都是科学适当的。"染于苍则苍,染于黄则黄",这就需要专业机构和人士对父母或其他监护人进行家庭教育指导。我国《家庭教育促进法》于2022年1月

---

[37]《2023年〈中国妇女发展纲要(2021—2030年)〉统计监测报告》,载国家统计局网,https://www.stats.gov.cn/sj/zxfb/202501/t20250124_1958439.html。

1日正式实施,要求父母或者其他监护人用正确思想、方法和行为教育未成年人养成良好思想、品行和习惯,不得因性别、身体状况、智力等歧视未成年人。男女平等是我国的基本国策,立法上也都有具体规定,但是社会上"重男轻女"的思想仍有相当的市场,在家庭教育中仍存在基于性别区别对待女性未成年人的现象。因此,女性未成年人享有接受正确的不被歧视的家庭教育权益,这有必要被提出来并受到重视。

2.适龄女童享有接受学前教育的权益

学前教育是针对3周岁到小学入学前的学前儿童实施的保育和教育,属于我国国民教育体系的重要组成部分,当前我国学前教育主要靠《宪法》《学前教育法》《教育法》《未成年人保护法》的相关规定予以保障。2024年11月8日十四届全国人大常委会第十二次会议通过《学前教育法》,其第5条规定:"国家建立健全学前教育保障机制。发展学前教育坚持政府主导,以政府举办为主,大力发展普惠性学前教育,鼓励、引导和规范社会力量参与。"该法为我国学前教育事业发展提供了重要的法律依据,为学前儿童依法平等接受学前教育提供了法律保障。该法于2025年6月1日生效。

3.女性未成年人享有平等接受义务教育的权益

我国实行九年义务制教育,为保障女性未成年人能完整接受义务教育,父母、学校和政府都要承担一定的责任。现行立法较之前的立法更为合理。

第一,保障女性未成年人接受并完成义务教育是父母或其他监护人的法定义务。现行《妇女权益保障法》要求"父母或者其他监护人应当履行保障适龄女性未成年人接受并完成义务教育的义务"(第36条第1款),相比2018年《妇女权益保障法》,修订后的条款在立法语言上更严谨准确,不仅要求"接受"义务教育,还要求"完成"义务教育,这主要是针对实践中存在的一些女性未成年人未完成义务教育就退学的现象。

第二,父母或其他监护人无正当理由不履行法定义务的,当地乡镇人民政府或者县级人民政府教育行政部门要采取一定的措施。这里有三点需要注意:一是现行《妇女权益保障法》用"正当理由"取代了"疾病或者其他特殊情况",立法语言更为精练,涵盖范围更广泛,当然这也与现行《义务教育法》保持一致。二是程序上更合理。2018年《妇女权益保障法》还存在一个政府批准程序,即父母或监护人须向当地人民政府申请批准符合条件的女性未成年人不接受义务教育。《义务教育法》也有批准程序,但主要是针对因身体状况需要延缓入学或者休学的情形。《妇女权益保障法》修订后删掉了这一批准程序,以更好地与《义务教育法》衔接。当女性未成年人因身体状况需要延缓入学或者休学时,这属于正当理由,其父母或其他监护人按照《义务教育法》第11条第2款的规定请求批准;无正当理由不接受义务教育的,按照《义务教育法》《妇女权益保障法》的规定对其进行批评教育,责令限期改正。三是主体较之前更加明确,但是仍可能存在互相推诿的现象。2018年《妇女权益保障法》规定当地人民政府采取措施,究竟是当地的区县人民政府还是乡镇人民政府,词义模糊,操作性较差;现行《妇女权益保障法》明确规定由当地乡镇人民政府或者县级人民政府教育行政部门采取措施,这比之前的规定更加明确,但是有可能出现双头管理、互相推诿的新问题。本书建议由县级教育行政部门独立负责,因为其是辖区内各义务教育学校的业务主管部门,日常联系多,更容易发现问题,及时采取措施。

第三,当父母或其他监护人履行法定义务有困难时,要采取有效措施一体保护所有适龄女性未成年人完成义务教育。2018年《妇女权益保障法》要求针对"贫困、残疾和流动人口中的适龄女性"采取有效措施保障其完成义务教育,2022年修订后的《妇女权益保障法》则要求保障所有适龄女性未成年人完成义务教育,体现了国家对所有适龄女性未成年人接受义务教育提供公平保障,也与《义务教育法》的一体保障保持了立法上的一致性。但是,在主体上,《妇女权益保障法》规定由政府和学校采取有效措施,而《义务教育法》要求由县级人民政府教育行政部门和乡镇人民政府采取措施,这里可以把现行《妇女权益保障法》的这一规定理解为特别条款,体现了立法者对适龄女性未成年人接受义务教育的重视程度。

4. 妇女在入学、升学、授予学位、派出留学、就业指导和服务等方面享有的权益

现行《妇女权益保障法》第37条第1款规定:"学校和有关部门应当执行国家有关规定,保障妇女在入学、升学、授予学位、派出留学、就业指导和服务等方面享有与男子平等的权利。"这主要是针对成年女性在接受学校教育方面的规定,包含如下几个方面的含义:其一,各级各类学校在招收学生入学时,应保障女性享有与男子平等的就学机会,使男女两性在同等条件下竞争入学,不得拒绝符合入学条件的女性入学。其二,学位授予单位应严格依照《学位法》的规定,对于按规定完成学业符合学位授予条件的女性,学校应当授予其学位,不得人为设置障碍和歧视。其三,在派出留学方面,各单位或各学校应当根据有关规定,坚持男女平等的原则,一视同仁地择优选送。其四,在就业指导和服务方面,学校就业指导服务部门应注意为男女学生提供平等的就业指导服务。与2018年《妇女权益保障法》相比,修改后的条款删掉了带有计划经济色彩的"毕业分配",代之以"就业指导和服务",这样的表述更符合现实发展。

《妇女权益保障法》第 37 条第 2 款明确规定:"学校在录取学生时,除国家规定的特殊专业外,不得以性别为由拒绝录取女性或者提高对女性的录取标准。"明令禁止录取学生时的性别歧视。这里的特殊专业,不是学校和教育主管部门可以随便确定的,必须符合以下几个条件:其一,该专业的特殊性必须是基于该专业本身,而不是基于学校或教育行政部门自身的某种特殊需要,如解决就业、男女学生比例等。其二,划定该专业为"特殊专业"必须是基于对女性的尊重和保护,而不是基于对女性的传统偏见;一般来说,这些"特殊专业"应和国家规定的女职工禁忌劳动范围相对应。其三,该专业不招收或限招收女性,必须经过教育部的批准。

另外,值得关注的是,《妇女权益保障法》第 37 条第 3 款规定:"各级人民政府应当采取措施,保障女性平等享有接受中高等教育的权利和机会。"中高等教育是在我国国民基础教育基础上实施的进一步提高国民文化素质和培养专业技术人才的一种高层次教育。中高等教育不同于免费的义务教育,采取严格的择优录取制,学生只有通过严格的入学考试并成绩合格才能被录取。中高等教育通常实行收费教育,入学、升学的竞争比较激烈。由于中高等教育是培养人才的重要途径,我国十分重视中高等教育,并采取了各种措施,以确保更多国民能够接受中高等教育。该款表述是首次出现在《妇女权益保障法》中,不过,其表述似乎欠准确,应该是保障女性享有与男性平等的接受中高等教育的权利和机会,而非女性之间平等享有。

5.妇女享有接受职业教育和技术培训的权益

国家实行职业教育制度和继续教育制度。职业教育,是指为了培养高素质技术技能人才而实施的教育,其目的是使受教育者具备从事某种职业或者实现职业发展所需要的职业道德、科学文化与专业知识、技术技能等职业综合素质和行动能力,包括职业学校教育和职业培训。继续教育是面向学校教育之后所有社会成员的教育活动,其内容也相当广泛,既包括基础教育(如扫盲教育),也有新知识新技能的继续教育;既可以是岗位培训,也可以是中高等的学历教育。《妇女权益保障法》第 38 条规定:"各级人民政府应当依照规定把扫除妇女中的文盲、半文盲工作,纳入扫盲和扫盲后继续教育规划,采取符合妇女特点的组织形式和工作方法,组织、监督有关部门具体实施。"第 39 条规定:"国家健全全民终身学习体系,为妇女终身学习创造条件。各级人民政府和有关部门应当采取措施,根据城镇和农村妇女的需要,组织妇女接受职业教育和实用技术培训。"目前,为切实保障和落实妇女接受成人教育,国家、社会和企业事业单位创建了各级各类职业技术培训基地和学校,并向妇女开放,提倡并鼓励妇女接受各种形式的职业教育和技术培训,帮助妇女拓宽视野,增加和更新知识,进一步提高劳动技能,从而使其适应社会的发展,提高妇女的社会地位,实现真正的男女平等。

(二)妇女的文化权益

妇女作为社会的一员,具有自己独立的人格,可以作为独立的主体参与民事活动。在社会生活和家庭生活中,妇女有权以独立的身份,按照本人的意愿从事文化活动。《妇女权益保障法》第40条规定:"国家机关、社会团体和企业事业单位应当执行国家有关规定,保障妇女从事科学、技术、文学、艺术和其他文化活动,享有与男子平等的权利。"妇女的文化权利是妇女全面发展的重要前提。妇女是否享有文化权利不仅直接关系到妇女的自身解放,而且直接关系到国家经济建设的发展,关系到民族的文明程度。因此,国家要采取各种措施,大力发展文化教育事业,为妇女实现其文化权利创造一定的条件,提供必要的保障。

我国自2012年以来,女性科技人才年均增长速度大于男性,根据《中国科技人力资源发展研究报告(2020)》,截至2019年年底,中国科技人力资源总量为1.1亿人,其中女性达到3997.5万人。[38] 为落实国家"十四五"规划纲要目标,实现国家从科技大国向科技强国的战略性转变,国家有关部门先后出台一系列政策,激励和保障女性科研人员参与科技强国建设。2021年,全国妇联等七部门共同发布《关于实施科技创新巾帼行动的意见》;同年6月,科技部、教育部等十三个部门联合印发《关于支持女性科技人才在科技创新中发挥更大作用的若干措施》;2022年7月,科技部等四部门联合发布《关于开展减轻青年科研人员负担专项行动的通知》;等等。

引例分析

我国高考招生中,基于国家利益需要,国防、军事、公安等院校一直采取"男女有别"的招生录取政策。随着越来越多的女生通过高考进入大学,情况逐渐发生变化。1957年我国普通高校女生人数仅占23.2%,1980年全国高校女生人数占23.4%,2004年高校女生人数占比上升至45.7%,2007年高校新入学女生占比首次达到了惊人的52.9%,此后每年继续保持小幅上升的趋势。[39] 一些学校认为男女生比例严重失调给教学、学生成长、学生人际关系等诸方面带来不利影响,开始在高考录取中尝

---

[38]《女性科技人力资源占比提高至40.1%》,载《中国妇女报》2022年6月27日,第1版。

[39]《高校招生性别危机:分数线出现"女高男低"现象》,载人民网,http://edu.people.com.cn/n/2013/0828/c1006-22715019.html。

试采用男女生不同的录取分数线。2013 年,高校实行男女有别的录取分数线进一步扩大,全国 112 所 211 工程院校中,只有 31 所(约占总数的 28%)没有男女有别的录取分数线,其余 81 所(约占总数的 72%)均在高考招生中设置了男女性别限制。有 31 所 985 院校在高考招生中设置了性别限制,占 985 高校总数的 79.48%。这些招生政策引发舆论质疑,认为此举歧视女性,违背教育公平,不符合男女平等原则。2012 年 10 月 15 日,教育部在信息公开答复中表示:"目前高校有三类专业可以确定男女比例招生,分别是:特殊职业(军事、国防、公共安全)、艰苦行业(航海、采矿等)、为性别均衡的专业(非通用语种、播音)等。"2013 年 4 月 18 日,教育部公布《2013 年普通高等学校招生工作规定》,杜绝录取歧视。此后,高校招生中不再出现男女不同录取比例的规定。

引例中,某传媒高校艺术类本科专业招生简章中规定部分专业按照男女 1∶1 比例招生,该比例并不是对男性的特别保护限制,不构成性别歧视。因为这些专业在日常教学中需要男女均衡,男女一对一搭配进行专业训练,属于教育部 2012 年 10 月 15 日信息公开答复中所列明的"为性别均衡的专业"。

第四节 妇女的劳动和社会保障权益

引 例

王某(女)研究生毕业后于 2022 年 6 月 30 日入职某公司,签订了为期 3 年的劳动合同,岗位为软件设计师。2023 年 11 月 6 日,王某因怀孕向公司请了两周保胎假,休完假后正常复岗工作。2023 年 11 月 22 日,公司以王某工作表现不符合岗位职责为由,将其调到销售岗位,同时降低其工资。王某不同意,认为目前以其自身情况无法完成销售任务,因而没有去销售岗位。公司便以王某不服从管理、旷工为由,将其辞退。王某以公司违法解除劳动合同为由申请劳动仲裁,要求公司撤回解除劳动合同的通知。劳动仲裁部门裁决公司解除劳动合同违法,要求公司撤回解除劳动合同的通知,继续履行劳动合同。

一、妇女的劳动和社会保障权益的概念

妇女的劳动权益是具有劳动能力的妇女要求享有参加社会劳动的机会,获得与

劳动相关保障的权利。妇女的劳动权益包括两个方面：一是妇女作为普通劳动者享有劳动就业权、劳动报酬权、休息休假权、劳动保护权、职业培训权、组织工会和参与民主管理权以及法律规定的其他劳动权利。二是为了实现男女实质平等，妇女与男性相比所享有的特殊劳动权益。妇女的特殊劳动权益包含两个方面：一是基于妇女特殊的生理特征对其进行特殊保护所形成的权益。如妇女在经期、孕期、产期、哺乳期中的权益，国家应当给予充分保护；二是为了消除男女之间事实上的不平等，国家在法律上采取具有针对性的特殊保护措施，保障妇女权益得到全面实现。

妇女的社会保障权是妇女因年老、疾病、伤残、失业、生育、灾害等事故或风险，生活陷入困境或生活质量降低，为保障生存安全，或保持一定质量的生活水平乃至不断提高生活水平，向国家请求给予帮助的权利。社会保障制度的目的不仅是为社会成员提供一定程度的经济保障，而且通过社会资源再分配，实现社会公平。在现代社会，妇女往往更容易受到社会排斥，缺乏参与社会的必要资源，妇女享有社会保障权有利于保障妇女享有平等的"自由"和"机会"。《妇女权益保障法》第50条第1款规定："国家发展社会保障事业，保障妇女享有社会保险、社会救助和社会福利等权益。"

二、保障妇女的劳动和社会保障权益的意义

劳动就业是任何一个有劳动能力的公民不可被剥夺的重要权利。劳动不仅是一个人获得生活资料的主要手段，也是现代社会劳动者与社会取得联系的主要方式，是体现其尊严和社会价值的途径。随着19世纪大机器生产社会的到来，越来越多女性走出家门，走向工作岗位。著名劳动经济学家罗纳德·G.伊兰伯格和罗伯特·S.史密斯称，"在过去的60年中，劳动力市场上发生的一个最为剧烈的变化就是：女性（尤其是已婚女性）的劳动参与率上升了"[40]。就业让女性变得经济独立，有利于男女平等。恩格斯曾经在《家庭、私有制和国家的起源》中指出："只要妇女仍然被排除于社会的生产劳动之外而只限于从事家庭的私人劳动，那么妇女的解放，妇女同男子的平等，现在和将来都是不可能的。妇女的解放，只有在妇女可以大量地、社会规模地参加生产，而家务劳动只占她们极少的工夫的时候，才有可能。而这只有依靠现代大工业才能办到，现代大工业不仅容许大量的妇女劳动，而且是真正要求这样的劳动，并

---

[40] ［美］罗纳德·G.伊兰伯格、罗伯特·S.史密斯：《现代劳动经济学：理论与公共政策》，刘昕译，中国人民大学出版社2011年版，第155页。

且它还力求把私人的家务劳动逐渐融化在公共的事业中。"[41] 新中国成立以来,中国共产党和中国政府始终鼓励妇女打破"家庭妇女"的传统角色,走向公共领域,并为其提供各种福利设施,极大地提高了妇女的经济地位。第四期中国妇女社会地位调查数据显示,我国女性在业比例保持较高水平。18~64 岁在业者中,女性占 43.5%,男性占 56.5%。近七成女性处于在业状态,城镇和农村女性在业比例分别为 66.3%、73.2%。[42] 我国的女性已经广泛参与经济社会发展,就业领域进一步拓展,在经济社会发展中进一步彰显了"半边天"力量。然而,在社会主义市场经济中,妇女的劳动和社会保障权益的实现还存在一定的局限性。受社会传统观念、女性特有的生理特点以及经济利益驱动等因素的影响,妇女常常在就业中处于不利地位,就业性别歧视、男女同工不同酬、怀孕女职工被非法解雇等情形时有发生。加之妇女因家庭照料负担较重,职业发展经常受限,这些对妇女的生存和发展形成障碍。"男女平等"作为一项基本原则,其核心要义是重视和发挥妇女在经济社会发展中的主体地位和作用,推动妇女与经济社会同步发展;在承认男女现实差异的前提下倡导男女两性权利、机会和结果的平等。因此,国家有责任保障妇女享有平等的劳动和社会保障权益。保障妇女的劳动和社会保障权益是保障妇女经济安全的核心,也是妇女实现其他权利的物质基础。

三、妇女的劳动和社会保障权益的内容

我国的《宪法》《劳动法》《就业促进法》《劳动合同法》《社会保险法》《妇女权益保障法》《人口与计划生育法》《女职工劳动保护特别规定》等多部法律法规中明确规定了妇女的劳动和社会保障权益。其中《妇女权益保障法》更是专章规定了妇女的劳动和社会保障权益。

(一)妇女的劳动权益

1. 妇女的劳动就业权

妇女的劳动就业权是指在法定劳动年龄内,具有劳动能力的妇女有参加社会劳动、获得劳动报酬或经营收入的权利。它在妇女的各项劳动权利中居于首要地位,是劳动者赖以生存的权利,是各国宪法确认和保护公民的一项重要基本权利。劳动就

---

[41]《马克思恩格斯选集》(第 4 卷),人民出版社 1995 年版,第 162 页。
[42]《第四期中国妇女社会地位调查主要数据情况发布》,载《中国妇女报》2021 年 12 月 27 日,第 4 版。

业权包括工作自由权和平等就业权。工作自由权是指妇女有自由支配其劳动能力、自由选择职业与就业的权利,也有免受奴役和强迫劳动的自由。平等就业权是指妇女有平等地获得就业机会、不受就业歧视的权利。为了保障妇女的劳动就业权的实现,国家应当完善就业保障政策措施,防止和纠正就业性别歧视,为妇女创造公平的就业创业环境,为就业困难的妇女提供必要的扶持和援助。

(1)反就业性别歧视。就业性别歧视是指对就业机会有决定性影响的用人单位和个人基于性别对求职者作出不合理的区别对待,从而损害某一性别群体劳动就业权利的行为。就业性别歧视包括直接就业性别歧视和间接就业性别歧视。直接就业性别歧视是指在决定求职者就业机会的过程中,直接对某一性别群体采取不合理的区别、排斥或限制行为。间接性别歧视是指在就业过程中,某项法律、政策或者措施在形式上是中立的,但实际上会导致对某一性别群体产生不利后果。理论上,男女两性都有可能在就业中遭遇就业性别歧视,然而现实生活中,遭受就业性别歧视的主体更多是妇女。就业性别歧视是妇女实现就业权的最大障碍,因此国家必须采取各种措施防止和纠正就业性别歧视。我国《劳动法》第12条、第13条,《就业促进法》第26条、第27条,《妇女权益保障法》第42条、第43条,均明确规定禁止用人单位对妇女实施就业性别歧视,危害妇女的公平就业权。

消除就业性别歧视,保障妇女的平等就业权主要包括以下几个方面:

第一,在招聘录用过程中不得歧视妇女。《妇女权益保障法》第43条明确规定了对妇女实施就业性别歧视的具体情形,包括:限定为男性或者规定男性优先;除个人基本信息外,进一步询问或者调查女性求职者的婚育情况;将妊娠测试作为入职体检项目;将限制结婚、生育或者婚姻、生育状况作为录(聘)用条件;其他以性别为由拒绝录(聘)用妇女或者差别化地提高对妇女录(聘)用标准的行为。在就业过程中"为保护生育而采取的特别保护措施"和"为加速实现男女事实上的平等而采取的临时特别措施"不构成就业性别歧视。

第二,男女享有平等晋升的权利。在晋职、晋级、评聘专业技术职称等方面,应当坚持男女平等的原则,不得歧视妇女。职业晋升不仅关系劳动者的收入、社会保障和职工福利,也关系其社会地位。公平合理的晋升,能够鼓励妇女发挥积极性和创造性,提高工作效率,为中国式现代化建设贡献巾帼智慧和力量。现实生活中,妇女担任用人单位高级管理人员的比例不高,在晋升中存在"玻璃天花板"。形成"玻璃天花板"的原因是多方面的,既有女性生理原因、女性承担的较重的家庭责任以及性别刻板印象的影响,也有传统思想、企业组织文化制度等方面的影响。为了实现男女晋升机会平等,用人单位应该建立公平、科学的人才选拔、晋升制度,建立公开透明的竞争程序,针对女性领导者比重低、晋升慢的现实情况,制定提升女性能力的举措。培训是提升女性能力的重要途径,因此用人单位需要完善劳动者培训制度,确保女性领导力得以持续提升。国家还应完善社会支持体系,鼓励男女共担家庭责任。

第三,就业退出领域不得歧视妇女。为了维护劳动关系的稳定性,防止用人单位凭借经济强势滥用解雇权不公正解雇劳动者,保护劳动者职业工作机会的获得和保持,我国劳动法规定了解雇保护制度,其中包括对生育女性的解雇保护。我国《妇女权益保障法》第48条第1款规定,用人单位不得因结婚、怀孕、产假、哺乳等情形,降低女职工的工资和福利待遇,限制女职工晋职、晋级、评聘专业技术职称和职务,辞退女职工,单方解除劳动(聘用)合同或者服务协议。同时《妇女权益保障法》第48条第3款规定,用人单位在执行国家退休制度时,不得以性别为由歧视妇女。

目前,我国关于就业性别歧视的立法还存在不足,对妇女间接就业性别歧视的规定缺失,特别是数据时代人工智能招聘中出现了算法性别歧视的情形,这些都要求法律予以积极应对。

(2)促进妇女劳动就业权实现的特殊措施。国家为了保障妇女就业权的实现还要为就业困难的妇女提供必要的扶持和援助。就业困难妇女是指有劳动能力和就业愿望,但因年龄、身体状况、技能水平、家庭情况、失去土地等难以实现就业的妇女。国家实施就业援助可以分为间接的政策激励和直接的就业岗位提供。政策激励旨在鼓励就业困难妇女自谋职业、自主创业以及鼓励企业吸纳就业困难人员,主要表现在税收、信贷、社保补贴等方面的优惠政策。直接提供的就业岗位是指由政府作为出资主体或者通过社会筹集资金开发的,主要用于安置就业困难人员,符合社会公共利益需要的服务岗位和协助管理岗位。除此之外,政府还会为就业困难妇女提供求职登记和指导、职业技能培训和服务,提高就业困难妇女在就业市场上的竞争力。

2. 妇女的劳动报酬权

妇女的劳动报酬权是指妇女通过从事各种劳动获得合法收入的权利。劳动报酬的形式包括工资、奖金、津贴等。劳动报酬是劳动者赖以生存的物质基础,在用人单位拥有自主权的前提下,法律必须保障劳动者的劳动报酬权不受到侵犯。根据《劳动合同法》第17、18条的规定,劳动合同中应当列明劳动报酬条款。劳动合同对劳动报酬和劳动条件等标准约定不明确,引发争议的,用人单位与劳动者可以重新协商;协商不成的,适用集体合同规定;没有集体合同或者集体合同未规定劳动报酬的,实行同工同酬;没有集体合同或者集体合同未规定劳动条件等标准的,适用国家有关规定。工资应当以货币形式按月支付给劳动者,不得克扣或者无故拖欠劳动者的工资。劳动者在法定休假日、婚丧假期间以及依法参加社会活动期间,用人单位应当依法支付工资。用人单位安排劳动者延长工作时间的,应该按照法定标准支付高于劳动者正常工作时间工资的工资报酬。

保障妇女的劳动报酬权,必须实现"男女同工同酬"。男女同工同酬是指用人单位对于从事相同工作、付出等量劳动且取得相同劳动业绩的劳动者,不分性别支付同等的劳动报酬。实行同工同酬原则并不是否定工资分配领域的激励机制和按劳分配原则,而是强调用人单位在工资分配方面的公平性,即同样的工作岗位适用同样的报酬标准,同样的工作业绩获得同等的工作报酬。现代社会妇女从家庭走向社会,成为领取工资的产业大军一部分。最初女工与男工从事相同的工作,但收入悬殊,因此女性率先提出男女同工同酬的主张。1951年国际劳工组织大会通过《男女工人同工同酬公约》,我国于1990年批准该公约。我国《宪法》和《妇女权益保障法》都明确规定,实行男女同工同酬。我国《劳动法》第46条第1款规定,工资分配应当遵循按劳分配原则,实行同工同酬。依据法律规定,男女同工同酬的条件是:男女工作岗位和工作内容相同;在相同的工作岗位上男女付出同样的劳动工作量;同样的工作量取得相同的工作业绩。

"男女同工同酬"体现按劳分配原则和公平原则,有利于实现性别平等。但是在现实生活中,具有同等资质的男女两性往往被置于差别很大的职业类型中,产生了就业结构中的性别隔离。仅在相同的工作或者工种中推行男女同酬,不能解决两性收入不平等问题,因此有必要从"同工同酬"发展为"等值同酬"。联合国《消除对妇女一切形式歧视公约》第11条中规定,男女从事"同样价值的工作享有同等报酬包括福利和享有平等待遇的权利"。等值同酬不仅要求男女从事同样的工作有相同的报酬率,而且要求对工作内容不同但价值相等的男女工作及其报酬进行比较和平衡,特别是要考虑多数女性从事的照顾家庭这种传统的无薪劳动的价值,从而在更大范围内推进并实现男女报酬平等。

3. 妇女的休息休假权

妇女的休息休假权是妇女依法享有的在法定工作时间外休息和休假的权利。休息休假权对于劳动者具有重大的意义,既有利于保障劳动者恢复体力,保证劳动力再生产,也有利于丰富劳动者生活,使劳动者能够参加社会活动并减少社会角色的冲突。我国依法保障妇女的休息休假权。《宪法》第43条明确规定:"中华人民共和国劳动者有休息的权利。国家发展劳动者休息和休养的设施,规定职工的工作时间和休假制度。"《劳动法》第四章"工作时间和休息休假"中对劳动者休息权作了专门规定,将宪法规定的权利义务具体化。根据国务院《关于职工工作时间的规定》第3条的规定,职工每日工作8小时、每周工作40小时。根据《劳动法》第41条的规定,用人单位由于生产经营需要,经与工会和劳动者协商后可以延长工作时间,一般每日不得超过1小时;因特殊原因需要延长工作时间的,在保障劳动者身体健康的条件下延长工作时间每日不得超过3小时,但是每月不得超过36小时。妇女作为劳动者,还享有法定节假日、探亲假、婚丧假和带薪年休假等。

基于女性特殊的生育机能,为了保护母婴的健康和女职工的就业权,法律规定女职工还享有特殊的休息休假权,包括产假、育儿假、生育奖励假等。

(1)产假及其待遇。产假是指法律规定的女性劳动者在怀孕和分娩时享有的身体恢复和哺育照顾婴儿的假期。产假制度的主要功能有二:一是保证产妇分娩后能够得到必要的休息,及时恢复健康。从新生儿的健康成长需要出发,产假制度能够使新生儿得到母亲的照料呵护。二是保证产妇不因怀孕分娩而丧失工作岗位。我国《女职工劳动保护特别规定》第7条规定:"女职工生育享受98天产假,其中产前可以休假15天;难产的,增加产假15天;生育多胞胎的,每多生育1个婴儿,增加产假15天。女职工怀孕未满4个月流产的,享受15天产假;怀孕满4个月流产的,享受42天产假。"

(2)育儿假及其待遇。育儿假是国家通过立法赋予婴幼儿的父母暂时中止工作、照料子女的权利。育儿假制度的主要目的是解决家庭儿童照料与工作冲突问题。全球许多国家都建立了育儿假制度。我国随着人口政策的转变,也越来越重视"家庭与工作冲突"问题,2021年修改的《人口与计划生育法》第25条第2款明确规定,国家支持有条件的地方设立父母育儿假。随后各省市也陆续出台关于育儿假的相关规定。育儿假休假的主体为父母,目前各地关于育儿假的天数不等,一般为5~15天。休假期间的待遇为"工资照发"。但是,我国规定的育儿假天数较短,难以根本解决儿童照料与工作冲突问题。

(3)生育奖励假及其待遇。生育奖励假是地方省市依据我国《人口与计划生育法》赋予女职工的产假之外的生育假期。各省市对此叫法不一,有的地方称为延长产假,有的地方称为生育奖励假等。各省市规定的天数也不一致,从60天至267天不等,女职工休生育奖励假期间,工资待遇不变。

4. 妇女的劳动保护权

妇女的劳动保护权是妇女在劳动过程中享有的获得安全与健康保护的权利。劳动保护权与劳动者在劳动过程中的身体健康和生命安全密切相关,在劳动过程中,只有加强生产过程中的安全技术和生产卫生工作,给劳动者提供符合安全技术和生产卫生要求的条件,才可以减少伤亡事故和职业病。国家为了保护劳动者在劳动过程中的安全和健康制定了一系列法律规范,包括工厂安全技术规程、建筑安装工程安全技术规程以及有关矿山安全、防止粉尘危害、防止职业中毒、工作场所通风照明、职业病防治和处理等方面的法律规定。同时,我国非常重视妇女的特殊劳动保护,《妇女权益保障法》第47条规定,用人单位应当根据妇女的特点,依法保护妇女在工作和劳动时的安全、健康以及休息的权利。妇女在经期、孕期、产期、哺乳期受特殊保护。《女职工劳动保护特别规定》规定了对女职工的特殊劳动保护。

妇女特殊安全卫生保护是指根据妇女身体结构、生理机能的特点以及抚育子女的特殊需要,在劳动保护方面对妇女特殊权益的法律保障,体现了实质的平等保护。妇女特殊安全卫生保护包括女职工特殊时期的劳动禁忌和孕期、哺乳期特殊保护。

女职工特殊时期的劳动禁忌。保护母亲的机能,对于保证人类社会正常繁衍、提高人口素质具有重要意义。超过安全标准的工作环境以及繁重的工作会使母婴健康遭受损害,因此我国《女职工劳动保护特别规定》的附录中规定了女职工在经期、孕期和哺乳期禁忌从事的劳动范围以及所有女职工禁忌从事的劳动范围。所有女职工禁忌从事的劳动范围包括:矿山井下作业;体力劳动强度分级标准中规定的第四级体力劳动强度的作业;每小时负重6次以上、每次负重超过20公斤的作业,或者间断负重、每次负重超过25公斤的作业。用人单位应当将本单位属于女职工禁忌从事劳动范围的岗位书面告知女职工。

女职工孕期受到特殊保护。女职工在孕期不能适应原劳动的,用人单位应当根据医疗机构的证明,予以减轻劳动量或者安排其他能够适应的劳动。对怀孕7个月以上的女职工,用人单位不得延长劳动时间或者安排夜班劳动,并应当在劳动时间内安排一定的休息时间。怀孕女职工在劳动时间内进行产前检查,所需时间计入劳动时间。对哺乳未满1周岁婴儿的女职工,用人单位不得延长劳动时间或者安排夜班劳动。

5. 妇女的职业培训权

妇女的职业培训权是妇女享有的,通过职业培训获得从事各种职业所需的专业技术知识和实际操作技能的权利,是保障妇女实现就业权的一项重要权利。《劳动法》《就业促进法》专章规定职业教育和培训,明确国家和政府、用人单位的相关责任。国家通过各种途径,采取各种措施,发展职业培训事业,开发劳动者的职业技能,提高劳动者的就业能力。妇女享有职业培训的权利具有重要的意义。女性就业率相对较低，除传统观念因素影响外，还有一个重要的因素便是有些女工素质不高。女工素质不高有自身原因，也有社会原因。由于对女童的歧视，女童的教育不受重视，文化层次低，这种现象在某些贫困的农村比较突出。女性特别是已婚和有未成年子女的女性的家庭负担较重，业余学习时间较少，在工作中，妇女得到培训的机会也少于男性，这使其职业发展受到限制。提高妇女平等竞争能力，国家和用人单位需要大力发展职业培训，促进女性群体发展能力和提高素质。用人单位要给予女职工与男职工平等的培训机会，在实施职工培训时要考虑女职工的特点，合理安排培训的时间和内容。

6. 妇女组织工会和参与民主管理权

妇女组织工会和参与民主管理权是指妇女享有依法参加和组织工会、参与用人单位民主管理的权利。工会是职工自愿结合的群众组织，参加和组织工会是公民集会和结社自由的直接体现。在劳动关系中，劳动者通常处于个体弱势地位，为克服这一弊端，法律赋予劳动者参加和组织工会权。通过参加和组织工会，劳动者由分散到团结，由弱小走向强大，通过集体的力量与用人单位保持地位上的平等，保障其他劳动权的实现。我国《工会法》第11条第1款中明确规定女职工人数较多的，可以建立工会女职工委员会，在同级工会领导下开展工作；女职工人数较少的，可以在工会委员会中设女职工委员。女职工委员会是具有我国特色的制度，是由各级工会建立和领导的，隶属于同级工会；它的职责是代表和维护女职工的合法权益和特殊利益，并参与企业中与女职工利益相关的决策的制定和监督决策的实施。此外，对于侵害女职工特殊利益的行为，工会应该代表女职工与用人单位交涉，要求用人单位采取措施予以改正；如果用人单位拒绝改正，工会可以提请当地人民政府作出处理。

民主管理权是指劳动者参与本单位民主管理，对单位的重大决策，尤其是关涉劳动者利益的重大决策进行监督并提出建议的权利。民主管理权包括相关信息知情权、重大决策建议权等。妇女通过职工大会、职工代表大会或者其他形式行使民主管理权，既维护企业利益，也有利于维护自身合法权益。

(二) 妇女的社会保障权

妇女的社会保障权包括妇女的社会保险权、社会救助权和社会福利权。

1. 妇女的社会保险权

妇女的社会保险权是指妇女在年老、患病、工伤、失业和生育等丧失劳动能力的情况下能够从社会保险基金获得社会补偿和物质帮助的一项权利。社会保险权是社会保障权的核心内容。妇女的社会保险权包括养老保险权、医疗保险权、失业保险权、工伤保险权和生育保险权。

(1) 养老保险权。养老保险权是指公民因年老丧失劳动能力退出劳动岗位后通过社会保险基金而享有保障其基本生活条件的权利。妇女享有养老保险权,可以应对年老时面临的经济风险。我国《社会保险法》规定了三种基本养老保险形式:基本养老保险、新型农村社会养老保险和城镇居民社会养老保险。女职工应当参加基本养老保险,由用人单位和职工共同缴纳基本养老保险费。无雇工的个体工商户、未在用人单位参加基本养老保险的非全日制从业人员以及其他灵活就业人员可以参加基本养老保险,由个人缴纳基本养老保险费。参加基本养老保险的女职工,达到法定退休年龄时累计缴费满15年的,按月领取基本养老金。达到法定退休年龄时累计缴费不足15年的,可以缴费至满15年,按月领取基本养老金;也可以转入新型农村社会养老保险或者城镇居民社会养老保险,按照国务院规定享受相应的养老保险待遇。

(2) 医疗保险权。医疗保险权是指妇女通过缴纳医疗保险费,在患病或者受到意外伤害时享有从医疗保险基金获得治疗费用和其他医疗服务的权利。医疗保险是将公民因疾病产生的经济损失风险分摊给所有受到同样风险威胁的社会成员,用集中起来的医疗保险基金来补偿疾病带来的损失,防止公民因病致贫。我国《社会保险法》规定了三种基本医疗保险形式:基本医疗保险、新型农村合作医疗保险和城镇居民基本医疗保险。女职工应当参加基本医疗保险,由用人单位和职工按照国家规定共同缴纳基本医疗保险费。无雇工的个体工商户、未在用人单位参加职工基本医疗保险的非全日制从业人员以及其他灵活就业人员可以参加职工基本医疗保险,由个人按照国家规定缴纳基本医疗保险费。女职工符合基本医疗保险药品目录、诊疗项目、医疗服务设施标准以及急诊、抢救的医疗费用,按照国家规定从基本医疗保险基金中支付。农村妇女可以自愿参加农村合作医疗保险,发生医疗费用由新型农村合作医疗保险基金予以补助。城镇非就业妇女可以参加城镇居民基本医疗保险,城镇居民基本医疗保险实行个人缴费和政府补贴相结合,城镇非就业妇女发生医疗费用超过起付标准,由医疗保险报销费用。

(3) 失业保险权。失业保险权是指因失业而暂时中断生活来源的妇女通过社会保险基金享有获得物质帮助的权利。失业保险保障失业社会成员的基本生活,帮助其尽快就业。依据我国《社会保险法》第45条的规定,妇女在失业前用人单位和本人已经缴纳失业保险费满一年的,非因本人意愿中断就业的,已经进行失业登记,并有求职要求的,有权从失业保险基金中领取失业保险金。

(4)工伤保险权。工伤保险权是指妇女在工作中或在法定的特殊情况下,遭受意外伤害或患职业病,导致暂时或永久丧失劳动能力及死亡时,劳动者或其遗属从国家和社会获得物质帮助的权利。工伤保险通过社会保险基金分担工伤事故风险,不仅为劳动者提供及时、稳定而有效的保障,而且也减轻雇主的责任。依据我国《社会保险法》第33条和第36条第1款的规定,女职工应当参加工伤保险,由用人单位缴纳工伤保险费,女职工个人不缴纳工伤保险费。女职工因工作原因受到事故伤害或者患职业病,且经工伤认定的,享受工伤保险待遇;其中,经劳动能力鉴定丧失劳动能力的,享受伤残待遇。

(5)生育保险权。生育保险权是指女职工在生育时依法享有收入补偿、医疗服务以及休假的权利。生育是女性特有的机能,怀孕和分娩后的女性面临生育健康风险和经济风险,同时女职工在生育时也面临就业和子女照料的冲突。国家为了保障女职工生育期间的经济安全和生命安全,确保其劳动能力的恢复,促进劳动力资源持续有效供给,保护女性职工的平等就业权,保证社会劳动力再生产,提高人口素质,通过法律赋予女职工生育保险权。《妇女权益保障法》第51条第1款规定,国家实行生育保险制度,建立健全婴幼儿托育服务等与生育相关的其他保障制度。依据《社会保险法》的规定,职工应当参加生育保险,由用人单位按照国家规定缴纳生育保险费,职工不缴纳生育保险费。用人单位已经缴纳生育保险费的,其职工享受生育保险待遇。生育保险待遇包括生育医疗费用和生育津贴。生育医疗费用包括生育的医疗费用、计划生育的医疗费用和法律、法规规定的其他项目费用。女职工生育享受产假和享受计划生育手术休假期间,可以按照国家规定享受生育津贴,生育津贴按照职工所在用人单位上年度职工月平均工资计发。依据《女职工劳动保护特别规定》第8条第2款的规定,对未参加生育保险的女职工生育或者流产的医疗费用,由用人单位支付。

2. 妇女的社会救助权

社会救助是对社会成员提供最低生活保障,其目标是扶危济贫,救助社会弱势群体,救助对象是社会的低收入人群和困难人群,是社会保障的最后一道防护线和安全网。与社会保险权的享有不同,社会救助权的享有不以社会成员缴费为条件,但往往需要生计调查。目前我国妇女社会救助权的内容主要有最低生活保障、农村"五保"供养和生育救助等。《妇女权益保障法》第51条第3款规定,地方各级人民政府和有关部门应当按照国家有关规定,为符合条件的困难妇女提供必要的生育救助。第52条规定,各级人民政府和有关部门应当采取必要措施,加强贫困妇女、老龄妇女、残疾妇女等困难妇女的权益保障,按照有关规定为其提供生活帮扶、就业创业支持等关爱服务。

3. 妇女的社会福利权

社会福利是在国家财力允许的范围内,在既定的生活水平的基础上,尽力提高被服务对象的生活质量。社会福利具有普遍性,也不需要被服务对象缴纳费用。现阶段我国福利内容比较广泛,包括公共福利和集体福利、优抚对象福利、老年人福利以及残疾人福利等。妇女享有与男子同等的社会福利权,同时享有生育福利。生育福利是指国家在女性生育时为其和家庭提供的各种福利制度,例如部分省市规定的育儿津贴制度。

引例分析

本案是一起比较典型的侵害孕期女职工劳动权益的案例。为了保障生育女职工的劳动权益,我国《劳动合同法》第42条规定了对生育女职工的解雇保护,即女职工在孕期、产期、哺乳期的,用人单位不得依照《劳动合同法》第40条、第41条的规定解除劳动合同。有的用人单位为了规避该条法律规定,达到解雇孕期女职工而不承担赔偿责任的目的,采取恶意调岗的方式,想逼迫女职工自己辞职。本案中,公司没有征得王某同意,便将处于孕期的王某由软件设计师岗位调整为销售岗位,这种行为不仅违反了我国《劳动合同法》第35条关于劳动合同的变更须经双方协商一致的规定,不具有合理性,也违反了《妇女权益保障法》第48条第1款禁止对女职工进行生育歧视的规定,即用人单位不得因结婚、怀孕、产假、哺乳等情形,降低女职工的工资和福利待遇,限制女职工晋职、晋级、评聘专业技术职称和职务,辞退女职工,单方解除劳动(聘用)合同或者服务协议。因此用人单位的行为侵害了王某的劳动权益,王某可以去劳动行政部门投诉或者提起劳动仲裁维权。

第五节 妇女的财产权益

引例

1991年冯某红(女)与李某春(男)登记结婚,婚后李某春入赘冯家,与冯某红父母共同生活。后二人育有一女。1994年,李某春申请建房,彭山县人民政府批给李某春一家3口和冯某红父母一块宅基地。1995年,冯某红一家拆除老房建新房,新房坐落于彭山县凤鸣镇某村,系一楼一底砖混结构5间房屋。后来,冯某红的父亲去世,冯某红夫妇又修建了3间小青瓦耳房。2010年,冯某红与李某春离婚,彭山县人民法院调解书载明:"冯某红、李某春的共同财产即上述8间房屋及室内财产全部归李某春所有,债务由李某春个人偿还。"调解书生效后,冯某红的母亲对该调解书中的财产分割提出异议,向彭山县人民法院申诉未果,便向检察机关申诉。[43]

本案诉争房屋为家庭共有财产,应当根据等分原则并考虑实际情况予以处理。彭山县人民法院调解时将冯某红母亲一家的家庭共有财产作为冯某红、李某春的夫妻共同财产予以分割,侵犯了冯某红母亲的合法权益。

一、妇女的财产权益概述

(一)妇女的财产权益的概念

妇女的财产权益是指妇女作为主体所享有的财产权和相关权益。财产权是民事权利的一种,是以财产为客体,以财产利益为内容或者直接体现为财产利益的民事权利,如物权、债权、知识产权、股权、继承权、网络虚拟财产权等均是典型的财产权。在权利之外,还存在一些受法律保护的利益,称为权益。例如《民法典》第16条规定的胎儿遗产继承和接受赠与的利益,《妇女权益保障法》第57条规定的妇女在城镇集体所有财产关系中的权益。

财产权既是民事权利,也是受到一国宪法保护的人权。联合国《消除对妇女一切形式歧视公约》第15条第2款规定:"缔约各国应在公民事务上,给予妇女与男子同等的法律行为能力,以及行使这种行为能力的相同机会。特别应给予妇女签订合同和管理财产的平等权利,并在法院和法庭诉讼的各个阶段给予平等待遇。"我国《宪法》第13条第1款、第2款规定:"公民的合法的私有财产不受侵犯。国家依照法律规定保护公民的私有财产权和继承权。"《民法典》第3条规定:"民事主体的人身权利、财产权利以及其他合法权益受法律保护,任何组织或者个人不得侵犯。"《妇女权益保障法》第53条规定:"国家保障妇女享有与男子平等的财产权利。"上述规定意味着,首先,妇女作为民事主体享有财产权利和相关权益具有法律上的正当性。其次,财产权是绝对权,其义务人是除权利人之外的所有不特定主体,即任何组织或者个人

---

[43] 刘德华:《家庭共同财产怎能处置给一人——抗诉,离婚调解案再审》,载《检察日报》2011年11月29日,第4版。

不得侵犯妇女的财产权利和相关权益。再次，国家应当采取措施，通过立法、司法、行政等手段和途径，确保妇女与男子平等地享有和行使财产权利和相关权益。最后，当妇女的财产权利和其他合法财产权益受到侵害时，其有依法实施自力救济和寻求国家公力救济的权利。

(二)《妇女权益保障法》中妇女的财产权益

根据权利客体内容的不同，财产权可以细化为不同类型，如以物为权利客体，权利人直接支配特定物、享受利益并排除他人干涉的权利称为物权；以特定给付为权利客体，权利人享有的请求义务人为一定行为的权利称为债权；以智慧成果为权利客体的，称为知识产权；等等。

作为自然人，妇女得成为各项财产权利的享有者，与男子平等地享有财产的占有、使用、收益、处分等各项权能，不受任何基于性别的歧视。因此，民法权利体系并不会以性别为基准对财产权利作类型化的处理。《妇女权益保障法》第六章在民法财产权体系的基础上，汇总梳理了财产权益领域的几项与妇女日常生活休戚相关的重点权益，包括基于婚姻家庭生活场景而产生的家庭财产权益、妇女作为农村集体经济组织或城镇集体经济组织成员所应享有的相关财产权益，以及基于财富流转传承所产生的继承权。

二、妇女的家庭财产权益

《妇女权益保障法》第54条规定："在夫妻共同财产、家庭共有财产关系中，不得侵害妇女依法享有的权益。"据此，以法律关系为分析工具，妇女的家庭财产权益主要可以分为在夫妻共同财产关系中的财产权益和在家庭共有财产关系中的财产权益。

(一)妇女在夫妻共同财产关系中的财产权益

根据《民法典》第1062条的规定，我国的法定夫妻财产制为婚后所得共同制，即除非夫妻双方按照《民法典》第1065条的规定，对婚姻关系存续期间所得的财产以及婚前财产作出特别的约定，夫妻在婚姻关系存续期间所得的财产原则上为夫妻共同财产，夫妻对共同财产有平等的处理权。法定财产制下夫妻双方对共同财产的共有，系法定的共有，即非因契约、共同投资等行为产生的共有关系。

从财产内容上看，在法定财产制下，婚姻关系存续期间取得的下列财产，为夫妻共同财产，归夫妻共同所有。一是工资、奖金、劳务报酬，也即劳动收入。夫妻协力是此类财产作为夫妻共同财产的认知基础,夫妻间的身份关系是此类收入归为夫妻共同财产的权利基础。二是生产、经营、投资的收益。生产、经营、投资行为亦是劳动,劳动所得即为共同财产。三是知识产权的收益。知识产权负载于智力成果之上,是脑力劳动的结果,因此,其作为共同财产的法理基础与前两类财产相同。四是继承或者受赠的财产。此类财产的取得不需要通过任何工作、生产经营等劳动,而是无对价的纯获利益,如一方在婚姻关系存续期间继承的遗产,一方在婚姻关系存续期间接受的赠与。尽管此类财产没有夫妻协力的基础,但由于夫妻身份关系的存在,其依然基于法定而成为夫妻共同财产,为夫妻双方所共有。此外,《民法典》第1062条还规定了"其他应当归共同所有的财产"作为兜底条款,以应对实践中发生的不特定情形。

从共有样态上看,法定财产制下,夫妻双方对共同财产的共有是共同共有。这意味着,第一,夫妻双方对共有的财产共同享有所有权,而非按照份额享有所有权。第二,除符合《民法典》第1060条日常家事代理情形的处分行为外,其他对夫妻共同财产的处分,须夫妻双方一致同意。第三,该种共有的共有基础为夫妻身份关系,因此,夫妻一方或双方在共有基础丧失或存在重大事由时可以请求分割夫妻共同共有的财产。此处的共有基础丧失指夫妻关系的消灭,包括离婚和一方或双方死亡的情形。夫妻关系存续期间分割夫妻共同财产,需要有法定的重大事由。根据《民法典》第1066条的规定,婚姻关系存续期间,有且仅有两种情形,夫妻一方可以向人民法院请求分割夫妻共同财产:一是一方有隐藏、转移、变卖、毁损、挥霍夫妻共同财产或者伪造夫妻共同债务等严重损害夫妻共同财产利益的行为;二是一方负有法定扶养义务的人患重大疾病需要医治,另一方不同意支付相关医疗费用。

(二)妇女在家庭共有财产关系中的财产权益

除了在夫妻关系中可以形成财产的共有,妇女在家庭生活中还可能基于与其他家庭成员的亲属关系而形成对特定财产的共有。较为典型的有三种情形:一是继承开始后,遗产分割前,所有继承人对遗产的共有;二是城乡拆迁改造过程中,家庭成员对拆迁补偿等相关利益的共有;三是以户为单位从事经营的个体工商户、农村承包经营户的经营管理权和土地承包经营权,以及基于上述经营行为所得的收益。除有特别约定外,以上家庭共有财产的共有样态均为共同共有。据此,仅部分或者单个共有人,不得随意处分该共有财产。

(三)妇女婚姻家庭财产权益的平等保护

作为单一自然人,妇女在社会生活和市场交易中具有独立的人格和独立的法律地位,这种独立的人格和法律地位不因其进入婚姻关系和身处家庭关系中而有所减损或灭失。作为独立的民事主体,无论是在夫妻关系中,还是在家庭关系中,妇女的合法财产权益都受到法律的保护。夫妻双方、共有关系主体对财产平等的占有、使用、收益、处分的权利受法律保护。

三、妇女基于集体经济组织成员身份所享有的财产权益

我国《宪法》第6条第1款第1句规定:"中华人民共和国的社会主义经济制度的基础是生产资料的社会主义公有制,即全民所有制和劳动群众集体所有制。"集体所有制经济是"由集体经济组织内的劳动者共同占有生产资料的一种公有制经济"[44]。集体所有制经济的主体因城乡不同而有所差异,在农村主要体现为农村集体经济组织,在城镇主要体现为城镇集体所有的企业或者单位。《民法典》第261条第1款和第263条规定了两种集体所有的形式:一是农民集体所有,即农民集体所有的不动产和动产,属于本集体成员集体所有;二是城镇集体所有,即城镇集体所有的不动产和动产,依照法律、行政法规的规定由本集体享有占有、使用、收益和处分的权利。根据《民法典》第260条的规定,集体所有的财产包括:"(一)法律规定属于集体所有的土地和森林、山岭、草原、荒地、滩涂;(二)集体所有的建筑物、生产设施、农田水利设施;(三)集体所有的教育、科学、文化、卫生、体育等设施;(四)集体所有的其他不动产和动产。"

妇女作为集体经济组织成员,基于成员身份依法享有针对以上财产的各项权益。《妇女权益保障法》第55条至第57条对妇女在集体所有制中的财产权益保护作出了明确规定。接下来以农村集体经济组织为例,详述妇女基于农村集体经济组织成员身份所享有的财产权益。

(一)农村集体经济组织的概念、性质和特征

土地是农民的衣食来源、生存基础,土地权益是农民的核心权益。农村土地,是指农民集体所有和国家所有,依法由农民集体使用的耕地、林地、草地,以及其他依法

---

[44] 蔡定剑:《宪法精解》(第2版),法律出版社2006年版,第188页。

用于农业的土地。农村集体经济组织,是指以土地集体所有为基础,依法代表成员集体行使所有权,实行家庭承包经营为基础、统分结合双层经营体制的区域性经济组织,包括乡镇级农村集体经济组织、村级农村集体经济组织、组级农村集体经济组织。

根据《民法典》第96条的规定,农村集体经济组织系民法上的特别法人。农村集体经济组织具有以下几个显著特征:

首先,从法律性质上看,农村集体经济组织既不是营利法人,也不是非营利法人,而是特别法人。给予农村集体经济组织特别法人这一定位的立法考量在于,"这种定位既便于其参与民事活动,又可保护其成员与相对人的合法权益"[45]。这也为农村妇女在集体经济组织中的合法财产权益受保护提供了主体性依据。

其次,从成员构成或者成员资格上来看,农村集体经济组织与其他类型法人相比,更为封闭。一方面,"任何主体无法通过投资关系或认同法人的目的事业及章程而成为其成员,这与营利法人和非营利法人存在根本差异"[46]。另一方面,其成员身份一般通过出生或结婚、收养等身份行为取得,因此,除死亡这一事实外,结婚迁户、离婚、解除收养关系等身份行为同样会影响成员身份的存续。这往往是农村妇女在集体经济组织中财产权益受损最常见也是最直接的原因。

最后,农村集体经济组织具有地域性和较强的稳定性。"农村集体是按照农村一定地域即村组边界划分的,村组边界范围内的土地是集体的地域基础"[47],土地、地域是固定的,但生活其上的人口却是流动的。流动的人口无法带走固定的土地,进而导致土地权益偏差。在"男婚女嫁"传统的影响下,无论是村际人口流动还是城乡人口流动,女性都占据了绝大部分,因此,其土地权益也更易受到侵害。可见,农村集体经济组织固有的地域性和稳定性与人口流动性之间的矛盾,是农村妇女在集体经济组织中财产权益受到侵害的时空原因。

(二)妇女在农村集体经济组织中的财产权益

妇女在农村集体经济组织中的财产权益主要体现为三种:土地承包经营权、宅基地使用权和集体收益分配权。

---

[45] 张璁:《法人一章增加特别法人类别》,载《人民日报》2016年12月20日,第4版。
[46] 谢鸿飞:《论农村集体经济组织法人的治理特性——兼论〈农村集体经济组织法(草案)〉的完善》,载《社会科学研究》2023年第3期。
[47] 韩松:《农民集体所有权主体的明确性探析》,载《政法论坛》2011年第1期。

1. 土地承包经营权

土地承包经营权是指农户依法对集体所有的土地承包经营,对其承包经营的土地占有、使用、收益、处分的权利。《妇女权益保障法》《农村土地承包法》等法律法规均明确规定,农村土地承包,妇女与男子享有平等的权利。在承包过程中应当保护妇女的合法权益,任何组织和个人不得剥夺、侵害妇女应当享有的土地承包经营权。针对前述人口流动与土地固化之间的矛盾导致的女性土地权益受损,《农村土地承包法》第31条强调,承包期内,妇女结婚,在新居住地未取得承包地的,发包方不得收回其原承包地;妇女离婚或者丧偶,仍在原居住地生活或者不在原居住地生活但在新居住地未取得承包地的,发包方不得收回其原承包地。

党的十八大以来,以习近平同志为核心的党中央提出了农村土地"三权分置"的思想,在稳定农村集体经济组织土地所有权的基础上,形成集体土地所有权、土地承包权和土地经营权三权分置的基本架构。这一思路使集体经济组织成员以外的其他主体得以通过土地承包权的转让而成为土地经营权的权利主体,进而提升了土地承包经营权的价值,拓展了农村土地的效能。因此,土地经营权及其所附带的交易价值、市场价值亦是农村妇女土地权益的重要内容。

2. 宅基地使用权

宅基地是农民得以建造住宅或者附属设施而使用的农村集体经济组织所有的土地。宅基地是农民住有所居的生活基础,农村妇女作为家庭成员,当然地享有合法的宅基地权益。国土资源部2016年发布的《关于进一步加快宅基地和集体建设用地确权登记发证有关问题的通知》第8条第1款写明了农村妇女宅基地使用权及相关权益的保护方案:"依法维护农村妇女和进城落户农民的宅基地权益。农村妇女作为家庭成员,其宅基地权益应记载到不动产登记簿及权属证书上。农村妇女因婚嫁离开原农民集体,取得新家庭宅基地使用权的,应依法予以确权登记,同时注销其原宅基地使用权。"

2018年,中共中央、国务院《关于实施乡村振兴战略的意见》提出宅基地所有权、资格权、使用权"三权分置"的思路,进一步开发和提升了宅基地的利用价值,农村妇女依法享有的宅基地相关权益的内涵也得到进一步拓展和丰富。

3. 集体收益分配权

新形势下,农村集体经济组织通过农村集体产权制度改革衍生出很多新的具体组织形式,如以家庭承包经营为基础成立的土地股份合作社。"通行做法是,将存量集体资产按股量化到本集体的成员名下,以该集体资产自主经营或者委托经营所形成的收益根据量化的股权份额在本集体成员间进行分配。"[48]"这些都是农村集体经济组织在新形势下的具体组织形式，仍然具有农村集体经济组织的性质和基本特征。"[49]据此，作为集体经济组织的成员，妇女在其中的股权份额及收益分配等财产性权益亦应依法得到保护，不受非法侵害。

四、妇女的继承权

继承是财产流转的一种方式，是民法上的死因行为，是指继承人依照法律的规定或者根据被继承人的遗嘱继承被继承人的遗产。继承人继承被继承人遗产的权利称为继承权，是自然人财产权益中的重要组成部分。

"马克思主义理论的指导、党的传统、宪法及婚姻法的纲领性原则性规定，成就了男女平等价值理念在继承法知识体系中的核心地位。"[50]男女平等价值理念成为我国继承法律制度一以贯之的基本原则。《民法典》第1126条规定："继承权男女平等。"《妇女权益保障法》第58条第1款强调："妇女享有与男子平等的继承权。妇女依法行使继承权，不受歧视。"在民法继承权男女平等的前提下，《妇女权益保障法》进一步提出了"不受歧视"的解释性条款，使继承权平等更为具象化。

(一)财产继承权男女平等

财产继承权男女平等主要体现在以下几个方面：

第一，男女两性平等地作为法定继承人继承遗产。每一顺序的法定继承人中，男性和女性都是相对应的。例如，丈夫和妻子、父亲和母亲、儿子和女儿、兄弟和姐妹、祖父母外祖父母，以及对公婆尽了主要赡养义务的丧偶儿媳和对岳父母尽了主要赡养义务的丧偶女婿，都能平等地作为法定继承人，依法享有继承权利。在代位继承过程中，男女两性的法律地位也是平等的。代位继承包括两种情况：一是被继承人的子女先于被继承人死亡，其应继份额由被继承人子女的直系晚辈血亲代位继承；二是被继承人的兄弟姐妹先于被继承人死亡的，其应继份额由被继承人的兄弟姐妹的子女代位继承。有代位继承权的晚辈直系血亲不受性别影响，男女均有相应权利。

第二，继承顺序平等。根据《民法典》继承编的规定，法定继承分为两个顺序：第

---

[48] 任大鹏、刘岩：《基于集体成员资格的农村妇女权益保障研究》，载《妇女研究论丛》2023年第1期。
[49] 何宝玉：《我国农村集体经济组织的历史沿革、基本内涵与成员确认》，载《法律适用》2021年第10期。
[50] 马新彦：《我国继承法自主知识体系的守正与创新》，载《中国法学》2024年第2期。

一顺序的继承人是配偶、子女、父母;第二顺序继承人是兄弟姐妹、祖父母、外祖父母。在同一继承顺序中,没有性别上的先后之分。

第三,遗产的继承份额平等。继承人继承遗产的份额,不因男女性别不同而有差异。

第四,继承之后对遗产的处分权平等。如前所述,继承是财产流转的一种方式,继承人通过继承依法获得遗产所有权;继承完毕,遗产成为继承人的财产,继承人有权对其行使占有、使用、收益、处分的基本权能。《妇女权益保障法》第58条第2款规定,丧偶妇女有权依法处分继承的财产,任何组织和个人不得干涉。也就是说,男女双方均可在继承配偶遗产后,自行处分继承所得的遗产,任何组织和个人不得干涉。尤其是在现实生活中,往往会出现因担心"家族财产外流"而干涉寡妇再嫁的情况,这是典型的违反《民法典》和《妇女权益保障法》相关规定,侵犯妇女的婚姻自由和继承权的违法行为。

(二)丧偶儿媳的法定继承权

儿媳与公婆之间属于姻亲关系,没有血缘上的联系,相互之间没有继承遗产的权利。但在现实生活中,有些儿媳不仅在婚姻关系存续期间与配偶共同赡养公婆,而且在丧偶之后甚至再婚后仍然继续赡养公婆。这种行为体现了社会主义良好道德风尚,也是中华民族优秀传统文化的传承体现。丧偶儿媳主动赡养老人,既符合社会主义道德标准,也应为法律制度所支持并鼓励。《民法典》第1129条规定,丧偶儿媳对公婆,丧偶女婿对岳父母,尽了主要赡养义务的,作为第一顺序继承人。《妇女权益保障法》第59条再次重申了这一法定权利,规定:"丧偶儿媳对公婆尽了主要赡养义务的,作为第一顺序继承人,其继承权不受子女代位继承的影响。"

丧偶儿媳对公婆的继承权系基于事实扶养而生,据此,其取得法定继承权的条件为"对公婆尽了主要赡养义务"。只要符合法定条件,丧偶儿媳便有权作为第一顺序继承人继承公婆的遗产。其中,对于"主要赡养义务",司法实践中一般从三个方面来综合判断:第一,在经济上对被继承人供养扶助;第二,在生活上照顾被继承人;第三,对被继承人的供养扶助或者照顾是长期、经常性的。

此外,需要明确的是,丧偶妇女的子女,在其祖父母死亡后,可以代位继承人的身份继承其父应当继承的遗产份额,但子女的代位继承不影响其母作为对公婆尽了主要赡养义务的丧偶儿媳而取得的法定继承权,此时该丧偶妇女仍然可以第一顺序法定继承人的身份参与公婆遗产的继承。

引例分析

本案的核心问题在于 8 间房屋的权属。

本案涉案房屋为农村宅基地上建造的房屋,因此,房地关系是解决本案房屋权属的前提。农村土地包括宅基地均为农村集体所有,农户及个人仅享有宅基地使用权,而无宅基地所有权。对于宅基地上的房屋,则适用不同的权属确定规则。从法理上来说,房屋所有权的享有并不以其土地权利的享有为前提,房屋所有权的归属具备独立性。[51]

1995 年,冯某红一家拆除老房建新房,新房坐落于彭山县凤鸣镇某村,系一楼一底砖混结构 5 间房屋,据此,冯某红、李某春及冯某红父母基于家庭关系,依据房屋的建造,取得 5 间房屋的所有权,形成对房屋的共有。该 5 间房屋系冯某红、李某春及冯某红父母的共同财产。此后冯某红父亲去世,该 5 间房屋中属于其父的份额应当首先作为夫妻共同财产进行分割,由冯某红母亲分得相应份额的夫妻共同财产,剩余部分由冯某红母亲和冯某红继承。

冯某红父亲去世后,冯某红夫妇又修建了 3 间小青瓦耳房。若在该 3 间房屋的建造过程中冯某红母亲没有出资或共同建造等行为,则该 3 间小青瓦耳房应为冯某红夫妇的夫妻共同财产。

彭山县人民法院的离婚调解书中载明:"冯某红、李某春的共同财产即上述 8 间房屋及室内财产全部归李某春所有,债务由李某春个人偿还。"将全部 8 间房屋作为冯某红、李某春的共同财产,侵犯了冯某红母亲的共同财产权和继承权,应当依法予以纠正,冯某红的母亲有权请求司法救济。

第六节 妇女的婚姻家庭权益

引 例

崔某某(女)与陈某某(男)于 2009 年 1 月自愿登记缔结夫妻关系。2009 年 2 月,陈某某将其婚前购买的房屋转移登记至崔某某、陈某某夫妻双方名下。崔某某与

---

[51] 梅夏英、周丽华:《论宅基地上房屋建成后的权属认定》,载《法律适用》2021 年第 3 期。

陈某某未共同生育子女。2020年，崔某某与陈某某因家庭矛盾分居。崔某某提起诉讼，请求法院判决其与陈某某离婚，并由陈某某向其支付房屋折价款250万元。诉讼中，双方均认可涉案房屋市场价值600万元。陈某某辩称：夫妻感情确已破裂，同意离婚。但崔某某对房屋产权的取得没有贡献。婚后陈某某的银行卡一直由崔某某保管，家庭开销均由陈某某负担。故陈某某只同意支付100万元补偿款。[52]

一、国家保障妇女享有与男子平等的婚姻家庭权利

《民法典》第1041条第1、2款规定："婚姻家庭受国家保护。实行婚姻自由、一夫一妻、男女平等的婚姻制度。"婚姻家庭既是扩大的个人，又是缩小的国家，对社会有着重大影响。基于婚姻家庭对个人、家庭、社会所承担的重要职能，古今中外的统治者都利用法律的形式把有利于本阶级的婚姻家庭关系固定下来，使其制度化、规范化，并赋予其强制力以维护自身的统治地位。有关婚姻家庭的立法在世界各国法律体系中均具有重要地位。婚姻家庭法律关系的主体是夫妻、父母子女等各种家庭成员，因此，妇女在婚姻家庭中的法律地位是社会文明程度的重要标志，也是衡量妇女地位的重要标志。

妇女的婚姻家庭权利是妇女在婚姻家庭关系中基于特定亲属身份关系和共同生活关系所享有的权利的总称，即妇女在婚姻家庭关系中所享有的各项权利的总称。《妇女权益保障法》对妇女的婚姻家庭权利作了全面规定，实操性更强，[53]有助于推进夫妻在婚姻家庭与社会地位等方面的平等，促进我国婚姻家庭制度不断完善。

《妇女权益保障法》第60条明确规定："国家保障妇女享有与男子平等的婚姻家庭权利。"该条强调了妇女在婚姻家庭领域享有与男子平等的权利，如男女在实施结婚、收养、离婚、继承等民事法律行为时权利平等；夫妻人身与财产方面权利平等；父母子女间，祖父母、外祖父母与孙子女、外孙子女间，以及兄弟姐妹间法律地位完全平等。这些权利不受任何形式的侵犯和剥夺。同时，国家采取一系列措施来保障妇女在婚姻家庭领域的合法权益，如提供婚姻家庭辅导服务、预防和制止家庭暴力等。这一规定从国家视角全面检视妇女婚姻家庭权利保障的具体实施情况，强调妇女在婚姻家庭领域里享有与男子平等的权利，充分体现了党和国家对男女平等原则的高度

---

[52] 根据《民法典婚姻家庭编解释（二）》典型案例之案例一改写。参见《涉婚姻家庭纠纷典型案例》，载最高人民法院网2025年1月15日，https://www.court.gov.cn/zixun/xiangqing/452761.html。
[53] 李秀华主编：《民法典婚姻家庭编条文释解与实操指引》，中国法制出版社2023年版，第7页。

重视,是新时代对马克思主义妇女观与男女平等原则的丰富和发展。

二、妇女享有婚姻自主权

(一)婚姻自主权的概念与内涵

婚姻自主权是《宪法》赋予公民的一项基本权利,也是《妇女权益保障法》及《民法典》的重要内容与原则。所谓妇女的婚姻自主权,是指妇女有权按照法律规定,自主自愿地决定自己的婚姻,排除任何个人或组织的强制与干涉。这一概念主要包含两个维度的内容:其一,婚姻自主权是法律赋予妇女的一项基本权利,任何人或组织不得强制和干涉。在我国,感情是婚姻缔结的基础,但感情只能源于婚姻当事人,这种表示感情的权利为法律所规定并受法律保护。任何第三人或组织,包括当事人的父母在内,都不能侵犯这种权利,否则就是违法行为;如果构成犯罪,还要依法受到刑事制裁。其二,婚姻自主权的行使必须符合法律规定。法律厘清了婚姻问题上合法与违法、正确与错误的界限。因此,妇女在行使婚姻自主权的时候,必须受到国家法律和政策的约束,不得滥用权利损害他人合法权益和社会公共利益。

(二)婚姻自主权的内容

婚姻自主权包括以下三个方面的内容。

1.结婚自主权。结婚自主权是指缔结婚姻关系的自由,即当事人有权依法决定是否结婚、与谁结婚、何时结婚等,不受任何人或组织的强迫或干涉。婚姻当事人只有充分享受结婚自主权,才可能建立幸福美满的家庭。

2.离婚自主权。离婚自主权是指当事人有解除婚姻关系的自由,即在夫妻感情确已破裂的情况下,夫妻任何一方均有权提出离婚,任何人或组织不能加以干涉。离婚关系家庭和子女、社会的利益,因此婚姻当事人应以慎重态度对待离婚问题。

3.结婚自主权和离婚自主权是婚姻自主权的两个方面,缺一不可。保障妇女的离婚自主权是为了使当事人能够完全按照自己的真实意愿缔结婚姻关系。只有充分保障妇女的结婚自主权和离婚自主权,妇女的婚姻自主权才能全面实现。

(三)婚姻自主权的实现路径

《民法典》第1042条第1款规定:"禁止包办、买卖婚姻和其他干涉婚姻自由的行为。禁止借婚姻索取财物。"要落实婚姻自主权的精神,必须做到以下"三个禁止"。

1. 禁止包办、买卖婚姻。包办婚姻和买卖婚姻是干涉婚姻自主权的两种主要形式。包办婚姻是指第三人(包括父母在内)违背婚姻自由的原则,在完全违背婚姻当事人意愿的情况下,强迫其缔结婚姻。买卖婚姻是指第三人(包括父母在内)以索取大量财物为目的,强迫当事人缔结婚姻。

2. 禁止其他干涉婚姻自由的行为。其他干涉婚姻自由的行为是指除包办、买卖婚姻以外的违反婚姻自主的行为。如果情节恶劣构成犯罪,如采用暴力干涉婚姻自由,要依照《刑法》的有关规定,依法追究行为人刑事责任。

3. 禁止借婚姻索取财物。借婚姻索取财物是指除买卖婚姻外的其他借婚姻索取财物的行为。借婚姻索取财物基本上是自主婚,但把满足物质欲望作为缔结婚姻的首要条件,属于婚姻当事人滥用婚姻自主权。

三、妇女享有婚前健康保障权与接受婚姻家庭辅导服务权

(一)婚前健康保障权

《妇女权益保障法》第62条规定:"国家鼓励男女双方在结婚登记前,共同进行医学检查或者相关健康体检。"这一规定从立法层面积极引导准备结婚的男女双方在结婚登记前主动接受婚前医学检查等婚前保健服务,积极履行健康状况告知义务,进而更切实有效地维护和保障婚姻当事人、子女及其他家庭成员的健康权益。这一规定一方面有助于加强婚前、孕前保健和出生缺陷有效干预,保障妇女及其子女的健康利益;另一方面有助于引导男女双方主动接受婚前医学检查,积极履行健康状况告知义务,防止疾病婚及其他违法婚姻的发生。《民法典》第1053条规定:"一方患有重大疾病的,应当在结婚登记前如实告知另一方;不如实告知的,另一方可以向人民法院请求撤销婚姻。请求撤销婚姻的,应当自知道或者应当知道撤销事由之日起一年内提出。"但该规定中导致撤销婚姻的"重大疾病"尚不明确,在司法实践中存在法律适用上的挑战与困境。

(二)接受婚姻家庭辅导服务权

基于实践呼声,《妇女权益保障法》首次增设有关婚姻家庭辅导服务的法律规定。该法第63条规定:"婚姻登记机关应当提供婚姻家庭辅导服务,引导当事人建立平等、和睦、文明的婚姻家庭关系。"这一规定与《民法典》第1043条第2款"夫妻应当互相忠实,互相尊重,互相关爱;家庭成员应当敬老爱幼,互相帮助,维护平等、和睦、文

明的婚姻家庭关系"的规定相互呼应,符合《民法典》第 1 条规定的"弘扬社会主义核心价值观"的要求。

婚姻家庭辅导服务旨在培养家庭成员成为遵守法律、规则、社会公德、职业道德的好公民。婚姻家庭辅导服务有助于树立优良家风、建设家庭美德与家庭文明,促进社会公德与文明秩序的形成和发展。婚姻家庭的伦理道德属性决定了新时代婚姻家庭制度必须与依法治国、以德治国价值理念有机结合。家庭成员在情感、生活和工作等方面互相关心、互相帮助、互相支持、互敬互爱,是中华民族的传统美德,也是家庭对个人和社会所承担的不可替代的重要职能。[54]

婚姻家庭辅导服务的内容主要有:开展婚前培训,对申请婚姻登记的新人夫妻进行《妇女权益保障法》等法律教育,帮助新人做好进入婚姻状态的法律与心理准备。提供心理调适服务,帮助夫妻掌握化解婚姻与家庭危机与冲突的技巧。开展婚姻危机与离婚疏导,进行情感危机干预和调节。这些婚姻家庭辅导服务有助于预防和干预妇女与丈夫或其他家庭成员之间的冲突与危机,对保障妇女婚姻家庭权益具有积极意义。

四、妇女特殊时期对男方离婚诉权的限制

《妇女权益保障法》第 64 条规定:"女方在怀孕期间、分娩后一年内或者终止妊娠后六个月内,男方不得提出离婚;但是,女方提出离婚或者人民法院认为确有必要受理男方离婚请求的除外。"该条是关于在妇女特殊时期限制男方离婚诉权的规定,是对《民法典》第 1082 条的重申。

这一规定旨在保护女方、胎儿及婴幼儿的合法权益,充分体现了法律对妇女、未成年人等弱势群体的特别保护。就生理情况而言,怀孕、分娩、终止妊娠是妇女的特殊时期,在此期间妇女的心理与身体负担较重,需要男方的精心照料和帮助。如果允许男方在此时提出离婚,很可能给女方的精神和身体造成重大打击,影响其身心健康,也会对胎儿和婴幼儿的生长发育产生不利影响。

需要注意的是,该规定仅是在特殊时期限制男方诉权,并非完全否定或剥夺男方的离婚请求权。一旦期间届满,男方的离婚诉权自然恢复。同时,如果女方在此期间提出离婚,大多是有离婚的迫切事由或需求,故女方不受此规定的限制。

---

[54] 夏吟兰、薛宁兰主编:《民法典之婚姻家庭编立法研究》,北京大学出版社 2016 年版,第 11 页。

五、妇女享有婚姻财产权

在婚姻关系存续期间,如果无特别约定,妇女作为共有权利人对夫妻共同财产享有与丈夫平等的占有、使用、收益、处分权。《妇女权益保障法》第 66 条规定:"妇女对夫妻共同财产享有与其配偶平等的占有、使用、收益和处分的权利,不受双方收入状况等情形的影响。对夫妻共同所有的不动产以及可以联名登记的动产,女方有权要求在权属证书上记载其姓名;认为记载的权利人、标的物、权利比例等事项有错误的,有权依法申请更正登记或者异议登记,有关机构应当按照其申请依法办理相应登记手续。"该条是关于妇女对夫妻共同财产的平等权利和对共有不动产的保护性措施的规定。该条规定在《民法典》规定的夫妻共同财产权利的基础上,进一步对夫妻共同财产权利的行使及房产权利的保障进行明确和补充,有利于保护妇女的财产利益,维护夫妻关系、家庭关系和社会秩序的和谐稳定。

《民法典》第 1087 条第 1 款规定:"离婚时,夫妻的共同财产由双方协议处理;协议不成的,由人民法院根据财产的具体情况,按照照顾子女、女方和无过错方权益的原则判决。"《妇女权益保障法》进一步加强了对妇女财产权利的保障力度,有利于协调家庭成员之间的利益冲突,有效维护家庭关系和社会秩序的和谐稳定。该法第 69 条规定:"离婚时,分割夫妻共有的房屋或者处理夫妻共同租住的房屋,由双方协议解决;协议不成的,可以向人民法院提起诉讼。"

受"男主外、女主内"等传统观念的影响,在现实生活中,妇女在婚姻家庭中往往处于经济上的相对弱势地位,很多妇女对婚姻财产状况不够清楚,在离婚诉讼中面临举证困境。为此,《妇女权益保障法》第 67 条规定:"离婚诉讼期间,夫妻一方申请查询登记在对方名下财产状况且确因客观原因不能自行收集的,人民法院应当进行调查取证,有关部门和单位应当予以协助。离婚诉讼期间,夫妻双方均有向人民法院申报全部夫妻共同财产的义务。一方隐藏、转移、变卖、损毁、挥霍夫妻共同财产,或者伪造夫妻共同债务企图侵占另一方财产的,在离婚分割夫妻共同财产时,对该方可以少分或者不分财产。"这一措施减轻了婚姻中经济弱势方的举证困难,有利于保障其合法的财产利益。

六、妇女享有家务劳动补偿权

家务劳动是指夫妻一方或双方在家庭中的劳务付出与贡献。家务劳动不仅要满足家庭成员日常的物质生活,还要满足家庭成员多层次的精神生活。一般而言,家务劳动包括抚养与照顾未成年子女、照料老人、减轻另一方工作负担等。每个家庭都存在家务劳动。

《妇女权益保障法》第 68 条规定："夫妻双方应当共同负担家庭义务，共同照顾家庭生活。女方因抚育子女、照料老人、协助男方工作等负担较多义务的，有权在离婚时要求男方予以补偿。补偿办法由双方协议确定；协议不成的，可以向人民法院提起诉讼。"该规定特别强调夫妻双方应当共同负担家庭义务，共同照顾家庭生活，这是男女平等原则在家务劳动中的体现，旨在防止家务劳动造成的不公平现象。

关于家务劳动补偿权的理论依据，基于社会结构、传统文化、立法经验的不同，存在不同观点。一是不当得利说。日本学者认为，在无合伙契约或雇佣契约的情况下，妻协助夫的工作，而超过必要的协力范围时，夫乃无法律上的原因，因他人的劳务而受有利益，妻对夫有不当得利的返还请求权。二是合伙说。这一学说认为夫妻间存在合伙契约关系。妻协助夫的工作而超越了通常限度时，夫妻间有默示的合伙契约关系成立，依此契约，妻对于夫得请求分配所得。三是雇佣说。这一学说认为妻子如果做家务无异于协助丈夫工作，妻子可以请求丈夫支付报酬。四是家务劳动私益与公益的双重属性说。家务劳动对维系家庭存续及满足家庭成员的生存需求具有明显的内部价值，体现为私人利益属性，但这一私人利益属性并不排斥其同时具有公益利益属性。为使家务劳动的社会价值得到可持续发挥，需要借助外部机制对其认可与支持。[55] 换言之，要解决家务劳动分工不均衡所引发的夫妻发展、付出与回报的失衡问题，法律赋予负担较多家庭劳动的一方获得相应经济补偿的权利，尝试以经济补偿的方式平衡两性在家务劳动分工上的不平衡。

家庭作为一个共同体，一方在家做家务劳动，另一方在家庭之外创造更多的经济价值，没有后顾之忧。家务劳动创造了经济与社会价值，家务劳动就是将家务劳动转化为社会劳动。由于在现实生活中，家务劳动的价值很难被社会认可，充分认识家务劳动的社会与经济价值，承认家务劳动承担者与在外工作的另一方具有同等价值，是保障妇女作为主要家务劳动承担者的权益的前提条件，对维持家庭及社会的和谐稳定具有十分重要的作用。从发展的角度看，这一制度体现了对家务劳动付出者贡献的公正评价。否则，付出一方在家庭中的人力投入在退出特定的婚姻关系时因不可收回而遭受损失，是与追求男女实质意义上的平等背道而驰的。《民法典》第 1088 条

---

[55] 王素芬、付浩然：《家务劳动社会属性的法理阐释与制度构造》，载《华中科技大学学报（社会科学版）》2024 年第 6 期。

删除分别财产制的适用前提,《妇女权益保障法》第 68 条是对《民法典》的回应,即在共同财产制下也适用家务劳动补偿制度,该制度旨在弥补家务劳动牺牲一方因离婚分割共同财产无法完全获得补偿的未来收入损失。如果夫妻双方离婚,双方可以就家务劳动补偿进行协商,协议不成的可诉请法院处理。

在适用这一条文时应注意两个问题:

首先,时间问题。《民法典》第 1088 条和《妇女权益保障法》第 68 条均要求,享有家务劳动补偿权的一方应于"离婚时"提出主张。在司法实践中,有的法官认为家务劳动补偿权应当与离婚诉讼同时提出,而有的法官则认为可以在离婚后另行主张。

其次,补偿数额。法院在确定离婚经济补偿数额时,必须全面综合考察,尽量使经济补偿数额与负担较多的一方付出的家务劳动产出价值相匹配,即根据权利义务相一致原则,负担较多义务的一方应当得到适当的补偿。根据最高人民法院《民法典婚姻家庭编解释(二)》第 21 条的规定,法院可以综合考虑负担相应义务投入的时间、精力和对双方的影响以及给付方负担能力、当地居民人均可支配收入等因素,确定补偿数额。

七、妇女享有对未成年子女的平等监护权

《妇女权益保障法》第 70 条规定:"父母双方对未成年子女享有平等的监护权。父亲死亡、无监护能力或者有其他情形不能担任未成年子女的监护人的,母亲的监护权任何组织和个人不得干涉。"

所谓监护是指对于无民事行为能力人和限制民事行为能力人的人身、财产及其他合法权益进行监督、保护的一项民事法律制度。从本质上讲,监护是对缺乏行为能力的人的监督和照顾制度。监护是民法理论和实务中的一项重要的法律制度,各国民法典中对监护的规定不尽相同。从立法精神看,监护关系系保护无民事行为能力人和限制民事行为能力人的合法权益,主要发生在一定范围的亲属之间。

父母为未成年人的当然法定监护人。强调妇女对未成年子女的平等监护权,主要是基于现实生活中妇女监护权难以实现的情况并非个别现象。近年来,在夫妻离婚过程中或者婚姻关系出现危机时,通过抢夺、藏匿未成年子女的方式阻止妇女与子女接触的现象频繁发生,严重侵害了妇女对未成年子女的监护权,并严重影响未成年子女的身心健康。此外,在一些传统观念影响比较深远的地区,尤其是农村或偏远地区,妇女丧偶后,其对未成年子女的监护权也容易受到来自男方近亲属的侵害。因此,《妇女权益保障法》强调妇女对未成年子女的监护权有助于体现男女平等原则,也

有助于最大限度保障未成年人利益。《民法典婚姻家庭编解释(二)》对父母一方或者其近亲属等抢夺、藏匿未成年子女的问题也作出了回应,赋予另一方向法院申请人身安全保护令或人格权侵害禁令的权利,并规定"夫妻分居期间,一方或者其近亲属等抢夺、藏匿未成年子女,致使另一方无法履行监护职责,另一方请求行为人承担民事责任的,人民法院可以参照适用民法典第一千零八十四条关于离婚后子女抚养的有关规定,暂时确定未成年子女的抚养事宜,并明确暂时直接抚养未成年子女一方有协助另一方履行监护职责的义务",这些规定对于保障妇女对未成年子女的监护权具有积极作用。

此外,即使妇女因正当理由不能亲自履行监护职责,也应允许其委托他人代为履行监护职责,但妇女仍为法定监护人。只有在未成年子女父母双亡或丧失监护能力或被取消监护人资格时,才由其他有监护能力的人担任监护人。

引例分析

根据《民法典》婚姻家庭编第1065条的规定,男女双方可以约定婚姻关系存续期间所得的财产以及婚前财产归各自所有、共同所有或者部分各自所有、部分共同所有。夫妻对婚姻关系存续期间所得的财产以及婚前财产的约定,对双方具有法律约束力。婚姻关系存续期间,夫妻约定将一方所有的财产变更为双方共有,实际上是将其中的部分份额给予另一方,这在实践中较为普遍。本案中,涉案房屋系陈某某婚前财产,陈某某于婚后为崔某某"加名"是以建立、维持并激励婚姻关系长久稳定,同时期望共同享有房产利益为基础的。现崔某某与陈某某感情破裂,双方一致同意解除婚姻关系,法院亦予准许。关于双方争议的房屋,虽然其原为陈某某婚前个人财产,崔某某对房屋产权的取得无贡献,但该房屋现登记为共同共有,应作为夫妻共同财产予以分割。考虑到双方夫妻关系已存续十余年,结合双方对家庭的贡献以及双方间的资金往来情况,应当根据诚实信用、公平公正原则,妥善平衡夫妻双方利益。法院最终酌定崔某某可分得房屋折价款120万元,保障了其婚姻财产权益。

章结语

政治权利、人身和人格权益、文化教育权益、劳动和社会保障权益、财产权益及婚姻家庭权益是妇女享有的六大权益。《妇女权益保障法》针对妇女享有、实现前述权益过程中的重点、难点问题作出了相应规定。本章结合《妇女权益保障法》的规定,介绍妇女享有的各类权益的内容,梳理该法制定或修改的背景、原因,分析该法在理解与适用中的相关问题。

思考题

1. 为什么说妇女的政治权利是享有其他权利的基础?
2. 《妇女权益保障法》关于妇女人身和人格权益的规定与《民法典》中的相应规定是何关系?
3. 女性的受教育权对于妇女解放的重要意义是什么?
4. 您身边是否有侵害妇女文化教育权益的现象?如有,您认为症结是什么?
5. 简述就业性别歧视的构成要件。
6. 简述我国法律对生育女性劳动权益的保障。
7. 丧偶儿媳能否继承公婆的宅基地使用权?
8. 妇女在家庭关系中的财产权益有哪些?
9. 简述家务劳动补偿制度。
10. 简述在妇女特殊时期限制男方离婚诉权制度的内容和目的。

第四章　妇女权益保障制度的社会性别分析

│章前语│

社会性别分析是社会性别主流化的重要工具。本章将介绍男女平等基本国策与社会性别主流化的关系,并运用社会性别分析工具,对妇女享有的各类权益及其保障情况进行系统分析,以探究妇女权益保障法律、政策等对男女两性的不同影响,进而寻求解决问题的办法。

第一节　男女平等基本国策与社会性别主流化

一、男女平等基本国策的内涵及其重要意义

(一)男女平等基本国策的提出与发展

男女平等和妇女全面发展是人类社会追求的崇高理想,是社会文明进步的重要标尺,是实现可持续发展的基本目标。把男女平等作为促进我国社会发展的一项基本国策,是中国特色社会主义制度的创新,是党和国家推动男女平等事业和妇女全面发展的重要战略决策。

基本国策是一个国家为解决普遍性、全局性、长远性问题而确定的总政策,在整个政策体系中处于最高层次,规定、制约和引导一般的具体法律政策的制定和实施,并为相关领域的政策协调提供依据。它的适用范围宽、稳定程度强,能够长时期起指导作用。把男女平等与人口、资源、环境等人类社会生存发展的基本问题放在同等重要的位置,提升到基本国策的高度,是党和国家对男女平等、妇女全面发展与社会发

展的关系的新的诠释与定位,是我们党和政府在新中国成立以来对妇女发展问题在认识和实践上的高度概括和总结,是党和政府顺应历史潮流,向国际社会做出的庄严承诺和时代贡献。男女平等基本国策,由江泽民同志于 1995 年在北京召开的联合国第四次世界妇女大会期间首次提出,强调"我们十分重视妇女的发展与进步,把男女平等作为促进我国社会发展的一项基本国策"。2001 年国务院制定的《中国妇女发展纲要(2001—2010 年)》将"贯彻男女平等的基本国策,推动妇女充分参与经济和社会发展,使男女平等在政治、经济、文化、社会和家庭生活等领域进一步得到实现"列入总目标,这是男女平等基本国策首次写入促进妇女发展的国家纲要。2005 年《妇女权益保障法》第 2 条第 2 款中规定"实行男女平等是国家的基本国策",这是男女平等基本国策首次写入保障妇女权益的国家法律。2006 年《国民经济和社会发展第十一个五年规划纲要》首次设置保障妇女儿童权益专节,首次提出:"落实男女平等基本国策,实施妇女发展纲要,保障妇女平等获得就学、就业、社会保障、婚姻财产和参与社会事务的权利……"这是男女平等基本国策首次写入国民经济和社会发展总体规划。2012 年,党的十八大报告中明确了"坚持男女平等基本国策,保障妇女儿童合法权益",这是男女平等基本国策首次写入党的施政纲领。2017 年党的十九大报告、2022 年党的二十大报告均重申了"坚持男女平等基本国策,保障妇女儿童合法权益"。

(二)男女平等基本国策的内涵

男女平等事业和妇女全面发展是中国特色社会主义事业的重要组成部分,男女平等基本国策则是促进妇女与经济社会同步发展、男女两性平等发展、妇女自身全面发展的一项带有长远性和根本性的总政策。其核心要义为:重视和发挥妇女在经济社会发展中的主体地位和作用,推动妇女与经济社会同步发展;在承认男女现实差异的前提下倡导男女两性权利、机会和结果的平等,依法保障妇女合法权益;从法律、政策和社会实践各方面消除对妇女一切形式的歧视,构建以男女平等为核心的先进性别文化;切实在出台法律、制定政策、编制规划、部署工作时充分考虑男女两性的现实差异和妇女的特殊利益。

(三)男女平等基本国策的重大意义

坚持和贯彻落实男女平等基本国策在全面建设社会主义现代化强国中具有重要作用和意义:从政治的角度看,坚持和贯彻落实男女平等基本国策,是中国共产党在总结人类文明发展的普遍规律并结合我国国情的基础上作出的重大决策,是具有鲜明中国特色的制度安排,是坚持走中国特色社会主义妇女发展道路的重要体现;从法律角度看,男女平等基本国策是新中国始终如一的宪法要求和法律的一项基本原则,其始终贯穿于以《宪法》为基础,以《妇女权益保障法》为主体,包括国家各种单行法律、单行法规、地方性法规和规章在内的一整套保护妇女权益的法律体系;从人权角度看,男女平等基本国策确认并保障了平等权是妇女的一项基本人权,是实现妇女全面发展的重要途径;从文化角度看,男女平等基本国策体现了社会主义先进性别文化的核心内容,其主要目的是建设平等、和谐、文明的性别关系;从道德角度看,男女平等基本国策反映了社会主义核心价值观的本质要求;从国际角度看,男女平等基本国策为构建中国参与国际性别平等和妇女事务的话语体系,促进全球妇女事业发展贡献了中国方案。

我国的妇女法是集中贯彻落实男女平等基本国策的法律措施,男女平等基本国策是贯穿其始终的一条主线。男女平等基本国策决定了促进妇女全面发展是我国妇女法的立法目的,决定了男女平等必然成为我国妇女法的首要原则,决定了我国妇女法必须以保障妇女权益为促进男女平等和妇女全面发展的基本途径,决定了保障妇女权益、促进男女平等和妇女全面发展是全社会的共同责任。

二、社会性别主流化的概念

（一）社会性别理论

社会性别理论(Gender Theory)发端于美国20世纪60年代,发展于女权主义运动的实践中,并后续成为对这一运动起重要指导作用的核心观念体系。其核心观点主要为:性别差异包括自然差异和社会差异;性别差异应更多地从社会、文化的背景去理解;生理性别差异是稳定的,而社会性别差异和关系是能够变化的;社会性别观念的形成是一个社会化过程;社会性别角色在社会性别文化中被固定和强化了,变成人们的一种社会期待,即社会性别角色定型。实现性别平等有待于建设一个平等的社会制度,创造一个平等的社会文化。

社会性别理论把两性关系作为最基本的社会关系,认为它是社会关系的本质反映。该理论从分析两性关系入手,发现社会关系和社会制度的根源和本质,从而将社会性别理论变成强有力的政治经济和社会文化的分析工具。社会性别理论的基本观点认为,性别差异包括自然差异和社会差异,性别差异更应该从社会和文化的背景去理解。生理上的性别差异是天生的自然的,也是稳定的,而社会性别差异则是与社会的文化背景有着非常密切的关联,它随着社会关系和文化的变化而变化。不同的时代、不同的社会条件、不同的文化传统和风俗习惯、不同的地域都会有不同的社会性别差异。人们成长的过程也是社会性别观念形成的过程。人在社会化的过程中,接受不同的性别文化就会形成不同的社会性别观念。在不同的社会性别观念中,男人和女人在社会和家庭中的角色是不同的,而且这种差异经过一代代的持续认同而固化,成为社会公众的共同期待,这就是社会性别角色定型。以男性为中心的传统社会性别观念,对男女两性都有着极为确定和固化的认知,这种认知对男女两性的社会分工、社会角色和责任进行了不同的分配,并且将这种社会角色的分配不断合理化、正常化,使其成为束缚男女两性发展的枷锁。因此要实现真正的男女平等就必须解构传统的男性中心文化,[1]建构以男女平等为核心价值取向的先进性别文化。

(二)社会性别分析

社会性别分析是一种通过社会性别视角来审视和反思社会现象、政策、文化等的方法。社会性别分析的核心在于揭示社会性别如何影响男女的角色、行为和机会,分析导致其产生和再生产的社会机制,发现和消除社会现象、政策、文化等中存在、暗含或引发的性别不平等,并用社会性别平等的理念对其进行改良,确保能够真正体现性别平等。社会性别分析作为实现社会性别主流化的重要工具之一,可以从以下两个方面对其进行理解:"一方面,社会性别分析是搜集和处理关于社会性别的信息数据的方法。它在提供分性别数据的基础上,解析社会性别角色的社会建构,以及劳动是如何被分割并被赋予不同价值的。另一方面,通过对信息数据的社会性别分析,发现两性间存在的社会性别差距及其原因,确保发展和资源能够使男性和女性有效、公平地受益和分配,预测和避免发展对女性或者对社会性别关系产生负面影响。"[2]

(三)社会性别主流化

享有充分的人权,实现法律上和事实上的男女平等,是广大妇女和人类长期以来追求的崇高目标。但现代社会不仅未能实现使妇女享有充分人权这一理想,而且也

---

[1] 男性中心文化,是在长期的男权社会中建立起来的,其核心的观点在于:从社会地位的角度来看,男性中心文化坚定奉行男尊女卑;从社会权利的角度来看,男性中心文化一贯主张男主女从;从社会分工的角度来看,男性中心文化特别强调男外女内;从社会见解的角度来看,男性中心文化始终认为男高女低;从社会形象的角度来看,男性中心文化竭力塑造男强女弱。
[2] 刘伯红:《社会性别分析:社会性别主流化的重要工具》,载《中国妇运》2016年第3期。

未能使妇女平等地与男子分享现实的权利和利益,男女不平等的现象依然在各个国家、各个领域不同程度地存在。这种情况不仅严重地妨碍着妇女的全面发展,也严重地妨碍着社会的和谐与进步。因此,保障妇女人权、促进男女平等已成为当今世界不可阻挡的潮流,国际社会和世界各国纷纷采取各种措施特别是法律措施来应对。

从国际社会来看,自1948年12月10日联合国大会通过国际社会第一个有关人权问题的国际文件《世界人权宣言》以来,人权问题一直备受国际社会关注,妇女人权亦是其中的热点。为此,国际社会通过了一系列的公约、宣言,如《禁止贩卖人口及取缔意图营利使人卖淫公约》(1949年)、《男女工人同工同酬公约》(1951年)、《妇女政治权利公约》(1952年)、《已婚妇女国籍公约》(1957年)、《消除对妇女歧视宣言》(1967年)、《在非常状态和武装冲突中保护妇女和儿童宣言》(1974年)、《消除对妇女一切形式歧视公约》(1979年)、《到2000年提高妇女地位内罗毕前瞻性战略》(1985年)、《维也纳宣言和行动纲领》(1993年)、《消除对妇女的暴力行为宣言》(1993年)、《北京宣言》和《行动纲领》(1995年)等。其中,1952年联合国通过的《妇女政治权利公约》是国际社会首次在法律上承认妇女与男子享有平等的政治权利,其中包括选举权。这也是联合国第一次在国际文书中宣布各个成员国在男女平等原则上负有法律义务。1975年,联合国召开了第一次世界妇女大会,通过了《墨西哥宣言》和《实现国际妇女年目标世界行动计划》。《墨西哥宣言》首次明确了男女平等的定义,即"男女的人的尊严和价值的平等以及男女权利、机会和责任的平等"。1979年联合国大会通过了《消除对妇女一切形式歧视公约》,该公约第2条规定:"缔约各国谴责对妇女一切形式的歧视,协议立即用一切适当办法,推行政策,消除对妇女的歧视。为此目的,承担:(a)男女平等的原则如尚未列入本国宪法或其他有关法律者,应将其列入,并以法律或其他适当方法,保证实现这项原则;(b)采取适当立法和其他措施,包括适当时采取制裁,禁止对妇女的一切歧视;(c)为妇女与男子平等的权利确立法律保护,通过各国的主管法庭及其他公共机构,保证切实保护妇女不受任何歧视;(d)不采取任何歧视妇女的行为或做法,并保证公共当局和公共机构的行动都不违背这项义务;(e)应采取一切适当措施,消除任何个人、组织或企业对妇女的歧视;(f)应采取一切适当措施,包括制定法律,以修改或废除构成对妇女歧视的现行法律、规章、习俗和惯例;(g)同意废止本国刑法内构成对妇女歧视的一切规定。"1993年第二次世界人权大会将"妇女人权"写进了《维也纳宣言和行动纲领》,1995年第四次世界妇女大会通过的《北京宣言》和《行动纲领》则不仅重申了妇女的权利就是人权,而且提出了社会性别主流化的倡导。《行动纲领》第189段指出,"在正视各级分享权力和决策中的男女不平等现象时,各国政府和其他行动者应提倡一项积极鲜明的政策,将性别观点纳入所有政策和方案的主流,以便在作出决定之前,分析对妇女和男子各有什么影响",由此正式将社会性别主流化确定为达成性别平等的全球性战略。

社会性别主流化亦谓把社会性别平等意识纳入社会发展和决策的主流。其核心内容在联合国经济社会理事会1997年通过的一致结论中被明确为:社会性别主流化是把性别问题纳入主流的一个过程。它对任何领域和层面上的计划行动进行分析,包括法律、政策、项目计划等对妇女和男人产生的影响。它停止延续不平等的战略,把妇女和男人的关注、经历作为在政治、经济和社会各领域中设计、执行、跟踪、评估政策和项目计划不可分割的一部分来考虑,使妇女和男人平等受益。其最终目的是达到社会性别平等。[3] 社会性别主流化不是一个技巧问题,而要有结构上的变化。要在组织、项目等多层面上改变男女两性的关系,不是简单地让原来处于主流的人具有性别意识,而是要改变主流的结构,让妇女、妇女组织、有关项目进入主流。社会性别不仅是性别角色问题,也是价值观问题;不仅是现象、现实,也是权力关系。

三、男女平等基本国策是推动社会性别主流化的中国方案

我国的男女平等基本国策与联合国倡导的社会性别主流化之间存在极为密切的关系。一方面,"1995年,中国承办联合国第四次世界妇女大会,提出男女平等基本国策,为形成指导全球性别平等的纲领性文件《北京宣言》和《行动纲领》作出重要贡献"[4]。另一方面,联合国第四次世界妇女大会将社会性别主流化确定为达成性别平等的全球性战略后,我国是率先作出执行承诺的49个成员国之一。为此,我国不仅相继举办了纪念"北京+5""北京+10""北京+15""北京+20""北京+25"等一系列活动,而且通过全面贯彻落实男女平等基本国策,不断在立法决策中充分体现性别意识,在改善民生中高度关注妇女需求,在社会管理中积极回应妇女关切,使男女平等真正体现到经济社会发展各领域、社会生活各方面,从而为推动社会性别主流化贡献了中国方案。

作为全球妇女事业的倡导者和推动者,中国坚持男女平等基本国策,为推动妇女事业发展注入持续动力。从建立全面保障妇女权益的法律体系,到基本消除义务教

---

[3] UN Economic and Social Council Resolution 1997/2: Agreed Conclusions, UNHCR(Jul. 18, 1997), https://www.refworld.org/legal/resolution/ecosoc/1997/en/41501。

[4] 国务院新闻办公室2019年9月发布《平等 发展 共享:新中国70年妇女事业的发展与进步》。

育性别差距,再到全社会就业人员女性占比超过四成,中国妇女事业的发展成就有目共睹。特别是在党的十八大以来,在推动构建人类命运共同体进程中,中国妇女事业实现了引领全球妇女发展的历史性飞跃,为世界妇女运动贡献了中国力量。

四、新时代贯彻落实男女平等基本国策的新要求

保障妇女儿童合法权益、促进男女平等和妇女儿童全面发展,是中国式现代化的重要内容。在全面建设社会主义现代化强国、全面推进中华民族伟大复兴的新征程中,对贯彻落实男女平等基本国策、促进妇女全面发展提出了新的更高的要求。

(一)以习近平总书记关于妇女工作和男女平等基本国策的重要论述为根本遵循

党的十八大以来,习近平总书记多次发表重要讲话,作出重要指示,就妇女工作和贯彻落实男女平等基本国策提出了一系列带有根本性方向性引领性的新思想新论断新要求。习近平总书记强调,"妇女事业始终是党和人民事业的重要组成部分"[5],"追求男女平等的事业是伟大的"[6],"坚持党的领导,是做好党的妇女工作的根本保证"[7],"实现中华民族伟大复兴,是党和国家工作大局,也是当代中国妇女运动的时代主题"[8],"妇女权益是基本人权。我们要把保障妇女权益系统纳入法律法规,上升为国家意志,内化为社会行为规范"[9],"要消除针对妇女的偏见、歧视、暴力,让性别平等真正成为全社会共同遵循的行为规范和价值标准"[10],"要坚持男女平等基本国策,在出台法律、制定政策、编制规划、部署工作时充分考虑两性的现实差异和妇女的特殊利益"[11];等等。习近平总书记的重要论述深刻阐明了新时代妇女发展和贯彻落实男女平等基本国策的一系列重大理论和现实问题,"是把马克思主义

---

[5] 《〈习近平关于妇女儿童和妇联工作论述摘编〉出版发行》,载《人民日报》2023年6月12日,第1版。
[6] 《习近平出席全球妇女峰会并发表讲话》,载《人民日报》2015年9月28日,第1版。
[7] 《坚持中国特色社会主义妇女发展道路 组织动员妇女走在时代前列建功立业》,载《人民日报》2018年11月3日,第2版。
[8] 《坚持男女平等基本国策 发挥我国妇女伟大作用》,载《人民日报》2013年11月1日,第1版。
[9] 出席全球妇女峰会并发表讲话》,载《人民日报》2015年9月28日,第1版。
[10] 习近平:《在联合国大会纪念北京世界妇女大会25周年高级别会议上的讲话》,载《人民日报》2020年10月2日,第2版。
[11] 习近平:《始终把广大妇女作为推动党和人民事业发展的重要力量》(2013年10月31日),载中共中央党史和文献研究院编:《习近平关于尊重和保障人权论述摘编》,中央文献出版社2021年版,第113页。

关于妇女和家庭基本原理同中国具体实际相结合、同中华优秀传统文化相结合的光辉典范,指引我国妇女事业取得历史性成就、发生历史性变革,为新征程上妇女事业高质量发展提供了根本遵循"[12]。

坚持以习近平总书记关于妇女工作和男女平等基本国策的重要论述为根本遵循,要求我们在贯彻落实男女平等基本国策时必须认识到:"坚持党的领导,是做好党的妇女工作的根本保证"[13],明确了贯彻落实男女平等基本国策的领导力量;"中国特色社会主义妇女儿童发展道路越走越宽广"[14],坚定了贯彻落实男女平等基本国策的道路自信;"促进妇女全面发展"[15],明确了贯彻落实男女平等基本国策的终极目标;"妇女权益是基本人权"[16],揭示了贯彻落实男女平等基本国策的本质要求;"让性别平等真正成为全社会共同遵循的行为规范和价值标准"[17],申明了贯彻落实男女平等基本国策的价值取向;"保障妇女儿童合法权益、促进男女平等和妇女儿童全面发展,是中国式现代化的重要内容"[18],明确了贯彻落实男女平等基本国策的时代任务;"妇女的作用不可替代"[19],强调了贯彻落实男女平等基本国策的重要力量;"要关爱帮扶低收入妇女、老龄妇女、残疾妇女等困难妇女"[20],体现了贯彻落实男女平等基本国策的人文关怀;男女"共担家务劳动"[21],体现了贯彻落实男女平等基本国策的家庭视角;"在出台法律、制定政策、编制规划、部署工作时充分考虑两性的现

---

[12] 《全面学习把握落实党的二十大精神 以高质量妇女研究助推新时代新征程妇女事业发展》,载《中国妇女报》2023年1月6日,第1版。

[13] 《坚持中国特色社会主义妇女发展道路 组织动员妇女走在时代前列建功立业》,载《人民日报》2018年11月3日,第2版。

[14] 《带着真心真情付出更大努力 为推动妇女儿童事业高质量发展作出新的更大贡献》,载《人民日报》2023年9月29日,第1版。

[15] 《习近平出席全球妇女峰会并发表讲话》,载《人民日报》2015年9月28日,第1版。

[16] 《习近平出席全球妇女峰会并发表讲话》,载《人民日报》2015年9月28日,第1版。

[17] 习近平:《在联合国大会纪念北京世界妇女大会25周年高级别会议上的讲话》,载《人民日报》2020年10月2日,第2版。

[18] 《坚定不移走中国特色社会主义妇女发展道路 组织动员广大妇女为中国式现代化建设贡献巾帼力量》,载《人民日报》2023年10月31日,第1版。

[19] 《坚定不移走中国特色社会主义妇女发展道路 组织动员广大妇女为中国式现代化建设贡献巾帼力量》,载《人民日报》2023年10月31日,第1版。

[20] 《坚定不移走中国特色社会主义妇女发展道路 组织动员广大妇女为中国式现代化建设贡献巾帼力量》,载《人民日报》2023年10月31日,第1版。

[21] 习近平:《在同全国妇联新一届领导班子集体谈话时的讲话》(2018年11月2日),载中共中央党史和文献研究院编:《习近平关于注重家庭家教家风建设论述摘编》,中央文献出版社2021年版,第71页。

实差异和妇女的特殊利益"[22]，谋划了贯彻落实男女平等基本国策的实践路径；"共建共享一个对所有妇女、对所有人更加美好的世界"[23]，拓展了贯彻落实男女平等基本国策的世界维度。

(二) 坚持新发展理念

党的二十大报告强调，"高质量发展是全面建设社会主义现代化国家的首要任务"，而要高质量发展，就必须完整、准确、全面贯彻新发展理念。新发展理念传承党的发展理论，根据形势新变化、实践新要求、人民新期待，进一步突出以人民为中心的发展思想，从创新、协调、绿色、开放、共享五个维度，赋予经济社会发展更加鲜明的目标指向。坚持新发展理念体现在贯彻落实男女平等基本国策、促进妇女全面发展方面：创新的发展理念是引领中国女性发展和实现男女平等的巨大动力，马克思主义妇女理论中国化时代化的创新理论引领着新时代妇女发展的方向和男女平等的推进。保护妇女权益的制度创新是妇女发展和落实男女平等基本国策的重要保障；科技创新为妇女发展和男女平等增添助力；文化创新则为妇女发展和男女平等优化环境。协调的发展理念要求新时代必须注重妇女与经济社会协调发展，注重女性与男性之间平等和谐发展，注重补齐妇女发展短板，增强发展的均衡性，真正实现男女之间的地位平等、人格与尊严平等、权利和机会平等、责任和义务平等，以及结果与利益上的平等。绿色的发展理念使女性在绿色发展中有更广阔的发展空间，成为绿色发展的受益者和推动者。开放的发展理念要求在贯彻落实男女平等基本国策的过程中必须顺应和引领国际妇女运动的潮流，要以构建人类命运共同体的情怀视野审视和推进男女平等事业，为国际妇女人权事业贡献中国方案。共享的发展理念则从妇女发展和男女平等的角度深刻揭示了男女平等基本国策的本质要求，整体优化了妇女发展的社会环境，充分调动了广大妇女参加中国特色社会主义建设的积极性，全面激发了社会上实现男女平等的正能量。

(三) 筑牢妇女权益保障的制度根基

在推进全面依法治国的今天，贯彻落实男女平等基本国策最需要的就是法治保

---

[22] 习近平：《始终把广大妇女作为推动党和人民事业发展的重要力量》(2013年10月31日)，载中共中央党史和文献研究院编：《习近平关于尊重和保障人权论述摘编》，中央文献出版社2021年版，第113页。
[23] 《习近平出席全球妇女峰会并发表讲话》，载《人民日报》2015年9月28日，第1版。

障、制度保障。全面贯彻落实男女平等基本国策需要进一步夯实制度根基,建立健全理念先进、责任明确、针对性强、措施有效、执行力强的法律政策。在这方面,2022年修订的《妇女权益保障法》有了突破性的进展。2022年修订的《妇女权益保障法》贯彻了习近平总书记关于加强妇女工作、保护妇女合法权益的重要讲话精神和党中央决策部署,关注并充分考虑了两性的现实差异和妇女的特殊利益,反映了新时代落实男女平等基本国策和实现妇女全面发展的新要求,强化了妇女权益的制度保障,使保障妇女权益的理念更加先进、制度更加完善、措施更加有效,实现了由关注保障妇女权益为主到关注妇女权益保障与妇女全面发展相结合、由确定群体性标准为主到确定群体性标准与个体权益救济相结合、由目标导向为主到目标导向与问题导向相结合、由倡导性规定为主到倡导性规定与实操性规范相结合、由平等权益的特殊保护为主到平等权益的特殊保护与特殊权益的重点保护相结合五个方面的新飞跃。

贯彻落实男女平等基本国策必须建立健全性别平等评估机制,从源头保障妇女权益,发现和消除制度性的性别歧视。由于法律建构过程的公正与否影响法律建构结果的公正性,要有效地贯彻男女平等基本国策、从源头保障妇女权益,就必须推进社会性别意识纳入决策主流,从男女平等的视角对法律法规和政策进行科学的分析评估,在制定和实施法律法规和政策的全过程中充分考虑两性的现实差异和妇女的特殊利益。政策法规性别平等评估机制,着力于增强政策法规制定者和实施者的社会性别意识,将他们对性别平等的认同感转化为实际行动,把男女平等的价值理念体现在政策法规的制定和实施中,贯彻到依法治国、依法执政、依法行政的具体实践中,从源头上推进男女平等基本国策的落实。性别平等评估机制的重点就是促进男女平等基本国策在法律法规政策中的落实,发现和消除制度性的性别歧视,特别是要防止那些我们积极推动制定的制度性措施在性别影响方面产生负面效果。性别影响评估机制可以使先进的性别文化融入制度中,细化法律政策中保障妇女权益的原则性条款,活化法律政策中保障妇女权益的"僵尸条款",优化法律政策中保障妇女权益的中立条款,强化法律政策中保障妇女权益的保障条款,补充法律政策中保障妇女权益的未定条款,真正实现在立法决策中充分体现性别意识,在改善民生中高度关注妇女需求,在社会管理中积极回应妇女关切,使男女平等真正体现到经济社会发展各领域、社会生活各方面。实践证明,性别平等评估机制已经成为民主立法和科学立法的应有程序、先进性别理念的制度载体、促进男女平等的有效措施、防止性别歧视的重要屏障、妇联源头维权的崭新平台。[24]

（四）强化国家特别是政府的主体责任

保障妇女权益的国家责任，既是联合国《消除对妇女一切形式歧视公约》的要求，也是我国宪法的明确规定。2022年修订的《妇女权益保障法》进一步强化、细化了保障妇女权益的国家责任。在其10章86条的内容中，有近60个条文也就是这部法律近70%的内容，规定的都是国家、政府和有关部门保障妇女权益的职责。这些规定充分体现了国家积极承担尊重、保护和实现妇女享有的各项权益的义务。一方面，国家高度重视、尊重妇女在政治、经济、文化、社会和家庭生活等各方面享有同男子平等的权利，在各项权益规定中进行了反复的重申和强调。另一方面，国家积极采取措施预防和制止任何组织和个人对妇女各项权益的侵犯。同时，国家积极创造条件，最大限度地采取立法、行政、司法等有效措施保障妇女基本权利的实现。为了全面落实男女平等基本国策，国家在不断完善保护妇女权益的法律体系的同时，制定并实施了中国妇女发展纲要，不断健全工作机构，加大资金投入，加强社会动员，形成了坚持中国共产党对妇女权益保障工作的领导，建立政府主导、各方协同、社会参与的保障妇女权益工作机制，并取得显著效果。在保障妇女合法权益的国家机制中，各级人民政府作为国家法律的执行机关，在消除对妇女的一切形式歧视、预防和制止针对妇女的违法犯罪行为方面负有极其重要的职责。我国法律明确规定了政府是保障妇女权益的主体，要求各级人民政府重视和加强妇女权益的保障工作，县级以上人民政府负责妇女儿童工作的机构负责组织、协调、指导、督促有关部门做好妇女权益的保障工作，县级以上人民政府有关部门在各自的职责范围内做好妇女权益的保障工作。各级人民政府作为保障妇女权益的主要责任主体，应当利用行政权力和可支配的各种资源，发挥主导作用，将妇女发展目标纳入经济社会发展规划、政府公共政策体系、同级政府财政预算，统筹安排、同步推进，为妇女事业发展提供有力保障，为妇女权益的实现提供必要的条件，为权益受侵害的妇女提供必要的救济。[25]

（五）充分发挥妇联组织的推动作用

妇联组织作为各族各界妇女为争取进一步解放与发展而联合起来的群团组织，

---

[24] 江苏省妇女联合会编著：《江苏省法规政策性别平等评估机制的探索与实践》，江苏人民出版社2018年版，第3页。

[25] 全国妇联编：《女性干部的战略思维与素养》，中国妇女出版社2020年版，第136-137页。

承担着代表和维护各族各界妇女的利益,做好维护妇女权益、促进男女平等和妇女全面发展的工作。因此,贯彻落实男女平等基本国策一定要在强化保障妇女权益、促进男女平等的国家责任特别是各级人民政府的主体责任的同时,充分发挥妇联组织的促进、推动作用。妇联组织对贯彻落实男女平等基本国策的促进、推动作用主要在于积极履行法律和章程规定的职责,这些职责主要规定在《妇女权益保障法》《反家庭暴力法》《未成年人保护法》《民法典》等法律和《中华全国妇女联合会章程》之中。特别是要充分发挥妇联组织源头参与维权机制、联合约谈机制、参与矛盾纠纷多元化解机制、信访维权机制、预防性侵女童工作机制、反家庭暴力工作机制、与司法机关的工作合作机制以及中国妇女法律援助行动等行之有效的工作机制和方法的作用。

(六)弘扬社会主义的先进性别文化

众所周知,任何法律政策都是建立在一定文化基础上的,法律政策的生命也深藏于文化之中。男女平等基本国策作为社会主义先进性别文化的政策体现,其贯彻实施也需要社会主义先进性别文化提供精神支撑和道德确认。社会主义先进性别文化作为与社会发展相适应,有利于性别平等、公正、和谐发展的文化,它的核心内涵就是男女平等,理论依据是马克思主义妇女观。男女平等基本国策与先进性别文化之间在目标、核心价值方面是完全一致的。贯彻落实男女平等基本国策过程中,一个长期的重要任务就是树立马克思主义妇女观,进一步深化对中国特色社会主义妇女发展道路的内涵、基本特征和发展规律的认识,积极推进马克思主义妇女理论中国化时代化,为促进妇女全面发展、推动男女平等基本国策的落实提供理论支持。同时要以马克思主义妇女观为武器,破除传统的男性中心文化。男性中心文化不仅是女性自我束缚、自我迫害的利器,也是社会轻视女性、漠视女性权益的思想工具。因此贯彻落实男女平等基本国策就必须倡导以马克思主义妇女观为核心的社会主义先进性别文化,创造有利于妇女解放、男女平等的思想文化氛围,充分发挥先进性别文化对落实男女平等基本国策的强大助推作用,彻底消除贬低女性人格尊严和社会价值、侵犯妇女平等权利的落后性别文化所形成的社会阻力。

第二节　妇女政治权利保障的社会性别分析

引　例

　　1935年,红军长征到达陕北之后,陕甘宁边区妇女的社会、经济地位逐渐改善,她们从事政治和社会工作有了更大的动力,积极参加选举。1937年7月,边区举行第一次民主选举,参选妇女占女性选民总数的15%左右。1941年边区第二届各级参议会选举中,全边区30%的女性参加了选举,清涧县高达90%。"金豆豆,银豆豆,颗颗不能随便丢。选好人,办好事,投在好人碗里头。"一位年过七旬的老太太开选举大会时表示:"活到七十多岁,没做过主,今天要咱做主,咱自然要去选个如意的。"这充分体现了妇女对参加边区政治生活的热情。在各级参议会中,边区女参议员是重要的组成人员。1939年,边区参议会开会时仅有19位女参议员出席。两年后,在县、乡参议会选举中,共有167名妇女当选县参议会议员,2005名妇女当选乡参议会议员。同年,安塞县的邵清华成为边区选出的第一位女县长。在她的主持下,该县县政府成绩斐然,一切井井有条,深受民众欢迎。不仅如此,边区妇女还通过参与社会组织的方式参政议政,丰富了妇女参政的形式,使其更加积极地行使管理公共事务的权利。[26]

　　妇女政治权利的保障程度是一国妇女社会地位高低和社会文明进步的重要标志。我国《宪法》和《妇女权益保障法》都明确规定了妇女享有与男子平等的政治权利,国家在保障妇女享有与男子平等的政治权利方面负有义务。男女平等的政治权利实质上是性别平等的政治权利,它意味着男子不能基于性别获得法律之外的政治特权,妇女不能因性别在政治上受到歧视。本节以我国法律中有关人大妇女代表的名额和比例为例,从社会性别的角度对妇女政治权利保障制度进行分析。

---

[26]　樊为之、党柏峰:《中国妇女拥有普通选举权及一切政治上的权利与自由——陕甘宁边区妇女参政议政促进自身及边区全面发展》,载《中国妇女报》2024年8月20日,第5版。

一、妇女代表的临界规模理论与性别配额制

妇女代表的临界规模理论是指立法和决策机构中妇女代表的一个临界数量(或百分比),达到这个临界数量,会使立法和决策机构所处的决策环境从不太可能出现有利于妇女的决策的状况,转变为妇女政策成功通过的机会增加的状况。之所以如此,是因为随着妇女相对人数的增加,她们有可能成为盟友建立联盟,妇女的政治力量随之壮大,进而推动相关议案的提出、讨论和通过。许多实证研究发现,当妇女代表在议会中的占比超过15%时,仅能使对妇女权益友好的议案被提出,当占比超过30%或40%时,妇女代表才足以成为"关键少数"(critical minority),推动有关妇女权益的议案在议会上通过。[27]

在立法和决策机构中,为提高妇女的政治代表性和参政能力,促进男女平权和政治民主的实现,许多国家采用了性别配额制(gender quotas)的暂行特别措施。性别配额制又称最低比例制,是在立法和决策机构中确定妇女的最低代表比例以促成两性在政治参与中达到平衡。其核心在于通过人为规定的比例数,确保一定数量的妇女参与政治活动,从而防止政治活动仅是男性的专利,或者由于妇女参政人数极少,妇女参政成为政治生活的特殊"装饰品"。[28] 目前世界上已有130多个国家采取了性别配额制,以促进妇女平等参政。[29] 国际经验表明,性别配额制是一种快速提高妇女参政程度的有效工具,有助于改变政治领域中的性别不平等格局,对于切实保障妇女的政治权利、实现社会民主和政治公正、促进两性平等协调发展意义重大。

需要指出的是,自性别配额制被提出以来,对它的质疑声一直未停止。比如有观点认为,性别配额制因其强制性的比例规定破坏了民主原则,让妇女行使非民主性的特权,是对选民权利和意愿的不尊重;还有观点认为,性别配额制破坏了人人机会平等的原则,当选的妇女只是因性别而被给予了特殊照顾,其实际的参政能力不强。其实,性别配额制最初立足于现实政治参与中的社会性别平等和公正,是消除妨碍妇女取得公正的政治代表性的纠偏性措施。2004年,联合国消除对妇女歧视委员会发布

---

[27] 谢飞先:《英国议会选举性别配额制的发展动因分析》,北京外国语大学2022年硕士学位论文,第15页。

[28] 张迎红:《试析欧洲国家提高妇女参政的"最低比例制"》,载《欧洲研究》2004年第3期。

[29] 在这当中,北欧五国(瑞典、丹麦、挪威、芬兰、冰岛)率先推行性别配额制,其性别平等国际排名一直处于领头雁的地位,在促进妇女参政方面走在世界前列,形成了妇女参政程度较高的"北欧模式"。20世纪90年代,性别配额制扩大到西欧和南欧许多国家。1995年联合国第四次世界妇女大会在北京举行,大会提出各国立法机构和决策职位中女性数量要达到30%的目标。

了第 25 号一般性建议,指出《消除对妇女一切形式歧视公约》第 4 条第 1 款中的"为加速实现男女事实上的平等而采取的暂行特别措施"并不是非歧视原则的例外,而是一种强调,是缔约方的一项必要战略的组成部分。因此,性别配额制并不是对选民意愿的不尊重,相反是消除政治领域中两性参政不合理差别的暂行特别措施。至于有人担心法律确立性别配额制会让一些素质较低的妇女参政,牺牲整个社会特别是部分男性的政治权利,这种顾虑仅在如下条件具备时才能成立:男女面对的参政环境和观念一样,男女的参政机会也平等。显然,这种假设根本不成立,历史已经造成了男女参政状况的不公平,妇女参政受到的阻力远远大于男性,其机会却又远远少于男性,完全强调所谓人人机会平等和公平竞争实际上是对妇女的不公平。[30]

二、人大妇女代表参政的相关法律规定及社会性别分析

(一)人大妇女代表参政的相关法律规定

我国法律对人大妇女代表的数量和比例作了概括规定。《全国人民代表大会和地方各级人民代表大会选举法》第 7 条第 1 款规定:"全国人民代表大会和地方各级人民代表大会的代表应当具有广泛的代表性,应当有适当数量的基层代表,特别是工人、农民和知识分子代表;应当有适当数量的妇女代表,并逐步提高妇女代表的比例。"《妇女权益保障法》第 14 条第 2 款规定:"全国人民代表大会和地方各级人民代表大会的代表中,应当保证有适当数量的妇女代表。国家采取措施,逐步提高全国人民代表大会和地方各级人民代表大会的妇女代表的比例。"在位阶较低的选举法办法或细则里,各省级人大常委会要么有类似的条款,如《河南省实施〈中华人民共和国全国人民代表大会和地方各级人民代表大会选举法〉细则》《四川省〈中华人民共和国全国人民代表大会和地方各级人民代表大会选举法〉实施办法》;要么根本就没有规定,如《北京市实施〈中华人民共和国全国人民代表大会和地方各级人民代表大会代表法〉办法》《贵州省实施〈中华人民共和国全国人民代表大会和地方各级人民代表大会代表法〉办法》。在省级人大常委会关于妇女权益保障法的实施办法里,有关人大妇女代表数量和比例的规定不尽相同,大体有三种情况:第一种是和《妇女权益保障法》保持一致,比如西藏自治区和广东省妇女权益保障法实施办法。第二种是对人大妇女代表候选人的比例作出了明确的 30% 规定,比如早在 2006 年,湖南省人大常委会

---

[30] 李明舜、林建军主编:《妇女法学》,法律出版社 2015 年版,第 165 页。

就在全国率先提出了30%以上的硬性比例[31],不少地方性法规纷纷仿效。[32] 第三种是规定了人大妇女代表候选人的比例,但未超过30%,比如河北省和辽宁省[33]。需要特别指出的是,2007年3月十届全国人大第五次会议通过的《第十一届全国人民代表大会代表名额和选举问题的决定》中,对于人大妇女代表的名额,首次明确"第十一届全国人民代表大会代表中,妇女代表的比例不低于22%",这在立法上是个积极的变化。

(二)对人大妇女代表参政现有规定的社会性别分析

1. 国家层面的法律规定还不够具体、刚性。联合国《消除对妇女一切形式歧视公约》关于加速实现男女事实上平等(facto equality)的暂行特别措施,是促进两性实质平等立法模式的体现。它要求政府或社会组织采取积极行动,解决某些领域中基于历史文化原因被边缘化群体的代表性不足问题,使他们能够达到与其他群体事实上的平等。如前所述,除《第十一届全国人民代表大会代表名额和选举问题的决定》外,在有关人大妇女代表的数量和比例上,《全国人民代表大会和地方各级人民代表大会选举法》和《妇女权益保障法》均规定应当或应当保证,"有适当数量的妇女代表",逐步提高妇女代表的比例。模糊和弹性的表述过于原则,难以被归为实现性别配额制的积极措施。"应当""应当保证"如何做到？人大妇女代表在全体代表中的人数和比例是多少时,就不符合法律的要求,构成"不适当"？因此,如果法律不规定明确的强制性性别配额,那么当人大妇女代表的人数发生变化时,即便是减少,也很难被视为

---

[31] 2006年《湖南省实施〈中华人民共和国妇女权益保障法〉办法》第8条第1、2款规定:"在各级人民代表大会换届中,应当做好妇女代表候选人的推荐、宣传工作,代表候选人中妇女的比例一般应当占百分之三十以上。各级人民代表大会的代表中,应当有适当比例的妇女代表。有关部门应当采取措施,逐步提高妇女代表的比例。"

[32] 2007年《浙江省实施〈中华人民共和国妇女权益保障法〉办法》第8条第1款规定:"地方各级人民代表大会的代表选举中,妇女候选人的比例一般不低于百分之三十,并采取措施逐步提高妇女代表的比例。"2007年《湖北省实施〈中华人民共和国妇女权益保障法〉办法》第8条第1款规定:"各级人民代表大会在换届选举时,应当做好妇女代表候选人的提名推荐、酝酿、协商和确定工作,代表候选人中妇女的比例应当占百分之三十以上。有关部门和组织应当采取措施,逐步提高妇女代表的比例。"

[33] 2008年《河北省实施〈中华人民共和国妇女权益保障法〉办法》第9条第1款规定:"地方各级人民代表大会在换届选举时,妇女代表候选人的比例不得低于候选人总数的百分之二十五,并采取措施逐步提高妇女代表的比例。"2020年《辽宁省实施〈中华人民共和国妇女权益保障法〉规定》(2021)第5条第1款规定:"各级人民代表大会换届选举时,妇女代表候选人应当不低于提名人数的28%。"

违反法律确定的上述标准。[34]

2. 地方性法规的层级低、适用范围有限。在省级地方性法规中,妇女权益保障法实施办法中关于地方各级人大代表中女性候选人或代表的最低比例的规定,既是落实《全国人民代表大会和地方各级人民代表大会选举法》的有效措施,也是对《妇女权益保障法》第14条第2款的细化,有助于更好地在实践中操作。但是,这些省级地方性法规在法律效力层级上较低,只能在本省(自治区、直辖市)区域内发生法律效力,影响面小。此外,规定了性别比例的省级妇女权益保障法实施办法,绝大多数是对人大代表女性候选人(并非人大妇女代表)比例的规定。如果地方性法规不能通过特别措施确保一定比例的女性候选人当选,那么如何保证人大妇女代表达到国际上认可的30%最低线?当女性候选人落选人数较多时,又如何保证与上一届相比是在"逐步提高妇女代表的比例"?因此,我国只是在部分地方性法规中才有类似规定,无论是在效力层级上还是效力范围上都作用有限。[35]

三、妇女参政实现情况的社会性别分析与对策

(一)我国妇女参政的实现情况

通常来说,一个国家妇女参政人数的多少和参政的质量如何,反映了该国女性在国家政治生活中的地位,从中也可看出这个国家男女平权实现的程度以及政治文明的高低。尽管我国在妇女参政方面已经取得了不少成就,但与国际妇女参政实践和联合国《消除对妇女一切形式歧视公约》的暂行特别措施相比,我国妇女参政仍存在亟待进一步突破的瓶颈。

1. 人大妇女代表比例不断提升,但所占比例相对较低。从第一届到第十四届,历届全国人大妇女代表所占比重分别为12.0%、12.2%、17.8%、22.6%、21.2%、21.2%、21.3%、21.0%、21.8%、20.2%、21.3%、23.4%、24.9%和26.5%。自1978年至2023年,全国人大妇女代表比例一直徘徊在20.2%~26.5%,仅增长了6.3%。这与1995年联合国第四次世界妇女大会《行动纲领》规定的各国妇女参政比例要达到30%的目标尚有较大的差距,也与我国妇女在总人口中所占的比例以及她们参与经济社会发展的程度很不相称,必然会降低妇女对政治决策的影响力,也妨碍了妇女政治权利及其他权利的有效实现。

---

[34] 薛宁兰:《社会性别与妇女权利》,社会科学文献出版社2018年版,第90页。
[35] 薛宁兰:《社会性别与妇女权利》,社会科学文献出版社2018年版,第91页。

2. 妇女参政的层次和结构还不够合理。首先,国家高级领导干部中的妇女比例较低。女性干部比例在整个权力体系中呈现金字塔结构,越往高层,妇女干部的比例就越低。数据表明,我国省部级女性干部非常少。在女性高级领导干部占比较高的 2018 年,也只有 12 名女性担任省级正职领导,31 个省(自治区、直辖市)共选出副省级以上女性领导干部 106 名,占省级人大、政府、政协领导班子成员的 13%。由于法律缺少对妇女高层参政的指标规定,我国妇女参政仍面临无形壁垒的阻碍。

其次,在我国各级立法、司法、行政部门中,不仅普遍存在女性领导干部"高层少,基层多""正职少,副职多""实职少,虚职多""主流部门少,边缘部门多"的现象,而且女性干部储备也不足。大量女性干部沉在科级以下,且整体上女性干部担任副职的较多,很难有机会被提拔为更高级别的干部或后备干部。[36] 为此,《中国妇女发展纲要(2021—2030 年)》中明确规定"县级以上地方政府领导班子中的女干部比例逐步提高,担任正职的女干部占同级正职干部的比例逐步提高"。

(二)我国妇女参政实现情况的社会性别分析及对策

1. 对妇女参政重要意义的认识需要提高,促进妇女参政有待法律规定的进一步完善。妇女参政比例是衡量一国妇女政治地位的重要指标之一。正如联合国第四次世界妇女大会通过的《行动纲领》中所指出的,"妇女平等参与政治生活,在提高妇女地位的整个进程中起着关键性作用。妇女平等参与决策,不仅是要求单纯的公平或民主,也可视为是使妇女利益得到考虑的一项必要条件。如果各级决策进程没有妇女的积极参与并且没有吸纳妇女的观点,就不可能实现平等、发展与和平的目标。"可见,妇女平等参与决策是对妇女利益的保障,是促进性别平等的重要途径。我国要恪守《行动纲领》的宗旨,注重对国际社会的承诺,进一步细化并完善相关法律关于妇女代表数量和比例的规定,让性别配额制为妇女逐渐开启立法机关的大门,成为鼓励妇女参与政治、建立参政自信的催化剂。

具体而言,结合我国国情,通过自上而下制定积极明确的性别配额制,有助于大力推进男女两性在法律上和事实上的平等进程。《妇女权益保障法》可规定:全国人民代表大会换届选举时女性候选人比例应不低于 30%,妇女代表的比例应不低于 25%;地方各级人民代表大会代表中的妇女比例应超过上届,并且不得低于 25%。中央和地方各级人民政府应采取积极措施逐步提高妇女代表的比例。女性代表候选人

---

[36] 王向梅:《公共政策的社会性别分析》,中国妇女出版社 2021 年版,第 266 页。

人数低于法定比例的,选举委员会应当依照法定程序重新确定代表候选人。需要说明的是,在立法中确立人大妇女代表比例达到30%,是阶段性目标,而非一成不变的,它将随着妇女参政水平的提高,适时地得到修改或取消,并不会构成对妇女参政的限制。

2. 妇女参政的文化观念和家庭支持系统脆弱,妇女参政的配套措施亟待完善。传统文化观念将妇女定位于"主内"的角色,将妇女排除在政治之外,挫伤了妇女的参政意愿和热情,也营造了对妇女参政不友好的文化氛围。从家庭支持环境来看,计划经济时代形成的由政府通过单位实行的"从摇篮到坟墓"的家庭福利政策,以及为支持妇女走出家门获得经济独立创设的家务劳动社会化机制(如幼儿园、养老院、公共食堂等)被市场经济逐步消融,生育和家庭责任使女性身兼多职。妇女参与经济发展和政治管理等要付出更大的代价,这在客观上限制了她们发展必需技能的空间,迫使她们不愿意主动担任政治职位。[37] 前文述及的"四少四多"现象,就是部分优秀妇女参政不力的写照。

完善妇女参政的配套措施,首先,要营造性别平等的文化环境,加强性别平等的宣传倡导,让男女两性真正平等地承担起家庭责任和社会责任,这是促进妇女政治赋权的重要条件,也是社会文明不可或缺的指标。其次,要切实加强女性领导力的培训和自我赋权、自我支持的组织建设,提高妇女参政和治理能力,不断拓宽妇女参政的层次和范围。最后,妇女参政需要妇女组织特别是妇联的助力。各级妇联干部在为妇女参政做好表率的同时,要积极推动妇女理论的研究,以及妇女法律政策和制度的创新,随时同歧视贬低女性的传统观念和行为作斗争,联系、支持和帮助各行各业的女性领导者,为她们保驾护航。[38]

引例分析

陕甘宁边区妇女积极参政议政与边区加强制度建设、营造妇女参政议政的大环境密不可分。1937年5月,《陕甘宁边区选举条例》颁布,以法律的形式保障边区妇女在各级参议会中拥有选举权和被选举权,大大激发了广大妇女参政议政的热忱。1939年2月,中共中央书记处作出《关于开展妇女工作的决定》,要求吸收女党员、培

---

[37] 刘伯红、范思贤:《妇女参政助推科学民主决策和社会治理——近五年中国妇女参政状况简要评估》,载《山东女子学院学报》2020年第6期。

[38] 刘伯红、范思贤:《妇女参政助推科学民主决策和社会治理——近五年中国妇女参政状况简要评估》,载《山东女子学院学报》2020年第6期。

养女干部、发挥妇女重要作用等,推动妇女参加政治建设工作。1941年,《陕甘宁边区施政纲领》进一步提出:"依据男女平等原则,从政治经济文化上提高妇女在社会上的地位,发挥妇女在经济上的积极性,保护女工、产妇、儿童,坚持自愿的一夫一妻婚姻制。"1946年4月,《陕甘宁边区宪法原则》通过,提出"妇女除有与男子平等权利外,还应照顾妇女之特殊利益"。这些法规和政策的出台,从制度层面维护了妇女参政议政的权利,提高了妇女的社会地位,推动了妇女解放运动,促进了妇女自身的自由和发展,从而提升了边区民众的政治动员力和政治参与度,对推进边区全面发展具有重要作用。[39]

第三节　妇女人身和人格权益保障的社会性别分析

引　例

原告周某某(女)与被告徐某某(男)系销售合作伙伴关系,2021年9月10日两人赴外地出差过程中,徐某某向周某某发送"我们订双床房不"的微信内容,周某某当即制止。同年9月15日,徐某某向周某某发送"我好想你!"的信息,周某某明确告知徐某某停止骚扰,拉黑徐某某微信并告知徐某某终止合作。但徐某某继续发送"我保证从今天开始不喝白酒!""感觉到,你自己本人都不合作,其他人找我,也就没有什么意思了!""你还好吧!"等短信。周某某认为徐某某的言行已经构成性骚扰,遂诉至法院要求判令徐某某书面赔礼道歉并赔偿精神损失抚慰金人民币5万元。[40]

一、防治性骚扰法律规定的社会性别分析

(一)防治性骚扰的现行法律规定

2005年修正的《妇女权益保障法》首次以法律形式规定"禁止对妇女实施性骚扰"。其后出台的《女职工劳动保护特别规定》《民法典》和修改的《未成年人保护法》《妇女权益保障法》等法律法规进一步细化了防治性骚扰的规定。需要注意的是,《民

---

[39] 樊为之、党柏峰:《中国妇女拥有普通选举权及一切政治上的权利与自由——陕甘宁边区妇女参政议政促进自身及边区全面发展》,载《中国妇女报》2024年8月20日,第5版。
[40] 周某某诉徐某某性骚扰纠纷案,江西省高级人民法院贯彻实施民法典十大典型案例(2022年)。

法典》虽然将性骚扰规定在人格权编第二章"生命权、身体权和健康权"中,但这并不意味着性骚扰侵害的仅仅是生命、身体和健康权,因为在现代社会,性骚扰的类型越来越复杂,其所侵害的利益很难被某种具体人格权所涵盖。在某种具体人格权规则不足以对受害人提供全面救济时,应当认定行为人侵害了受害人人格尊严,即侵害了受害人的一般人格权。[41]

1. 性骚扰的构成

依《民法典》第1010条和2022年修改的《妇女权益保障法》第23条,首先,性骚扰是违背受害人意愿的行为,这是构成性骚扰最核心的要件。所不同的是,《民法典》中的受害人既可能是男性,也可能是妇女,实现了受害人保护范围的全覆盖;而《妇女权益保障法》基于其立法目的,规制的仅是针对妇女的性骚扰。其次,性骚扰的行为方式是多种多样的,包括言语、文字、图像、肢体行为等方式。

2. 遭遇性骚扰的救济措施

我国对性骚扰受害人的救济措施的规定原本较为粗略,2022年修订《妇女权益保障法》时对此进行了补充和细化。依其规定,受害妇女可以向有关单位和国家机关投诉。接到投诉的有关单位和国家机关应当及时处理,并书面告知处理结果。受害妇女也可以向公安机关报案,还可以向人民法院提起民事诉讼,依法请求行为人承担民事责任。[42]

3. 有关单位的性骚扰防治义务

针对近年来职场性骚扰和校园性骚扰频发的问题,《民法典》规定了机关、企业、学校等单位的性骚扰防治义务。[43]《未成年人保护法》和《妇女权益保障法》在此基础上进一步完善了对学校和用人单位性骚扰防治义务的规定。

(1) 学校[44]的性骚扰防治义务。主要包括三个方面:

第一,建立预防性骚扰工作制度。学校应当建立有效预防和科学处置性侵害、性骚扰的工作制度。例如建立性侵害、性骚扰处置预案,明确相关岗位的职责,定期开

---

[41] 王利明:《民法典人格权编性骚扰规制条款的解读》,载《苏州大学学报(哲学社会科学版)》2020年第4期。
[42] 《妇女权益保障法》第23条第2、3款。
[43] 《民法典》第1010条第2款规定:"机关、企业、学校等单位应当采取合理的预防、受理投诉、调查处置等措施,防止和制止利用职权、从属关系等实施性骚扰。"
[44] 此处的"学校"在《未成年人保护法》和《妇女权益保障法》中的范畴不尽相同。前者针对未成年人所在的中小学、幼儿园,后者未特别指明幼儿园,通常认为是指中小学和高等学校。不过在性骚扰防治义务方面,二者并无实质区别。

展性侵害、性骚扰问题的排查,加强对学生宿舍特别是女学生宿舍的管理,等等。[45]

第二,开展相关教育,提高学生的自我保护意识和能力。学校应当根据学生的年龄阶段和特点,开展生理卫生、心理健康和自我保护教育。小学阶段,引导学生初步学习青春期发育知识与技能,学会自我保护;初中阶段,引导学生学习青春期保健的基本知识和技能,提高学生预防性骚扰与性侵害的能力;高中阶段,引导学生理解性、爱情和婚姻的关系,使其了解婚姻和生育相关知识及法律法规,能够有效预防和应对性骚扰与性侵害。[46] 学校还应在教育、管理、设施等方面采取措施,保障学生人身安全和身心健康发展。

第三,报告性骚扰行为,保护受害学生。对性侵害、性骚扰学生的违法犯罪行为,学校不得隐瞒,应当及时通知受害学生的父母或者其他监护人,向公安机关、教育行政部门报告,并配合相关部门依法处理。保护受害学生的隐私和个人信息,并根据受害学生的具体情况和需求,提供心理辅导和转班、转学等帮助、保护措施。

(2)用人单位的性骚扰防治义务。用人单位的性骚扰防治义务总体上与学校类似,也包括三个方面:

第一,建立防治性骚扰的制度机制。用人单位应当制定禁止性骚扰的规章制度,形式上既可以是制定专门的防治性骚扰的规章制度,也可以是在其他相关规章制度中设置防治性骚扰的内容;明确单位中负责性骚扰防治工作的机构或者人员;设置投诉电话、信箱、电子邮箱等,畅通性骚扰投诉渠道。

第二,开展预防和制止性骚扰的教育培训活动,采取必要的安全保卫措施。用人单位应当运用多种途径和形式对员工开展防治性骚扰的宣传培训,强化其防治性骚扰的意识和能力。同时,用人单位应当采取必要措施,为员工提供更加安全的工作、生活环境,例如为员工提供隐秘性较好的更衣、休息环境,在黑暗、僻静处所安装照明、监控设备并加以妥善维护,配备必要的安保或求助设施,等等。

第三,建立和完善性骚扰调查处置程序,为受害妇女提供保护与协助。用人单位应当建立和完善调查处置程序,包括调查人员、调查程序、调查方式、调查期限等,确保调查处置的及时、准确和公正。参与调查处置的人员应当保护性骚扰当事人的隐私和个人信息,不得随意公开相关情况。妇女遭受性骚扰的,用人单位还应当支持、协助其依法维权,如为受害妇女维权提供调休等必要便利条件,依法向公安机关、人

---

[45] 郭林茂主编:《中华人民共和国妇女权益保障法释义》,中国法制出版社2023年版,第95-96页。
[46] 教育部2021年10月26日印发实施的《生命安全与健康教育进中小学课程教材指南》。

民法院提供相关证据等;必要时为受害妇女提供心理疏导。

4. 有关单位不履行性骚扰防治义务的法律责任

为监督有关单位切实履行性骚扰防治义务,《妇女权益保障法》专门规定了有关单位的法律责任。该法第80条第2款规定:"学校、用人单位违反本法规定,未采取必要措施预防和制止性骚扰,造成妇女权益受到侵害或者社会影响恶劣的,由上级机关或者主管部门责令改正;拒不改正或者情节严重的,依法对直接负责的主管人员和其他直接责任人员给予处分。"学校、用人单位未采取合理措施预防、制止性骚扰,或有关行政主管机关未妥善履行监督管理职责的,检察机关可以通过发出检察建议或提起公益诉讼的方式督促其限期整改,切实承担法定职责,有效预防和制止性骚扰行为。[47]

(二)防治性骚扰规定的社会性别分析

第一,缺乏对性骚扰概念的准确界定,容易使性骚扰防治制度目的落空。虽然《民法典》和《妇女权益保障法》明确规制了性骚扰,并对性骚扰概念有所涉及,但是严格说来,其并未准确界定性骚扰的内涵和特征。法律概念具有描述现实和规范现实的双重价值,概念描述得越科学严谨,规范作用就愈加彰显。[48] 性骚扰概念不准确,可能使防治性骚扰的法律规定在实践中被误用或滥用,进而导致制度目的落空。

首先,对于性骚扰概念的界定,必须明确其"性本质"特征。性骚扰行为方式各异,但本质上都和性有关,都是行为人意图获得性满足、宣泄性冲动、含有"性"意图的行为,都构成对受害人性自主权的不当干涉。其次,性骚扰违背受害人的意愿,是不受欢迎的冒犯。对于何为违背受害人意愿,实践中往往难以判断,尤其是在权力支配关系中,受害人在被"威逼"或"利诱"的情况下容忍或默认性骚扰行为是否构成"自愿",不无分歧。针对这一问题,目前已有不少国家基于性骚扰的结构性和社会性,以行为是否"不受欢迎"替代行为是否违背受害人意愿。[49] 综上,为正确适用法律和依法保护受害人权益,性骚扰概念应强调其本质上是一种基于性因素而实施的不受欢迎的行为。[50] 同时,可以采用例示主义立法模式,对性骚扰的主要、典型表现形式加

---

[47] 《妇女权益保障法》第77条。
[48] 林建军:《高校学术领域性骚扰防治体系的功能定位及其建构》,载《妇女研究论丛》2019年第2期。
[49] 张夏子:《〈民法典〉反性骚扰条款的制度检视与规范再造——以2022年修订的〈妇女权益保障法〉为分析背景》,载《法商研究》2024年第2期。
[50] 林建军:《性骚扰的法律界定》,载《法学杂志》2007年第5期。

以明确具体的列举，以进一步明确性骚扰概念。

第二，缺乏性骚扰案件中的证明责任特别规则，性骚扰举证和认定困难。2018年最高人民法院发布的《关于增加民事案件案由的通知》首次明确将"性骚扰损害责任纠纷"规定为案由之一，为性骚扰受害人寻求司法救济提供了程序保障。当性骚扰案件进入法院之后，证明性骚扰行为的存在便成为诉讼的核心和受害人胜诉的关键。由于没有针对性骚扰案件的特别举证责任规则，依据"谁主张，谁举证"的一般规则，受害人须承担性骚扰行为存在的证明责任，否则将承担举证不能的不利后果。由于性骚扰往往具有突发性，受害人难以及时固定证据，职场性骚扰和校园性骚扰往往发生在隐秘场所，不为第三人所知，即使有人知晓，可能也出于各种顾虑不愿作证，所以，在性骚扰诉讼中，性骚扰行为举证难、证明难是受害人面临的突出困境。

诉讼制度的设置应有助于受害人维护权益，这不仅能够使受害人得到公平救济，还会鼓励更多的受害人站出来维权。更多的案件被揭露出来，司法才有干预的机会，从而形成良性循环。[51] 为此，建议针对性骚扰案件适当降低民事诉讼中的高度盖然性证明标准，改采"优势证据标准"。前者虽然没有达到使法官对待证事实确信只能如此的程度，但已经达到使其相信存在极大可能或非常可能如此的程度；[52] 后者则只要有证据证明某一行为或者事件更有可能发生时，即可认定发生了该行为或事件。[53] 此外，立法也需要从性骚扰案件的证据形式、法官调查取证等方面进行突破，作出有利于受害人的规定，如增加在性骚扰案件中使用的证据的类型；加强对性骚扰案件中证人的特别保护措施，鼓励其出庭作证；等等。[54]

二、妇女生育权法律规定的社会性别分析

（一）有关生育权的现行法律规定

我国《宪法》第49条第2款规定："夫妻双方有实行计划生育的义务。"原《婚姻法》也将计划生育确立为该法的基本原则之一，并在"家庭关系"一章中重申"夫妻双方都有实行计划生育的义务"。2020年编纂《民法典》时，考虑到计划生育是公民对国家承担的义务，计划生育的规范不属于民法规范，应当规定在有关计划生育的法律

---

[51] 刘春玲：《高校防治性骚扰对策研究》，载《中华女子学院学报》2018年第4期。

[52] 张卫平：《民事诉讼法》，法律出版社2019年版，第255页。

[53] 刘春玲：《高校防治性骚扰对策研究》，载《中华女子学院学报》2018年第4期。

[54] 卢杰锋：《职场性骚扰案件证明问题研究》，载《妇女研究论丛》2019年第5期。

中,[55]加之我国长时间实行独生子女的计划生育政策,限制了人口增长,使后备劳动力大大减少,出现较大的社会问题,需要适当调整计划生育政策,[56]故《民法典》婚姻家庭编没有再规定计划生育的内容。

1992年施行的《妇女权益保障法》在我国法律体系中最早正面确立了妇女的生育权。该法第47条第1款规定:"妇女有按照国家有关规定生育子女的权利,也有不生育的自由。"这一规定在《妇女权益保障法》其后的修正或修订中都得到了保留。[57]值得说明的是,《妇女权益保障法》所涉生育主体仅限于妇女是基于该法立法目的、适用对象等方面的考虑,并非表明法律剥夺了"男性的生育权"。[58]

2001年通过的《人口与计划生育法》肯定了男女两性都是生育权的主体,其第17条规定:"公民有生育的权利,也有依法实行计划生育的义务,夫妻双方在实行计划生育中负有共同的责任。"此外,该法还规定:"国家创造条件,保障公民知情选择安全、有效、适宜的避孕节育措施。实施避孕节育手术,应当保证受术者的安全。"这些规定也一直延续至今。

(二)妇女生育权法律规定的社会性别分析

运用社会性别视角对上述关于生育权的法律规范进行审视分析,不难发现,其中存在一些社会性别盲视问题。

1.《宪法》和《民法典》未明确规定生育权,不利于保障妇女生育权。虽然《人口与计划生育法》和《妇女权益保障法》分别确认了公民和妇女的生育权,但在作为国家根本大法的《宪法》和被称为"社会生活的百科全书"的《民法典》中,生育权却没有明确的规范依据。如前所述,《宪法》仅规定夫妻对国家负有计划生育的义务,并未明确将生育权确认为公民的一项基本权利。[59] 生育权是人格权,但《民法典》人格权编并未将其明确列举为一项具体人格权;生育权主要在合法的婚姻关系中实现,但全面调整婚姻家庭关系的《民法典》婚姻家庭编也没有生育权的内容。这种缺失不仅使理论

---

[55] 杨明仑:《民法典婚姻家庭编的主要制度与创新》,载《中国人大》2020年第15期。
[56] 杨立新:《民法典婚姻家庭编完善我国亲属制度的成果与司法操作》,载《清华法学》2020年第3期。
[57] 《妇女权益保障法》第32条。
[58] 李明舜、林建军主编:《妇女法学》,法律出版社2015年版,第184页。
[59] 学者大多肯定生育权的基本权利地位,并从不同路径进行了解释:有的学者基于权利与义务相统一的原理,认为履行义务是享有权利的前提,《宪法》规定的"计划生育的义务"已隐含公民生育权的规定;有的学者则是将生育权归入"人权条款"的兜底保护范围,认为生育权系《宪法》未列举的基本权利。参见刘欢:《生育权的教义学构造》,载《中国政法大学学报》2023年第3期。

界与实务界对生育权的规范定位存在诸多争议,也导致规范适用上的偏差,不利于对生育权,特别是妇女生育权的保障。

2. 缺乏明确、完备的生育权冲突解决规则,不利于妇女实现生育权。生育权属天赋人权,是《宪法》赋予人的一种基本权利。生育权的实质在于生育自由,这种自由包括生育自由(作为)和不生育的自由(不作为)。在婚姻关系中,生育自由在于夫妻有权自由协商决定"要"还是"不要"孩子,任何人不能非法干涉。同时,生育行为的生物学基础又决定了夫妻在生育问题上必须协力完成,因为胎儿是丈夫的精子与妻子的卵子的结晶,生育权需要夫妻共同参与、互相协助方能实现。因此,夫妻双方平等享有生育权。对外,夫妻是不可分割的整体;对内,夫妻双方互享权利、互负义务,对是否生育、何时生育等问题平等协商,达成一致意见。如果夫妻双方在生育问题上难以达成一致意见,即行使生育权发生冲突,应以协商沟通为主要解决途径。[60] 如果夫妻双方不能协商一致,则法律应提供相应的解决方案。

《民法典婚姻家庭编解释(一)》第23条[61]系生育权冲突的一种情形,即妻子不同意生育而丈夫要求生育,且妻子已怀孕的情形,该条规定妻子未经丈夫同意擅自中止妊娠的行为不构成对丈夫生育权的侵犯,亦即明确妻子中止妊娠是其行使生育决定权的正当行为,妻子的生育决定权处于较优地位。同时,作为对丈夫无法实现生育决定权的救济,该条规定夫妻因是否生育发生纠纷,调解无效的,可以认定为感情确已破裂,准予离婚。这一规定考虑到了妇女在生育过程中的特殊重要性,但对妇女生育权的特别保护较为含蓄和隐晦,也没有涵盖生育权冲突的全部情形。

从社会性别视角分析,本书认为,夫妻行使生育权发生冲突时应区分女方怀孕与否分别对待。首先,如果女方没有怀孕,夫或妻一方要求生育,另一方不同意,由于生育权行使的特殊性,只要夫妻双方在生育权问题上不能达成合意,生育权即无法实现。如果双方因此感情破裂,无法继续生活下去,任何一方都可以此为由向法院提起离婚诉讼。其次,如果女方已经怀孕,一方要求生育,而另一方不同意时,基于以下理由,生育决定权应配置给妻子:

第一,女性是生育的主要承担者,赋予妇女决定权有利于保护妇女的生命健康。

---

[60] 李明舜、林建军主编:《妇女法学》,法律出版社2015年版,第185页。
[61] 《民法典婚姻家庭编解释(一)》第23条规定:"夫以妻擅自中止妊娠侵犯其生育权为由请求损害赔偿的,人民法院不予支持;夫妻双方因是否生育发生纠纷,致使感情确已破裂,一方请求离婚的,人民法院经调解无效,应依照民法典第一千零七十九条第三款第五项的规定处理。"本规定源自最高人民法院《关于适用〈中华人民共和国婚姻法〉若干问题的解释(三)》(已失效)第9条。

在生育的全过程中,妻子承担着特殊的职能,起着难以取代的作用。虽然卵子受精由夫妻共同完成,但胎儿的整个孕育、生产过程,从十月怀胎到一朝分娩,均由妻子独自完成。妻子在这个过程中承受着巨大的身体、精神上的压力和不适,不仅有一系列的生理负担,甚至可能有生命危险。因此,赋权于妻子,确认和保障妻子的生育决定权理所当然,这既有利于保护妇女的生命健康,也是对作为生育主体的妻子的人文关怀和特殊保护,是法律公正的体现。

第二,生育权是自然人依法享有的与人身不可分离的人身权,在自然生育状态下,当妻子怀胎后,生育就与妻子的人身产生了密不可分的联系,生育权的实现也因此与妻子的人身自由权、生命健康权联系在了一起,为此,妻子理应拥有对身体的支配权。

第三,夫妻生育权冲突引发的问题是,当妻子的生育权与丈夫的生育权发生冲突时,如何科学地进行初始权利配置。通常,在权利发生冲突时,法律应当以避免较为严重的损害的方式来配置权利。在双方有分歧的情况下,生育决定权无论赋予丈夫还是妻子都既有利又有弊。由于丈夫的生育意愿和生育权需要通过妻子的身体才能实现,由丈夫做主,就意味着丈夫享有对妻子身体和意志的强制权,这将以妻子生理负担加重和心理受伤害乃至冒生命危险为代价。即使在科技高度发达的今天,包括我国在内的世界各国仍无法将孕产妇死亡率降至零。因此,双方发生冲突时,虽然将生育决定权交由妻子在某种程度上可能委屈了丈夫,但其最坏的结果是双方离婚,丈夫仍然可以重新选择其他愿意生育子女的异性再婚。毫无疑问,前者可能导致的恶果远比后者严重。因此,权衡利弊,应以付出较少代价为出发点,而将生育决定权赋予女方,这样做的负面后果显然小于赋予男方的负面后果。[62]

引例分析

本案发生在《民法典》生效后、《妇女权益保障法》修订前。由于《民法典》第1010条的规定较为原则,加之性骚扰的表现形式多样、严重程度不一,司法实践中,行为人是否构成性骚扰,往往成为相关案件的争议焦点。

本案中,被告徐某某向原告周某某发送"我们订双床房不"的内容属于性暗示。原告周某某通过严词拒绝、拉黑徐某某微信及告知徐某某终止合作等方式表明徐某某的这些行为违背了其意愿,是冒犯性、不受欢迎的行为。被告徐某某之后又连续向

---

[62] 李明舜、林建军主编:《妇女法学》,法律出版社2015年版,第186页。

原告周某某发送多条信息,虽然这些信息不具有性含义、性暗示内容,但与之前的行为在时间上具有连续性,在内容上具有关联性,可以认定为属于对之前行为的延续。故被告的行为构成性骚扰,被告应向原告赔礼道歉并支付精神抚慰金。

需要特别注意的是,本案中,原告、被告系销售合作伙伴关系,原告周某某尚有勇气向被告徐某某明确表达自己的意愿。但在上司与下属、教师与学生等不平等权力关系中,性骚扰行为人可能以就业、升职、加薪、考评等方面的好处加以引诱或威胁,受害人或是担心失去工作、晋升机会等利益,或是担心会招致报复,而缺乏表达自己意愿的勇气或能力,不得不容忍、默许性骚扰行为。[63] 因此,在认定某行为是否违背受害人意愿、是否构成性骚扰时,应注意:受害人在行为人实施该行为时明确表示反对的,该行为显然违背了受害人意愿。但是,即使受害人当时没有明确表示反对或处于沉默状态,也不能意味着其同意或接受性骚扰;只要其事后表示厌恶、反感、不满等情绪,就意味着该行为是违反受害人意愿、不受其欢迎的。如果受害人是限制民事行为能力人或者无民事行为能力人,由于她们的辨识能力有限,即便在性骚扰行为发生时受害人没有明确作出反对或者拒绝的意思表示,也应当认定其有拒绝性骚扰的意愿。[64]

第四节　妇女文化教育权益保障的社会性别分析

引　例

2024年4月,全国哲学社会科学工作办公室发布《2024年国家社会科学基金年度项目申报公告》,其中的"青年项目:男性申请人年龄不超过35周岁(1989年5月19日后出生),女性申请人年龄不超过40周岁(1984年5月19日后出生)",明显放宽了对女性申请人的年龄限制。

公民依法享有平等的受教育机会始终为我国法律所确认。党的十九大报告提出"努力让每个孩子都能享有公平而有质量的教育",保障女性平等享有文化教育权益

---

[63] 宋少鹏:《何为性骚扰?:观念分歧与范式之争——2014年教师节前后"性学派"对"女权派"的质疑》,载《妇女研究论丛》2014年第6期。

[64] 王利明:《民法典人格权编性骚扰规制条款的解读》,载《苏州大学学报(哲学社会科学版)》2020年第4期。

是其重要组成部分。2021年9月国务院发布的《中国妇女发展纲要（2021—2030年）》也在"妇女与教育"部分将"教育工作全面贯彻男女平等基本国策"列为主要目标之一，并在"策略措施"部分要求"将贯彻落实男女平等基本国策体现在教育工作全过程……将男女平等基本国策落实到教育法规政策和规划制定、修订、执行和评估中，落实到各级各类教育内容、教学过程、学校管理中。加强对教材编制、课程设置、教学过程的性别平等评估。在师范类院校课程设置和教学、各级各类师资培训中加入性别平等内容"。

新中国成立以来，在中国共产党的领导下，我国妇女文化教育权益的实现状况持续向好，尤其是在进入21世纪后显著提高。这其中的原因是多方面的，本书认为最主要的还是得益于中国共产党的正确领导，得益于改革开放后国家财政对妇女教育事业的经费支持，得益于我国法律政策对保障妇女平等接受教育权的制度支持，得益于国家不断健全保障妇女受教育权的各项机制。

但是，我国现行教育法律制度中依然存在缺乏社会性别视角的问题，一些教育政策的内容缺乏性别敏感性，"现实生活中仍然存在女童失学、女童安全、家庭和社会的教育资源分配不均、教育领域性别盲区，以及对女性教育中某些问题的忽视等，需要在公共政策制定和实施中进行积极探究和完善"[65]。

一、教育法律规定的社会性别分析

我国的教育法律制度主要形成于改革开放后的不同时期，受立法时的观念、条件等的影响，法律内容多缺乏性别视角，一般比较中立，缺乏性别敏感性。党的十八大以来，尤其是党的十九大后，基于社会经济发展和人民对更美好生活的需要，我国立法工作进入一个新的频繁废、改、立周期。最近几年制定和修改的一些涉及妇女文化教育权益的法律依然存在社会性别考量不足的问题。

（一）《教育法》中缺乏性别平等教育内容和对教育工作全过程性别平等评估的要求

《教育法》中缺乏性别平等教育内容。作为我国学校教育工作的基础性法律，《教育法》是建立中国现代化教育制度的法律基石。《教育法》制定于1995年，分别于2009年、2015年、2021年进行过三次修正。现行《教育法》有两个条文即第9条、第

---

[65] 王向梅：《公共政策的社会性别分析》，中国妇女出版社2021年版，第128页。

37 条特别提到了女性受教育权,从内容看主要强调的是女性同男子享有平等的教育机会[66],但在教育内容上并无社会性别平等方面的要求。[67]"理想、道德、纪律、法治、国防和民族团结"教育并不能把性别平等教育包括在内,性别平等教育有特定、独立的内涵,无法被其涵盖。更何况自 2011 年起,《中国妇女发展纲要(2011—2020年)》就已把性别平等教育列为主要目标,然而《教育法》在 2015 年、2021 年修正时都未增加性别平等教育。在当前低结婚率、低生育率的大背景下,在各级各类教育中开展相应的性别平等教育,有助于男女两性树立正确的性别观,促进两性和谐和婚育文化的健康发展。因此,性别平等教育应该被纳入《教育法》,而不应该仅仅停留在政策层面。

教育工作全过程性别平等评估没有在《教育法》中体现出来。现行《教育法》共十章 86 条,除了前文提到的第 9 条、第 37 条外,整体上看呈现比较明显的性别中立特点。早在 2011 年发布的《中国妇女发展纲要(2011—2020 年)》中,就已经提出将"教育工作全面贯彻性别平等原则"列为"妇女与教育"的主要目标之一,并明确要求采取措施,"在教育法规、政策和规划的制定、修订、执行和评估中,增加性别视角,落实性别平等原则""实施教育内容和教育过程性别评估"。《教育法》在修正时未对此予以丰富。

(二)《家庭教育促进法》对家庭教育的规定缺乏社会性别视角

2022 年 1 月 1 日起施行的《家庭教育促进法》是我国家庭教育领域的基本法律,对家庭教育的内容和方式,以及家庭教育工作的各方责任予以立法明确。但是,非常遗憾的是,在家庭教育的内容上,该法并没有明确规定男女平等(社会性别平等)内容,仅仅规定"未成年人的父母或者其他监护人不得因性别、身体状况、智力等歧视未成年人,不得实施家庭暴力,不得胁迫、引诱、教唆、纵容、利用未成年人从事违反法律法规和社会公德的活动"[68]。但这种倡导性的立法表述在纠正我国根深蒂固的"重

---

[66]《教育法》第 9 条规定:"中华人民共和国公民有受教育的权利和义务。公民不分民族、种族、性别、职业、财产状况、宗教信仰等,依法享有平等的受教育机会。"第 37 条规定:"受教育者在入学、升学、就业等方面依法享有平等权利。学校和有关行政部门应当按照国家有关规定,保障女子在入学、升学、就业、授予学位、派出留学等方面享有同男子平等的权利。"
[67]《教育法》第 6 条规定,教育应当坚持立德树人,对受教育者加强社会主义核心价值观教育,增强受教育者的社会责任感、创新精神和实践能力。国家在受教育者中进行爱国主义、集体主义、中国特色社会主义的教育,进行理想、道德、纪律、法治、国防和民族团结的教育。
[68]《家庭教育促进法》第 23 条。

男轻女"思想方面尚有距离。另外,对家庭教育指导师的资格要求和职业规范现在尚无立法上的规定。家庭教育指导师在工作时是否具有社会性别意识,能否从社会性别角度发现家庭教育中的问题并为父母或其他监护人提供正确的家庭教育指导服务尚不明确。2018年8月21日,习近平总书记在全国宣传思想工作会议上提到,"要抓住青少年价值观形成和确定的关键时期,引导青少年扣好人生第一粒扣子"。父母是子女人生的第一位老师,家庭教育的质量至关重要。父母的言传身教在潜移默化地影响着孩子,如果父母基于传统"重男轻女""女孩就应该怎么样"的刻板性别意识对儿子和女儿区别对待,女儿仅仅因为性别,在思想、行为、能力等方面得不到父母像对儿子一样的鼓励和支持,那么女性的全面发展就很难实现。《家庭教育促进法》实质上是对父母的家庭教育进行指导,如果不将男女平等列入家庭教育指导内容,则不符合我国男女平等基本国策的要求。

(三)《教师法》没有把社会性别平等培训列为教师培训的明确内容

现行《教师法》制定于1993年,并在2009年进行过一次修正,该法第4条中规定"各级人民政府应当采取措施,加强教师的思想政治教育和业务培训",其中并没有明确提出对教师进行性别平等培训的要求;在教师的权利和义务部分也没有关于性别平等的要求;在教师资格上,仅仅规定"中国公民凡遵守宪法和法律,热爱教育事业,具有良好的思想品德,具备本法规定的学历或者经国家教师资格考试合格,有教育教学能力,经认定合格的,可以取得教师资格"。"良好的思想品德"显然过于原则和抽象,难以突出男女平等的意识。同样地,制定于1995年的《教师资格条例》对教师资格的取得也并无性别平等方面的条件要求。另外,从职业道德规范看,无论是2008年修订过的《中小学教师职业道德规范》,还是2018年教育部印发的《新时代高校教师职业行为十项准则》《新时代中小学教师职业行为十项准则》《新时代幼儿园教师职业行为十项准则》,其目的都在于加强师德师风建设,仅仅要求教师"尊重学生人格,平等公正对待学生",而未要求教师在对待学生时秉持男女平等的理念。众所周知,教师是人类灵魂的工程师,教师对学生世界观、价值观和人生观的形成具有非常重要的作用,教师的性别观念会直接影响学生尤其是未成年学生的成长。因此,我国应在立法时明确规定对教师进行社会性别平等培训。

涉及女性文化教育权益的法律法规还有很多,这些法律法规制定于不同的历史时期,在制定时或许没有体现性别平等意识,在未来修改时应该进行性别平等评估。

二、教育政策的社会性别分析

中国政府在女性文化教育权益保障方面取得的卓越成就,与教育政策的积极探索和试点创新有极大的关系。我国幅员辽阔,各地经济发展水平存在较大差异,因此各地必须结合本地实际来执行法律和上级政策的要求。

以"中小学性别平等教育进课堂"活动为例。2011年,《中国妇女发展纲要(2011—2020年)》首次提出性别平等原则和理念,要求在各级各类教育课程标准及教学过程中得到充分体现。为了将政策转化为行动,国务院妇女儿童工作委员会办公室先后设立三个批次的项目试点,在全国5000多所中小学开展"中小学性别平等教育进课堂"活动,部分省市实现了全覆盖。该项目成效显著,各地陆续出台地方政策文件和工作方案,为性别平等教育工作提供机制保障和资源支持。性别平等意识在试点地区的行政系统、教育系统得到快速普及。[69] 正是基于国务院妇女儿童工作委员会办公室的持续项目推进和地方政策的积极支持和工作创新,2022年修订的《妇女权益保障法》将男女平等基本国策纳入国民教育体系才水到渠成。

尽管教育政策对保障女性文化教育权益起到了重要作用,但是并非所有的教育政策都能充分贯彻男女平等。即使从形式上看,某个教育政策不存在性别歧视,是性别中立的,但是在实施过程中也可能存在隐性的基于性别歧视而发生的教育不公后果。教育政策的制定主体层级多,教育政策内容复杂,要保障教育政策能真正贯彻法律规定的男女平等基本国策,就需要对其进行性别平等评估。

三、学前教育的社会性别分析

中外研究显示,儿童早在2岁就已具备一些性别角色的知识,并随着年龄的增长而增加,到了2.5~3.5岁时,儿童会经过性别刻板印象活动,将活动与玩偶进行性别刻板印象配对。[70] 因此学龄前是幼儿性别观形成的重要时期,父母和教师是幼儿性别社会化过程的关键因素。学前教育应当注重培养幼儿正确的性别观,以满足男孩和女孩的教育需求,帮助他们构建科学的性别观念。当前,我国学前教育中存在的社会性别教育问题主要表现为以下几个方面:

1. 幼儿园教师的社会性别意识和性别平等教育能力存在不足。幼儿园教师具备

---

[69] 王向梅:《公共政策的社会性别分析》,中国妇女出版社2021年版,第160-162页。
[70] 伍千惠:《幼儿园师幼互动的性别观察——以Y园大班为例》,广西师范大学2017年硕士学位论文,第6页。

科学的性别教育观是学前教育中性别平等教育的关键,教师自身的性别观念会在很大程度上影响其对幼儿的性别期待、师幼互动以及采取的性别教育方式。[71] 2024年11月8日《学前教育法》通过,于2025年6月1日起施行。从内容上看,该法对幼儿园教师、学前教育,甚至是学前教育的专业设置,都没有贯彻社会性别平等教育的要求。根据教育部、中央机构编制委员会办公室、财政部、人力资源和社会保障部《关于加强幼儿园教师队伍建设的意见》(教师〔2012〕11号)的要求,幼儿园教师须完成5年一周期不少于360学时的业务培训,但在培训内容上并无性别平等教育方面的强制性要求。

2. 幼儿园环境中常常隐藏性别刻板印象。幼儿园的环境设计、活动区的功能划分、绘本内容甚至物品颜色,通常会潜移默化地传递给幼儿性别信息,会在不知不觉中固化幼儿的性别刻板印象,加剧不平等的性别观念。

3. 幼儿园教材中性别教育内容设计存在问题。"由于幼儿性别教育尚未得到真正的关注与重视,教材编制者与研发小组在选择教材内容时,易受到社会制度、文化氛围及自身性别意识等多方面影响,忽视性别职业多样化,将性别职业定势思维融入教材活动设计。"[72]

总之,我国学前教育阶段对幼儿的性别平等教育还存在诸多问题,这些问题的解决需要立法保障以及政府的经费支持,另外教育工作全过程的性别平等评估也需要切实跟进。"在儿童性别初萌之时,设计更适合幼儿园阶段认知特点的、更好的性别认同的方式,让他们能自然地了解性别的知识而非处于某种蒙昧状态,促成不同性别儿童的相互尊重与合作而非竞争性的排斥,也能够尝试消除目前幼儿园性别认同制造方式中偶见的那些刻板的、负面的内容及其对儿童的不利影响。"[73]

引例分析

2024年国家社科基金在青年项目申报上对女性申请人的年龄限制放宽,被认为是"应时之举"。实际上早在2011年,国家自然科学基金委员会就已经将女性申请青年科学基金的年龄限制放宽至40周岁;2024年,更是将女性科研人员申请国家杰出

---

[71] 汪姝薇:《隐性课程视角下的幼儿园性别教育》,载《基础教育研究》2024年第2期。
[72] 孙晓宇:《幼儿园教材中性别教育内容现状分析与思考——以江苏凤凰少年儿童出版社出版教材为例》,载《亚太教育》2023年第9期。
[73] 范譞:《性别初萌之时:幼儿园性别社会化中的性别认同》,载《妇女研究论丛》2024年第2期。

青年科学基金项目的年龄限制由 45 周岁放宽至 48 周岁。[74] 与男性相比，女性科研人员在 40 岁之前既面临职称评审上的巨大压力，又面临最佳生育期的压力，尤其是生育需要一个周期，其对女性职场发展的不利影响是显而易见的。女性科研人员往往陷入"两难"窘境，事业和生育难以兼顾。如果在科研项目的申请上，对男女两性申请者适用同样的年龄要求，显然是不公平的。因此，放宽对女性申请者的年龄限制，既是对女性生育的一种保护性支持，也是对女性文化权益的保障。实际上，不只是科研项目的申请，在职称评审、奖励评定、职业培训等方面，都应该给予女性一定的倾斜性保障。

第五节 妇女劳动和社会保障权益保障的社会性别分析

引 例

2022 年 12 月，王某（男）入职一家文化公司，任人力行政总监，并与单位签订了为期 3 年的劳动合同，约定试用期自 2022 年 12 月至 2023 年 3 月。2023 年 6 月中旬，王某通过公司内部办公系统申请休陪产假，公司未批准。后王某仍坚持"依法休陪产假"15 天。休假期间，文化公司以王某旷工为由，电话通知其解除劳动合同。2023 年 7 月 1 日王某返岗后，文化公司向王某送达解除聘用关系通知书，载明双方于 2023 年 6 月 12 日解除劳动合同关系。根据当地的计划生育条例，王某享有 15 天的陪产假，薪资截止日期为 2023 年 6 月 27 日。王某认为文化公司解除劳动合同违法，遂申请劳动争议仲裁，要求文化公司支付违法解除劳动合同的赔偿金等费用。劳动争议仲裁委员会认为，根据当地的计划生育条例规定，凡符合法律法规规定生育子女的夫妻，男方享受 15 日的陪产假，在规定的假期内应照发工资，不影响其福利待遇和全勤评奖，遂支持王某的主张，判决该文化公司向王某支付解除劳动合同的赔偿金。

妇女劳动和社会保障权益保障深受传统的男女性别分工以及生育是女性的事情等传统观念影响，只有打破传统的刻板印象才能实现男女真正的平等。反就业性别

---

[74]《"国社科青年项目女性申请年龄放宽"，不只惠利女性》，载光明网，https://guancha.gmw.cn/2024-04/15/content_37263979.htm。

歧视制度、女职工劳动安全保护制度和生育社会保障制度是妇女劳动和社会保障权益保障制度的重要内容，本书拟就这三个方面进行社会性别分析。

一、反就业性别歧视制度的社会性别分析

就业性别歧视中的"性别"不仅包括生理性别，也包括社会性别，即性别刻板印象等与性别有关的其他因素。联合国经济、社会及文化权利委员会在第20号一般性意见中指出，自联合国《消除对妇女一切形式歧视公约》通过以来，"性别"这一禁止理由的概念发生了很大变化，现在它不仅包括身体特征，还包括性别成见、偏见和预期角色，这些都构成了妇女平等享有经济、社会和文化权利的障碍。[75] 我国多部法律法规规定禁止就业性别歧视，但是对就业性别歧视没有明确的定义。《就业促进法》第27条第2款和第3款规定，用人单位招用人员，除国家规定的不适合妇女的工种或者岗位外，不得以性别为由拒绝录用妇女或者提高对妇女的录用标准。用人单位录用女职工，不得在劳动合同中规定限制女职工结婚、生育的内容。《妇女权益保障法》第43条规定了用人单位在招录（聘）过程中实施就业性别歧视的四种主要行为，主要是针对生理差异和生育，未对性别歧视是否包括基于性别刻板印象的歧视加以明确。现实生活中，对女性的性别刻板印象往往导致女性在就业中处于不利地位，这种刻板印象成为影响女性就业的重要因素，如认为女性结婚生育后要多照顾家庭、不适合出差而拒绝录用女性或者认为女性性格柔弱不适合担任领导职位而拒绝提拔女性等。因此，我国反就业性别歧视立法应该明确规定禁止实施社会性别歧视。

二、女职工劳动安全保护制度的社会性别分析

月经、怀孕、分娩、哺乳是女性独有的生理机能，为了母亲和胎儿的健康，对处于月经、怀孕、分娩、哺乳等特殊时期的女性进行特殊保护是必要的。我国多部法律法规规定了对女职工特殊时期的保护，特别是《女职工劳动保护特别规定》。《女职工劳动保护特别规定》在正视、承认和尊重男女两性生理差异的基础上，切实关注女职工不同于男职工的生理差别，依据女性特殊的生理特点，对经期、孕期、产期和哺乳期的女性提供特殊保护，减少女职工因上述生理差异在劳动中的困难，为处在该期间的女职工提供身体健康保障和收入保障；同时针对女性在此期间容易丧失就业机会这一

---

[75] ［美］玛莎·A.弗里曼、［英］克莉丝蒂娜·钦金、［德］贝亚特·鲁道夫：《〈消除对妇女一切形式歧视公约〉评注》（上），戴瑞君译，社会科学文献出版社2020年版，第376页。

社会现实,提供劳动就业权保障。这种倾斜性保护不是对男性的歧视,而是为了彰显男女平等的价值理念。

但是从社会性别视角分析,会发现立法仍存在一定的不足。我国目前一般采女职工职业禁忌立法,将所有女性视为"弱势群体",给予女职工种种"优待",而忽视了女性群体内部的差异性,把不具有特殊生理需求的女性也纳入保护之中,限制了部分女性的劳动权利,导致对女性过度保护。如"矿山井下作业"的劳动强度和工作环境并非所有女职工的身体都不能承受。虽然大部分女性的身体机能不如男性强壮有力,但不排除个别女性也能从事"体力劳动强度非常大和负重过重的作业"[76]。尽管女职工职业禁忌的立法初衷是对女职工的关爱,但这种父权式的关爱反映了"立法者是从传统的不平等的社会性别规范的视角出发,把一些想当然的假设强加给所有的女性,这种假设推定所有的男性都适合从事所有的行业,所有的女性都不适合从事某些行业以及所有女性都必定生育"[77]。这样的保护性规定与现实中多样化的女性群体需求不对等,对胜任者是一种性别歧视,也否认了女性的主体性,剥夺了部分女性自主选择工作的权利,而且这样的规定很容易成为用人单位实施就业歧视的借口。

根据男女平等理论,保护性法律是机会和待遇均等原则的一种例外情况,属于暂行措施。保护的结果应该是性别平等和社会公正。因此,对女职工进行特殊劳动保护应建立在尊重女职工的生理特点基础上,如果特殊的劳动环境对男女都不利,应该致力于创造一个安全的职场环境,改善劳动条件,使男女两性都从科学和医学的角度得到保护,不受某些有害因素的危害,而不是规定对某一性别的工作予以保护。因此,女职工劳动安全保护立法应尊重女性的多元主体性,而不是对女职工的工作施加非自愿的限制。女职工劳动保护追求的男女平等,是尊重妇女在发展中的主体性,尊重妇女的自主选择,打破家长式的保护思想,以更好地适应不同个体的喜好和她们不同时期的需求。女性有权自主选择工作岗位,生育妇女可根据自身情况自主选择是否上夜班、何时休产假等。国际劳工大会第191号建议书中的规定值得借鉴,即雇主应当采取措施,以确保孕期、哺乳期妇女不会受到工作条件的威胁。首先,确定对母婴健康构成重大损害的岗位应当明确禁止母亲从事该项工作,其他工作应当赋予母亲选择权。一项工作对于母婴健康而言是否安全,必须由相关的机构进行评估,如果

---

[76] 唐芳:《我国女职工劳动保护立法反思及其完善》,载《中华女子学院学报》2016年第5期。
[77] 刘明辉:《论女职工特殊保护立法的新理念》,载《中华女子学院学报》2011年第5期。

有危害,也不是完全禁止员工工作,而是要求雇主采取消除危险的措施;当雇主无法消除危险时,雇主有义务将其调整到安全岗位,如果没有合适岗位,该员工将享有带薪休假的权利。其次,国家在赋予女性自主选择工作的权利的同时,更要赋予女性能够自主选择工作的能力,创造其能够自主选择的空间,避免"强雇主、弱劳工"劳动力市场上雇员被迫选择对自己不利的情形出现。

三、生育社会保障制度的社会性别分析

生育社会保障制度是调整国家在女性生育时为其及家庭的生活和需要提供物质保障和社会服务中所产生法律关系的法律规范的总称。生育社会保障既关系妇女的平等就业权保障,也关系国家人口政策目标的实现。党的二十大报告明确提出,"中国式现代化是人口规模巨大的现代化",并强调"优化人口发展战略,建立生育支持政策体系,降低生育、养育、教育成本"。生育社会保障制度是生育支持政策体系的重要内容之一。我国已建立包含生育休假、生育保险、生育救助、生育福利等内容的生育社会保障制度。

构建体现社会性别平等的生育社会保障制度有利于保障妇女的平等就业权和国家人口目标的实现。依据社会性别平等理论,生育是男女两性生殖细胞结合的结果,尽管在这一过程中,怀孕与分娩由女性完成,但是抚育子女却是男女双方共同的责任。那种仅凭胎儿生理性抚育由女性(母亲)单独负担这一生物事实,就将整个生育过程视为女性单方贡献的主张,不但忽视了男性(父亲)在抚育下一代过程中不可替代的作用和贡献,也难免成为"男主外,女主内"传统社会性别角色刻板印象的观念基础,不利于女性在求职、工作过程中的全面发展。长期以来,女性在劳动就业中受到不公平待遇,很大程度上是由于社会上存在对生育性质认识的性别盲点,是传统观念将抚育责任单方面推给女性的结果。生育的确是女性独特的生理机能,但其也是一种社会职能,社会应该为女性的生育和就业兼顾创造平等的机会。因此,不仅要改变生育的"女性化"认识,还要将育儿责任男性化、社会化,由国家和父母共同承担抚育下一代的责任。这一理念要求既要肯定男女间真实的生理差异,给予怀孕妇女特殊保障,也要在照顾年幼子女方面打破传统的性别角色分工,赋予男女同等的生育社会保障权。

国际社会生育休假制度立法中产假、陪产假、育儿假的发展情况,体现了这一趋势。早期,绝大多数国家立法仅规定生育女性享有产假,在传统的家庭思维下,养儿育女似乎是女性的天职。为了养育照料子女,许多职业女性放弃就业回归家庭。为

了解决上述"家庭与工作冲突"的矛盾,1967年匈牙利首创性地提出了一项特殊措施:任何在职母亲,只要本人愿意,都可在20周产假后留在家里,同时保留其雇佣资格,并可每月从国家那里领取津贴,直到孩子满3岁。随后保加利亚、捷克斯洛伐克等前中东欧社会主义福利国家也采用该制度。虽然社会主义政体承认男女在所有方面都享有平等权利,但早期看护孩子的休假政策依旧主要惠及母亲。仅赋予母亲照顾孩子的假期与"认为照顾子女是母亲的责任"的传统观点紧密相关,忽视了父亲照顾子女的需求和责任,有违男女平等的原则,因此1974年瑞典第一个立法赋予父亲休育儿假的权利,随后许多国家都建立了父母皆可以享有的育儿假制度。尽管现实中许多国家立法规定父亲享有育儿假,但受传统观念的影响,很多父亲并没有休育儿假。在法律规定父母可以自由选择一方休育儿假时,绝大多数家庭都是由母亲休假,从而导致用人单位对女性的歧视加重。为了改变这种情况,鼓励父亲休育儿假,一些国家立法规定了"父育假",即父亲享有育儿假,不可转移给母亲。如瑞典最早规定了由父亲专享且不能转让给母亲的"父亲假";芬兰规定父母各享有160天的育儿假,不可转移。除此之外,部分国家还规定了男职工享有陪产假。所谓陪产假,也称生育护理假,是指国家通过法律赋予男性劳动者在妻子生育时享有的照顾配偶、婴儿和其他子女的假期。

我国法律和政策均鼓励父母共担育儿责任,体现了性别平等理念。根据《家庭教育促进法》的规定,未成年人的父母应该共同参与实施家庭教育,发挥父母双方的作用。《妇女权益保障法》第68条第1款规定,夫妻双方应当共同负担家庭义务,共同照顾家庭生活。我国生育休假立法规定了生育女性享有产假;生育休假地方立法规定父亲享有陪产假。除此之外,大部分省市还规定父亲享有与母亲相同天数的育儿假,这种假期是不可转移给母亲的,旨在鼓励父亲休假承担照料责任。2021年中共中央、国务院《关于优化生育政策促进人口长期均衡发展的决定》倡导夫妻共担育儿责任。《中国妇女发展纲要(2021—2030年)》设定了"倡导和支持男女共担家务,缩小两性家务劳动时间差距"的妇女与家庭建设的主要目标。此外,《社会保险法》规定由生育保险基金支付女职工的生育医疗费用和生育津贴,这减轻了用人单位的生育保护成本,有利于促进性别平等。但我国目前的生育休假制度仍存在一定不足,从生育休假的长度来看,母亲享有的育儿休假长度要远远超过父亲,而且生育奖励假、陪产假和育儿假期间劳动者的工资都由用人单位支付,导致用人单位雇佣成本显著增加,进而增加了就业市场对女性的歧视,因此亟待进一步完善。

引例分析

陪产假是指国家通过法律赋予男性劳动者在妻子生育时享有的照顾配偶、婴儿和其他子女的假期。休陪产假是男职工享有的一项劳动权利,该假期体现了男女共担生育责任的社会性别平等理念。我国各省市人口与计划生育条例均规定了陪产假,最短7天,最长30天。本案中,根据地方计划生育条例的规定,王某享有15天的陪产假,文化公司不批准其休陪产假,显然有违性别平等的理念,文化公司还以王某旷工为由解除劳动合同,违反法律规定,构成违法解除劳动合同。

第六节 妇女财产权益保障的社会性别分析

引 例

周某(女)于1979年10月6日出生,户籍登记在某市某区甲村其父亲周某驹为户主的家庭户口中。周某的父母以家庭承包的方式,承包该村土地11.31亩,承包期限至2027年12月31日。2018年6月13日,周某与外地乙村的冯某登记结婚,但户口未迁出,未在夫家分配过农村承包土地或征地款。2020年10月,甲村决定给户口在本村的每个农业人员发放征地补偿款共计人民币80246元,并以周某属于在本集体没有承包地的"外嫁女",不具有集体经济组织成员资格为由,拒绝向其支付上述征地补偿款。2021年1月6日,周某以甲村侵害其集体经济组织成员权益为由向某市某区人民法院起诉。法院判决确认周某未丧失村集体经济组织成员资格,仍系某村集体经济组织成员。某村应向周某支付征地补偿款80246元。

一、妇女财产权益保障方法的社会性别分析

在婚姻家庭关系中讨论妇女的财产权益,应当关注到两性权力关系的本质及男女两性对家庭资源实际占有和支配的具体情况。第四期中国妇女社会地位调查数据显示,已婚女性自己名下有房产的占18.8%,与配偶联名拥有房产的占39.9%,分别比2010年提高5.6%和11.9%。未婚女性自己名下拥有房产的占10.3%,比2010年提高3.4%。尽管纵向对比第三期中国妇女社会地位调查数据,妇女的家庭财产地位有明显的上升,但是,从横向整体范围看,与男性相比,妇女在家庭中的财产地位仍

处于劣势。因此,在具体法律制度的设计上,必须做出区别对待,进而达致婚姻家庭财产关系中的性别实质平等。法律是保障公民权利的核心工具,不同的部门法基于各自的特性有不同的权利保护方法。正确认识和掌握不同法律保障方法和体系的特性,有助于在司法实践中准确理解和适用法律,进而有效保障妇女的财产权益。

在财产权益的保护层面,宪法确认了公民的财产权利受法律保护,并且进一步明确了男女平等的基本原则,完成了整个法律体系的价值定准。这意味着在中国法律框架下,所有的部门法都应当遵循这一基本的立法和司法原则。私法,尤其是民法,是规制财产关系、保障公民财产权利的重要部门法;财产权利,尤其是公民私人财产权利的保护,主要由民法来完成。因此,讨论妇女财产权益的保障,必须对民法的财产保护方法加以检视。《妇女权益保障法》作为保障特定人群的社会法性质的法律,其功能特性更为明确,直接指向特定的妇女权益的保护,其在转引民法、刑法、行政法等相关实体部门法的保护条款和责任条款外,也设定了其特有的保护方案。

(一)《宪法》的保障方法

《宪法》第48条所规定的男女平等原则,是性别平等的宏观价值纬度,也是权利的法律保障体系的基本价值准则。在财产权益的保护方面,宪法作为根本大法,主要完成性别平等的价值定准任务。基本权利的第三人效力理论[78]在此基础上拓展了宪法的作用空间和深度,如在调整作为民法上的特别法人的农村集体经济组织与其成员间关系的过程中,尤其是在涉及女性成员的财产权益时,该种理论有适用的空间。

(二)民法的保障方法

《民法典》第4条规定了平等原则,这是对宪法中的男女平等原则在民事关系法律规制中的落实。作为宏观价值准则的宪法上的男女平等原则,需要通过民法来实现内部的逻辑建构。"民事主体在民事活动中的法律地位一律平等"及其指引下的法律行为体系和民事权利体系旨在完成此项建构。

首先,民法上的人是被抽离了角色、性别、社会身份等特性的抽象人格的人。民

---

[78] 基本权利的第三人效力,是指基本权利在私主体与私主体之间具有的效力。根据宪法基本原理,基本权利的效力仅是纵向地发生在公民与国家之间。基本权利的第三人效力理论将宪法的作用空间由国家与公民之间拓展至公民与公民之间。此时,其效力的发生应当具备两个基本要件:第一,私主体间关系不平等,形成实质上的支配或强制关系;第二,私法规制不足以平衡二者利益。就业过程中的性别歧视即属此例。

法确认了人作为民事主体的法律地位一律平等,这是民法制度得以形成的逻辑起点。

其次,民法通过给予地位平等的人以意思自治的工具——法律行为,使民事主体得以依据自己的意志来决定法律关系的产生、变更、消灭,此为对民事主体平等地位的积极建构。如果说主体地位的平等完成了男女平等在民法上的制度宣告,那么,法律行为制度则为男女平等的实现提供了工具和路径。

最后,权利体系是法律的基本价值体系,民法通过民事权利体系的构建,完成了两项基本任务:一是以权利图谱呈现其所尊崇的基本价值观;二是民事权利体系赋予权利以法律的强制保护力,使民事主体在权利被侵害时可以寻求民法上的救济。正如有学者所说的,"法律的重要部分并不是义务规则和制裁规则,而是赋权规则,赋权规则通过制裁规则的辅助,达成调整一定实体的基础生活关系"[79]。在这个意义上,权利体系一方面是性别平等价值观在民法上的具体呈现,另一方面是最终实现男女平等的制度保障。

综上所述,民法在设置财产权益的保障方案时,并没有预先设定性别,即其基本逻辑是按照性别无差的方式和方法来实现平等对待的。因此,在现有法律框架之下,于财产权益而言,民法所能提供的仅是中立的性别无差意义上的平等保护;而基于性别的特别规定往往是在具体的分编或者其他相关法律规范中,针对具体的权利事项作出的特别规定。此类特别规定在《民法典》内部集中体现在婚姻家庭编和继承编中。由于婚姻家庭是两性关系最为集中的场域,这两编中也多强调男女平等:一方面,明确规定男女平等,规定夫妻对共同财产有平等的处理权,继承权男女平等;另一方面,在离婚制度中作出特别规定,例如明确在离婚时,夫妻双方对共同财产的分割协议不成的,人民法院应当根据照顾子女、女方和无过错方权益的原则判决。

(三)《妇女权益保障法》的保障方法

《妇女权益保障法》以专章的形式规定了妇女的财产权益。与民法相比,《妇女权益保障法》对财产权益的保护体现出更为鲜明的性别特点。

从内容上看,《妇女权益保障法》对于妇女财产权益的规定是经过社会性别分析后选择的结果,与民法一体化无差别的保障方式相比,《妇女权益保障法》选择了特定权益重点保护的方案。《妇女权益保障法》在第53条规定了"国家保障妇女享有与男子平等的财产权利"之后,用6个条款规定了妇女三个方面的特定权益,即妇女在婚

---

[79] 龙卫球:《民法基础与超越》,北京大学出版社2010年版,第116页。

姻家庭关系中的财产权益、妇女在集体经济组织中的财产权益和妇女的继承权。这三个方面所涉及的领域,恰恰是妇女财产权益在其中遭受侵害最为严重且最易被漠视的领域。

从具体保障逻辑上看,《妇女权益保障法》在财产权益上的保障方法,以基本权利的第三人效力理论为基础,一方面是宪法保护的延伸,另一方面是对民法形式平等保护方法的进一步拓展改造。以妇女在集体经济组织中的财产权益为例,作为集体经济组织成员的村民与集体经济组织这一特别法人相比,虽然二者在民法上都是具有独立人格的民事主体,法律地位平等,但是,集体经济组织的实际"势力"强于成员,个体成员利益极易被集体经济组织以集体名义漠视或者侵害。对此,《妇女权益保障法》第56条第1款明确规定:"村民自治章程、村规民约,村民会议、村民代表会议的决定以及其他涉及村民利益事项的决定,不得以妇女未婚、结婚、离婚、丧偶、户无男性等为由,侵害妇女在农村集体经济组织中的各项权益。"根据《妇女权益保障法》第77条的规定,确认农村妇女集体经济组织成员身份时侵害妇女权益或者侵害妇女享有的农村土地承包和集体收益、土地征收征用补偿分配权益和宅基地使用权益的,检察机关可以依法提起公益诉讼。这是通过公权力介入消解集体与个体之间的"势差",从而保证个体尤其是女性成员的合法权益不受侵害。

二、妇女土地承包经营权保障的社会性别分析

农村妇女土地承包经营权的保障,是多种权益保障中集中体现财产权益保障的性别特点的典型(宅基地使用权亦同),故本部分以此为例,予以分析说明。

(一)土地承包经营制度的实证观察

《民法典》专章规定了土地承包经营权,将其定位为用益物权。根据《民法典》第330条的规定,农村集体经济组织实行家庭承包经营为基础、统分结合的双层经营体制。农民集体所有和国家所有由农民集体使用的耕地、林地、草地以及其他用于农业的土地,依法实行土地承包经营制度。

土地承包经营制度在实际运行过程中存在一个基础性问题,即土地承包经营权权利主体及其对应的权利标的物——土地份额的确定。现行土地承包经营制度是建立在家庭承包经营基础之上的,因此,大量的土地承包人实为"农户"。农户系一个集合概念,虽对外呈现出整体性,但其内部仍由各个独立的家庭成员组成,且该家庭成员的构成会受到婚丧嫁娶的影响而发生直接的变化;此时,承包地的份额是否也随之变化,系土地承包经营制度在运行过程中需要应对的问题。

有关调研结果显示,在土地承包经营制度运行过程中,对于前述问题的解决,基本秉持"增人不增地,减人不减地"的原则,即土地承包经营权合同由农村土地承包经营户与村集体经济组织签署,其权利主体为户(家庭),故其家庭成员的变动不会影响其权利标的物——土地。家庭成员增加,承包的土地份数并不因此增加;反之,土地份数也不会因此减少。然而在政策的具体执行过程中,各地、各村组的做法又有不同。综合来看,实践中的具体执行方案有如下四种:

第一,严格执行型,即严格执行"增人不增地、减人不减地"和土地承包关系30年不变。在土地调整和新增人口分地过程中,不动一分已承包土地,在土地承包期到期之前,不对承包户减地。例如,在S省Y市H村,"增人不增地,减人不减地",土地不因死亡而收回,不因婚嫁而变动。对于外嫁女和嫁城女,出嫁后,她们在娘家的耕地仍然保留,在嫁入的村中不再分配耕地。家中有人去世,土地不回收,由其他亲属继续耕种。

第二,实惠型,即"增人增地,减人不减地"。这种村子在土地承包之初已经预留足够的机动地,新婚妇女和新生儿将从机动地中获取耕地。相应地,当人口因婚嫁、就业、死亡等流出本村时,其对应的土地份额也不因之而减少或者收回。例如,在D省N县A村,出嫁女的耕地权益均被保留,土地由其亲属代为耕种。

第三,变通型,即"原则不动已承包土地,增地等待减地"。新婚妇女和新生儿排队等待,从收回迁出人口、去世人口的耕地中获得自己的份额。例如,在X省B市J村,只要户口转入即有分配资格,但要等到有闲置土地或收回土地时才可以实际取得土地。

第四,不稳定型,即耕地分配政策会随着村干部调整和政府部门监管程度等因素变化,或严格执行,或变通执行。例如,在H省G市Z村,执行的是"增人不增地,减人不减地"的政策原则,但在遇到具体情况时也会区别对待,居住在该村的一名妇女并未将户口迁入,但其在此居住且形成事实婚姻,承包时村里针对这一情况,对其分配土地。

(二)土地承包经营制度的社会性别分析

农村土地承包经营制度的运行方案对家庭成员个人的作用明显,并且带有鲜明的性别特征,即其影响直接及于家庭成员中的女性。"增人不增地、减人不减地"和土地承包关系30年不变的政策看似是一个与性别无关的话题,但在真正的实践过程中,牵扯最多的是妇女的利益,尤其是出嫁女和离异女的农村土地承包经营权益。第三期中国妇女社会地位调查陕西省主要数据显示,2010年有21.4%的农村女性没有土地,其中从未分到过土地的占42.1%,因结婚或再婚失去土地的占26.2%。[80] 造成这一结果的原因有两个:一是"农户"主体的性别导向作用;二是乡土社会对女性权益的漠视。

1."农户"主体的性别导向作用。尽管土地政策的设计单位为与性别无涉的"农户",但基于传统观念和习俗,男性多被认为是"一户之主",除自然死亡和出生外,"农户"中人员的流入、流出主要是女性成员,如出嫁、离异。因此,"增人不增地,减人不减地"的土地政策所影响的大部分群体为女性。大部分妇女出嫁、离异、丧偶后离开原居住地,由于土地承包经营权的主体是"农户",权利的让渡须在"农户"之间进行,法律并未赋予作为家庭成员的妇女在家庭中分割出应有的承包经营权或让渡其承包经营权的权利。更有甚者,妇女从一开始就被隔离出土地承包经营权利体系。

2.乡土社会对女性权益的漠视。除了上述的制度设计上的性别缺失,乡土社会一直以来重男轻女、漠视女性利益的传统思想亦是造成妇女土地权益得不到维护的重要原因。一方面,社会意识的整体漠视消解了妇女土地权益。另一方面,村民自治导致妇女无法享有本该享有的合法土地权益。"以村规民约为由,限制或剥夺'出嫁女'、离异或丧偶妇女参与征地补偿费分配的权利"[81]被农业部门认为是侵害农村妇女土地权益的主要表现之一。重男轻女的不平等思想意识通过村民自治的方式获得了合法性依据,妇女尤其是出嫁女的土地权益被堂而皇之地否定。此种情形下,对妇女土地权益的保护显得尤为艰难。

(三)农村妇女土地承包经营权的法律保障策略

《妇女权益保障法》第55条第1款明确规定,妇女在农村集体经济组织成员身份确认、土地承包经营、集体经济组织收益分配、土地征收补偿安置或者征用补偿以及宅基地使用等方面,享有与男子平等的权利。如前所述,包括农村土地承包经营权在内的农村集体经济组织成员土地权益的保障,均以成员身份或者资格的认定为前提,由此,《妇女权益保障法》也设置了一系列的保障措施,从成员身份、资格入手,确保男女对土地权益的平等享有。

---

[80] 陕西省妇联、陕西省统计局2012年4月发布《第三期中国妇女社会地位调查陕西省主要数据报告》。
[81] 陈晓华:《深入贯彻土地承包法律政策 切实维护农村妇女土地承包权益》,载《中国妇运》2012年第S1期。

首先,明确资格认定的原则和标准,成员身份确认事项上男女平等。2024年颁布的《农村集体经济组织法》在此基础上给予了更为全面和系统的规定。该法第12条第2款明确规定:"对因成员生育而增加的人员,农村集体经济组织应当确认为农村集体经济组织成员。对因成员结婚、收养或者因政策性移民而增加的人员,农村集体经济组织一般应当确认为农村集体经济组织成员。"第18条规定:"农村集体经济组织成员不因就学、服役、务工、经商、离婚、丧偶、服刑等原因而丧失农村集体经济组织成员身份。农村集体经济组织成员结婚,未取得其他农村集体经济组织成员身份的,原农村集体经济组织不得取消其成员身份。"

其次,针对村规民约等集体决定的作出程序,作出专项规定。《妇女权益保障法》第56条第1款规定:"村民自治章程、村规民约,村民会议、村民代表会议的决定以及其他涉及村民利益事项的决定,不得以妇女未婚、结婚、离婚、丧偶、户无男性等为由,侵害妇女在农村集体经济组织中的各项权益。"第75条第2款规定:"乡镇人民政府应当对村民自治章程、村规民约,村民会议、村民代表会议的决定以及其他涉及村民利益事项的决定进行指导,对其中违反法律、法规和国家政策规定,侵害妇女合法权益的内容责令改正……"

最后,法律对于妇女在集体经济组织内受到的财产权益侵害,设置了明确的救济途径。《妇女权益保障法》第75条第1款规定,妇女在农村集体经济组织成员身份确认等方面权益受到侵害的,可以申请乡镇人民政府进行协调,或者向人民法院起诉。《农村集体经济组织法》在此基础上,作了进一步的细化规定,设置了调解、仲裁、诉讼、公益诉讼的多元救济机制。根据该法第56条的规定,对确认农村集体经济组织成员身份有异议,或者农村集体经济组织因内部管理、运行、收益分配等发生纠纷的,当事人可以请求乡镇人民政府、街道办事处或者县级人民政府农业农村主管部门调解解决;不愿调解或者调解不成的,可以向农村土地承包仲裁机构申请仲裁,也可以直接向人民法院提起诉讼。确认农村集体经济组织成员身份时侵害妇女合法权益,导致社会公共利益受损的,检察机关可以发出检察建议或者依法提起公益诉讼。

引例分析

《妇女权益保障法》第55条第1款规定,妇女在农村集体经济组织成员身份确认、土地承包经营、集体经济组织收益分配、土地征收补偿安置或者征用补偿以及宅基地使用等方面,享有与男子平等的权利。《农村集体经济组织法》第11条规定,户籍在或者曾经在农村集体经济组织并与农村集体经济组织形成稳定的权利义务关系,以农村集体经济组织成员集体所有的土地等财产为基本生活保障的居民,为农村集体经济组织成员。

认定"外嫁女"是否具有集体经济组织成员资格,应当结合户籍、土地承包经营权、权利义务关系等综合认定,确保"外嫁女"应当享有的利益不落空。为避免农村妇女结婚导致的土地权益"两头空"损害的发生,《农村集体经济组织法》第18条第2款明确规定:"农村集体经济组织成员结婚,未取得其他农村集体经济组织成员身份的,原农村集体经济组织不得取消其成员身份。"

本案中,甲村周某与乙村冯某结婚,但户口未迁出甲村,在甲村承包土地、履行村民义务,且未在乙村分配过农村承包土地或征地款。根据《妇女权益保障法》和《农村集体经济组织法》的相关规定,"外嫁女"周某具有甲村集体经济组织成员资格,应当享有相关合法权益。

第七节　妇女婚姻家庭权益保障的社会性别分析

引　例

甲(男)与乙(女)经人介绍认识,并于2017年登记结婚。最初甲与乙感情不错,但是其后因家庭琐事产生矛盾。2022年,甲以夫妻感情淡薄且长期处于分居状态最终导致夫妻感情破裂等为由,向乙户籍所在地法院提起离婚诉讼。法院经审理认为,夫妻感情确已破裂,判决准许甲与乙离婚。离婚后乙发现甲在婚姻存续期间长期与其他异性保持同居关系,对婚姻关系的解除负有重大过错,遂向法院起诉要求甲支付离婚损害赔偿金。

法院经审理认为,甲在婚姻关系存续期间与婚外异性保持长期同居关系,是对配偶乙的不尊重,也是对婚姻关系的不忠实,该行为给乙造成了一定的精神损害,甲在夫妻感情的破裂上具有重大过错。故法院依据《民法典》第1091条的规定,对乙提出的离婚损害赔偿予以支持。甲不服一审判决提起上诉,二审法院认为一审法院判决正确,维持原判。[82]

---

[82]《发布!南京法院2023年人身安全保护令工作白皮书》,载微信公众号"南京市中级人民法院"2024年5月29日,https://mp.weixin.qq.com/s/JgAbjxMgrGKEvZC-FhSSw。

《妇女权益保障法》在妇女婚姻家庭权益保障的理念与内容方面,如家务劳动补偿制度、离婚损害赔偿制度、离婚经济帮助制度的规定等,更加注重体现男女平等,保护特定群体的精神利益。运用社会性别视角对妇女婚姻家庭权益保障进行分析,会发现在司法实践中仍存在一些问题,如法律制度本身存在一定的局限性,导致妇女婚姻家庭权益保障存在困境与挑战;传统观念仍然影响着人们对男女在婚姻家庭中的角色定位,这既严重束缚了女性的个人发展,也影响了她们在婚姻家庭中的权益保障;部分妇女因缺乏法律知识和维权意识,在婚姻家庭权益受到侵害时选择忍气吞声或采取过激行为,导致权益无法得到有效维护;等等。法律真正实现男女平等,有效保障妇女婚姻家庭权益,仍任重道远。

一、有关彩礼与嫁妆问题的社会性别分析

彩礼与嫁妆是有着数千年历史并延续至今的婚姻习俗。通常认为,彩礼是指以建立并稳固婚姻关系为目的,根据习俗由男方及其家庭自愿向女方及其父母给付的财物;嫁妆是女方从娘家带来用于夫妻双方共同生活的财物。

(一)《彩礼规定》的制定背景和意义

近年来,多地彩礼数额持续走高,司法实践中涉彩礼纠纷案件数量呈上升趋势,甚至出现彩礼返还问题引发的恶性刑事案件。这不仅有悖彩礼的初衷,使彩礼给付方家庭背上沉重的经济负担,也给婚姻稳定埋下隐患,不利于社会文明新风尚的弘扬。2021年以来,"中央一号文件"连续五年对治理高额彩礼、移风易俗提出工作要求。为贯彻落实党的二十大精神和"中央一号文件"要求,回应人民关切,最高人民法院全面总结近年来司法实践经验,经过充分调研、反复论证、广泛征求意见,于2023年11月13日通过最高人民法院《关于审理涉彩礼纠纷案件适用法律若干问题的规定》(以下简称《彩礼规定》)。该司法解释自2024年2月1日起施行。

制定并发布《彩礼规定》具有如下重要意义:

第一,有助于弘扬社会主义核心价值观。实践中,高额彩礼造成双方利益失衡,彩礼纠纷数量增多。[83]《彩礼规定》旗帜鲜明地反对借婚姻索取财物,对弘扬健康、文明的婚嫁新风,推动文明家风建设有重要意义。

---

[83] 法院应根据诚实信用原则,对涉彩礼纠纷案件予以适当调整,妥善平衡双方利益。有些人借彩礼之名行诈骗之实,严重损害彩礼给付方合法权益,司法机关应坚决予以打击。

第二,有助于提升高额彩礼专项治理效果。[84]《彩礼规定》通过明确法院裁判规则,及时给予当事人行为指引,助力引导百姓客观、理性地对待彩礼问题,让彩礼回归"礼"的本质。

第三,有助于统一法律适用标准。是否返还彩礼以及返还比例的确定是司法实践中的难点问题。《彩礼规定》在《民法典婚姻家庭编解释(一)》的基础上,进一步完善了相关裁判规则,有助于统一类案的法律适用标准,有效平衡婚姻家庭关系中的多方利益。

(二)《彩礼规定》的主要内容

《彩礼规定》针对实践中存在的彩礼认定范围、彩礼返还原则等难点问题予以规范,与《民法典婚姻家庭编解释(一)》的有关规定结合,形成逻辑完整的彩礼纠纷法律适用规则。

1. 彩礼范围。《彩礼规定》第 3 条规定:"人民法院在审理涉彩礼纠纷案件中,可以根据一方给付财物的目的,综合考虑双方当地习俗、给付的时间和方式、财物价值、给付人及接收人等事实,认定彩礼范围。下列情形给付的财物,不属于彩礼:(一)一方在节日、生日等有特殊纪念意义时点给付的价值不大的礼物、礼金;(二)一方为表达或者增进感情的日常消费性支出;(三)其他价值不大的财物。"

2. 彩礼返还情形。《民法典婚姻家庭编解释(一)》第 5 条第 1 款规定:"当事人请求返还按照习俗给付的彩礼的,如果查明属于以下情形,人民法院应当予以支持:(一)双方未办理结婚登记手续;(二)双方办理结婚登记手续但确未共同生活;(三)婚前给付并导致给付人生活困难。"《彩礼规定》在此基础上新增了几种应予返还的情形,具体包括:一方以彩礼为名借婚姻索取财物,另一方要求返还的;双方已办理结婚登记且共同生活,但是共同生活时间较短且彩礼数额过高的。

3. 彩礼返还数额。《民法典婚姻家庭编解释(一)》第 5 条未明确彩礼返还数额的计算标准,实践中有将其僵化理解为全部返还或不予返还的情况。《彩礼规定》针对现实中比较普遍的男女双方未办理结婚登记但已共同生活,或已办理结婚登记但共同生活时间较短的情形,规定人民法院可以根据彩礼实际使用及嫁妆情况,综合考虑

---

[84] 2022 年 8 月,农业农村部等八个部门联合发布《开展高价彩礼、大操大办等农村移风易俗重点领域突出问题专项治理工作方案》,提出的治理目标包括高价彩礼等陈规陋习在部分地区持续蔓延势头得到有效遏制,农民群众在婚丧嫁娶中的彩礼等支出负担明显减轻。

彩礼数额、共同生活及孕育情况、双方过错等事实，结合当地习俗，确定是否返还以及返还的具体比例。

（三）《彩礼规定》的社会性别分析

近年来，彩礼纠纷集中于已办理结婚登记但共同生活时间较短，以及未办理结婚登记但已共同生活的案件。但《民法典婚姻家庭编解释（一）》对这两种情形没有相应的规定，导致实践中法律适用不统一，争议频发。《彩礼规定》将妇女在共同生活、孕育子女过程中的付出和所受影响等纳入考量，使彩礼问题的处理具有了一定的社会性别视角，更好地保障了妇女的合法权益。

《彩礼规定》明确了在处理彩礼返还问题时要考虑嫁妆情况。作为与彩礼相伴相生的婚嫁习俗，嫁妆在现实生活中也较为普遍，二者均是为建立与巩固婚姻家庭关系而采取的手段，但在司法实践中，嫁妆的处理问题并未得到应有的重视。现实生活中，按照习俗给付彩礼的都是男方，在具备前述情形时，当事人请求返还按照习俗给付的彩礼，人民法院应当予以支持，男方的利益可以得到保护。但对于结婚时女方家庭陪送的嫁妆，司法解释未予规定，女性没有主张取回的依据，对其明显不公。《彩礼规定》突破了传统立法与婚姻习俗的限制，在确定是否返还男方或其家庭给付的彩礼以及返还的数额方面，明确将女方家庭给付嫁妆的情况纳入考量范畴，即返还彩礼应当扣减已经共同消费或添附到男方财产上的嫁妆数额，这是司法解释的一项完善与突破。但是《彩礼规定》未就嫁妆返还问题作单独详细的规定，因此本书认为，还应进一步细化嫁妆的返还规则，逻辑上可参照有关彩礼问题的规定处理，以更好地维护妇女在婚姻家庭中的权益，进而推动民事主体平等享有和实现其财产权益。

至于共同生活多长时间即不需要返还彩礼或嫁妆，《彩礼规定》未作出具体规定。考虑到确定彩礼或嫁妆的返还比例不仅需要考虑共同生活时间，还要考虑孕育、一方或双方过错等事实，故实践中应依个案具体情况综合分析与认定，如考虑女性在妊娠、分娩、抚育子女等方面的付出等。

二、事实婚姻与同居法律规定的社会性别分析

所谓事实婚姻，是指男女双方未履行法律规定的结婚程序即以夫妻名义共同生活。是否依法办理结婚登记手续是区别事实婚姻和法律婚姻的重要标志。《民法典》第1049条规定："……未办理结婚登记的，应当补办登记。"《民法典婚姻家庭编解释（一）》第6条规定："男女双方依据民法典第一千零四十九条规定补办结婚登记的，婚

姻关系的效力从双方均符合民法典所规定的结婚的实质要件时起算。"第7条规定："未依据民法典第一千零四十九条规定办理结婚登记而以夫妻名义共同生活的男女，提起诉讼要求离婚的，应当区别对待：（一）1994年2月1日民政部《婚姻登记管理条例》公布实施以前，男女双方已经符合结婚实质要件的，按事实婚姻处理。（二）1994年2月1日民政部《婚姻登记管理条例》公布实施以后，男女双方符合结婚实质要件的，人民法院应当告知其补办结婚登记。未补办结婚登记的，依据本解释第三条规定处理。"第8条规定："未依据民法典第一千零四十九条规定办理结婚登记而以夫妻名义共同生活的男女，一方死亡，另一方以配偶身份主张享有继承权的，依据本解释第七条的原则处理。"依据上述法律与司法解释的规定，事实婚姻处于一种效力待定的地位。如果男女双方依法律规定补办结婚登记，即转化为合法有效的婚姻关系，婚姻关系的效力从男女双方均符合结婚实质要件时起算。如果男女双方未补办结婚登记，则按同居关系处理。

事实婚姻欠缺缔结婚姻关系的形式要件，婚姻当事人应对自己规避法律的行为承担不利法律后果，以维护法律的权威与尊严。我国立法对待事实婚姻的态度日趋严格，便是此种立法态度的体现。但若法律一律否认事实婚姻的法律效力，将未办理结婚登记即共同生活的情形均作为同居关系处理，则可能忽视当事人的利益，既不利于对妇女、未成年人利益的保障，也不利于婚姻家庭和社会秩序的稳定，无法实现国家对婚姻家庭及社会秩序的有效调控。

目前无论是在农村还是城市，未登记即同居生活的情况并不罕见。在同居关系中，双方共同生活的内容与夫妻之间极为相似，不少也会生儿育女。但是在法律效果上，同居当事人不具有夫妻身份，没有夫妻间的法定权利和义务。当事人提起诉讼仅请求解除同居关系的，人民法院不予受理。[85] 对同居期间所得的财产，有约定的，按照约定处理；没有约定且协商不成的，各自所得的工资、奖金、劳务报酬、知识产权收益，各自继承或者受赠的财产以及单独生产、经营、投资的收益等，归各自所有；共同出资购置的财产或者共同生产、经营、投资的收益以及其他无法区分的财产，以各自出资比例为基础，综合考虑共同生活情况、有无共同子女、对财产的贡献大小等因素进行分割。[86] 虽然这些规定在形式上对男女无差别对待，但受传统婚姻文化、习俗影响以及经济贫困、男女资源差异等因素的制约，女方在同居关系中大多处于经济上的

---

[85] 《民法典婚姻家庭编解释（一）》第3条。
[86] 《民法典婚姻家庭编解释（二）》第4条。

弱势地位。如果解除同居关系,女方分得共同财产的难度更大,其在家务劳动方面付出的较多义务也不能得到补偿,还可能面临子女和男方亲子关系的确认等问题,法律处理结果并不利于对女性人身及财产权益的保护。

三、家务劳动补偿制度的社会性别分析

不同形式的家务劳动均有其价值和贡献,但在现实生活中,家务劳动的社会贡献和经济价值未得到足够重视。离婚时的家务劳动补偿请求权是法律赋予离婚主体的一项权利,这种补偿请求权既不同于损害赔偿,也不同于经济帮助,它是对家庭共同生活中付出劳务较多一方所从事的家务劳动的价值的肯定和认同,可以使其在离婚时得到精神抚慰与财产救济,体现了法律的公正、补偿和保护功能。

《民法典》第1088条取消了家务劳动补偿制度的适用须以夫妻采取分别财产制为前提的规定,《妇女权益保障法》第68条也作出了相应修改。根据这两个条文的规定,行使家务劳动补偿请求权须符合以下条件:其一,请求家务劳动补偿的一方应是负担家务义务较多的一方,如因抚育子女、照料老人、协助另一方工作等负担较多家务劳动。其二,家务劳动补偿请求权不考虑双方适用的财产形式及过错情况。虽然这是一条性别中立的规定,无论男性还是女性,只要在家务劳动中负担较多义务,均可请求家务劳动补偿,但是在传统的文化与性别分工下,女性依然是家务劳动的主要承担者。根据第三期中国妇女社会地位调查,"除去家庭日常维修、买煤换气、砍柴等这样一些发生频率较低的家务劳动外,做饭、洗碗、洗衣等频次高、烦琐的日常家务劳动更多是由女性承担,30%左右的城镇女性和40%以上的农村女性在家里完全负责了这些工作,均大大高于男性完全承担这些家务劳动的比例"[87]。第四期中国妇女社会地位调查显示女性承担家庭照料主要责任。0~17岁孩子的日常生活照料、辅导作业和接送主要由母亲承担的分别占76.1%、67.5%和63.6%;女性平均每天用于照料、辅导、接送孩子和照料老人、病人等家人的时间为136分钟。已婚女性平均每天家务劳动时间为120分钟。尽管近十年来夫妻的家庭地位更加平等,但女性仍然面临家庭照料负担重、公共服务支持不足的困境。在这种现实背景下,家务劳动补偿制度的改革与落实,是基于社会性别视角的考虑,有助于切实保护付出较多家务劳动的一方,尤其是妇女的合法权益。

家务劳动补偿制度在司法实践中仍存在认定标准弹性过大、法律适用范围过窄、

---

[87] 宋秀岩主编:《新时期中国妇女社会地位调查研究》,中国妇女出版社2013年版,第365页。

补偿标准过低等问题,这在一定程度上反映了对家务劳动贡献和价值的忽视。例如对"较多义务"的界定标准不一,导致在适用该制度时仍存在一定的障碍,该制度的价值和立法目的难以充分实现。又如对补偿数额的确定,司法实践中也存在较大差异。《民法典婚姻家庭编解释(二)》对此规定,人民法院可以综合考虑负担相应义务投入的时间、精力和对双方的影响以及给付方负担能力、当地居民人均可支配收入等因素,确定补偿数额,这在一定程度上有利于统一法律适用。总之,在社会性别视角下理解家务劳动补偿制度对应的经济价值和该制度设置的功能价值,审视该制度在司法实践中的运行难点问题,仍然很重要。

四、婚内侵权的社会性别分析

《反家庭暴力法》颁布实施以来,经过各方面的共同努力,我国在预防和制止家庭暴力方面取得了一定成效,但仍存在受害人在婚内主动寻求救济的法律意识弱、通道不畅通等问题。根据《民法典》的规定,如果夫妻双方没有对婚姻关系存续期间所得的财产特别约定为各自所有,则该财产依法为双方共同所有。现实生活中,我国夫妻极少实行分别财产制,大多是依照法律规定适用婚后所得共同制;而且夫妻之间的共有为共同共有,即通常只有在夫妻关系终止时方可进行分割。《民法典》第1066条规定了两种婚内可以请求分割共同财产的特殊情形:"婚姻关系存续期间,有下列情形之一的,夫妻一方可以向人民法院请求分割共同财产:(一)一方有隐藏、转移、变卖、毁损、挥霍夫妻共同财产或者伪造夫妻共同债务等严重损害夫妻共同财产利益的行为;(二)一方负有法定扶养义务的人患重大疾病需要医治,另一方不同意支付相关医疗费用。"这一规定并未将婚内侵权中的无过错方可以主张财产赔偿的相关情况纳入立法视野。《民法典》第1091条关于离婚损害赔偿的规定,要求无过错方必须以离婚为前提主张过错方承担损害赔偿责任。[88] 因此,夫妻一方对另一方实施家庭暴力、虐待、遗弃等婚内侵权行为时,受害人无法在不离婚的情况下请求婚内损害赔偿。从社

---

[88] 《民法典》第1091条将重婚,与他人同居,实施家庭暴力,虐待、遗弃家庭成员归入"重大过错"的情形,且明确不限于该4项的"其他重大过错"。我国《民法典》婚姻家庭编在第1087条关于离婚分割夫妻共同财产的规定中,增加了可以适用"照顾无过错方"的原则,这意味着法官在处理离婚案件分割夫妻共同财产时,会在财产分配比例等方面对无过错方予以适当倾斜。考虑到我国立法对离婚损害赔偿和对无过错方的利益保护出现在两个不同的法条中,法官在适用《民法典》第1091条离婚损害赔偿制度以及第1087条所涉及的"照顾无过错方"原则时,都会出现对过错的认定问题;但婚内侵权并不适用这些规定。这也是当下应该关注的问题,即婚内一方发生了重大过错,无过错方是否可以提出赔偿以及如何赔偿。

会性别视角分析,这忽视了受害人,主要是妇女的现实需求。

对此,本书建议在立法上增设"非常法定财产制",使受害人在婚内请求损害赔偿具有夫妻财产制基础,使婚内侵权损害赔偿在法律上具有独立价值。设立非常法定财产制这一举措更加人性化、客观,它可以从赋权视角保障受害人的权益,使婚姻关系存续期间的损害赔偿请求不再遭遇法律制度和现实的障碍与难题,使遭受婚内侵权的夫妻一方及时有效地获得法律救济。

引例分析

离婚损害赔偿是指夫妻一方重婚,与他人同居,实施家庭暴力,虐待、遗弃家庭成员,或有其他重大过错,致使婚姻关系破裂,过错方应对无过错方的物质与精神损失予以赔偿的法律制度。这里所说的"重大过错",主要是指婚姻关系存续期间存在上述重婚、与他人同居等行为。提出离婚损害赔偿的主体必须为婚姻关系中的无过错方,而不是与无过错方相关的亲属;承担赔偿责任的主体为过错方,所以排除了第三者等。若夫妻双方都有过错,如一方对配偶实施家庭暴力,另一方在外与他人同居,则双方都不符合提出离婚损害赔偿的主体要求,均无权请求离婚损害赔偿。

婚姻关系存续期间,夫妻之间彼此忠实不仅是道德规范的要求,也是一项法定义务,夫妻双方均应切实维护婚姻两性关系的专属性和排他性。无论男方还是女方,如违反夫妻忠实义务则须承担相应的法律责任,对无过错方给予损害赔偿。本案中,甲某在婚姻关系存续期间与婚外异性同居,属于违反法定义务的重大过错,符合离婚损害赔偿制度的适用条件。

需要注意的是,在过错方实施家庭暴力、虐待、遗弃等行为时,损害行为的直接受害者既可能是配偶,也可能是老人、子女等其他家庭成员。除夫妻中的无过错方,其他受到损害的家庭成员无权提出离婚损害赔偿。因为离婚损害赔偿系离婚救济制度,与一般侵权导致的损害赔偿在制度设计目的上存在不同,该制度设立的初衷就是对夫妻任何一方违反夫妻义务,侵犯对方配偶权,使对方蒙受物质、精神上的损害进行弥补,与夫妻双方之间的权利义务关系息息相关,不能适用于离婚夫妻之外的其他主体。

章结语

社会性别主流化是把社会性别平等意识纳入社会发展和决策的主流。男女平等基本国策是对社会性别主流化的积极回应,社会性别分析是社会性别主流化的重要工具。虽然现行法律更加重视对妇女权益的保障,但通过本章对妇女政治权利、人身和人格权益、文化教育权益、劳动和社会保障权益、财产权益及婚姻家庭权益保障制度及其适用情况的社会性别分析,不难发现,妇女权益保障制度仍存在一些问题。尤其是一些表面上看似对男女一视同仁的法律规定,因忽视了妇女群体的弱势地位,结果往往无助于妇女境地的改变和妇女权益的保障,因此有待进一步完善。

思考题

1. 如何认识男女平等的核心要义?
2. 如何认识社会性别主流化?
3. 推行性别配额制是否有违民主和平等价值?
4. "违背受害人意愿"与"不受欢迎"在性骚扰的构成和认定上有何区别?你认为哪种更有利于保障性骚扰受害人的权益?
5. 你认为妇女文化教育权益保障的关键是什么?
6. 请从社会性别视角分析我国女职工职业禁忌立法的不足。
7. 我国生育保障法律制度应该如何体现性别平等?
8. "两头婚"系近年来在江浙一带兴起的一种新的婚姻形式,这种婚姻既不属于男娶女嫁,也不属于女招男入赘。夫妻双方结婚后仍旧与双方原生家庭保持一定程度的"黏性",通常各住各家,生育的子女可以随父姓也可以随母姓。在这种家庭中,没有外公外婆的概念,小孩对爸爸妈妈的父母都称呼为爷爷奶奶。请用社会性别视角分析,在"两头婚"的婚姻模式下,是否存在妇女在家庭关系中的财产权益受侵害的情形?
9. 请从社会性别视角反思婚内侵权制度的不足与完善。

第五章 妇女权益保障制度机制

---| 章前语 |--

《妇女权益保障法》不仅在于确认妇女的各项权益,更重要的是为妇女实现各项权益提供必要的保障。本章将对妇女权益保障制度机制进行理论阐述,并结合2022年《妇女权益保障法》的修订,介绍妇女权益保障的主要制度机制,以及妇联在维护妇女权益中的重要职能定位和工作方式方法。

第一节 妇女权益保障制度机制概述

妇女权益由法律赋予和保护。为了保证妇女权益的客观实在性,法律必须为妇女权益的实现设立相应的保障:一方面,要积极采取措施保证妇女权益的实现,预防侵害妇女权益行为的发生;另一方面,还应有预防相关措施失效情况下的救济措施。保障与救济是权益实现的必要途径,没有保障和救济,法律规定的妇女各项权益将失去存在的意义。

一、基本概念界定——保障、维护、救济妇女权益

保障妇女权益与维护妇女权益是经常被使用的两种表述,但二者经常不被人们区分而混淆使用,有时使用"保障妇女权益",有时使用"维护妇女权益",有时甚至使用"保障和维护妇女权益"。1992年《妇女权益保障法》中要求妇联"代表和维护各族各界妇女的利益,做好保障妇女权益的工作"。2005年修正《妇女权益保障法》时,妇联组织的定位由"保障"转变为"维护",强调妇联"代表和维护各族各界妇女的利益,

做好维护妇女权益的工作"。立法上的这一转变体现了立法者对妇联职能的再认识,对国家责任的再明确。

(一)保障妇女权益

"保障"强调提供必要的条件、资源或者措施,以确保某种权利、利益或状态的实现和持续,侧重于预防问题的发生,为某个目标或对象提供可靠的支持和保护。例如,保障公民的基本权利、保障社会的稳定和安全、保障员工的福利待遇等。"保障妇女权益"通常强调的是国家、政府或社会机构采取积极措施,确保妇女在法律、政治、经济、社会和文化等方面享有同男子平等的权利和机会,如制定和执行相关法律法规、提供必要的资源和支持,以消除性别歧视,促进妇女全面发展。我国《宪法》第33条第3款规定:"国家尊重和保障人权。"妇女权益作为公民基本人权的组成部分,国家对其负有保障义务。《妇女权益保障法》第2条第2、3款规定:"国家采取必要措施,促进男女平等,消除对妇女一切形式的歧视,禁止排斥、限制妇女依法享有和行使各项权益。国家保护妇女依法享有的特殊权益。"但是"国家"是抽象概念,无法直接承担保障妇女权益的义务。因此,此处的"国家"具体是指国家机关。"从宪法学学理的角度讲,'国家尊重和保障人权'的义务主体是政府(国家机关)。而在国家机关中,权力机关、行政机关、审判机关和检察机关都应构成义务的主体。"[1]因此,《妇女权益保障法》第3条中进一步明确政府负有保障妇女权益的责任;第4条规定:"保障妇女的合法权益是全社会的共同责任。国家机关、社会团体、企业事业单位、基层群众性自治组织以及其他组织和个人,应当依法保障妇女的权益。国家采取有效措施,为妇女依法行使权利提供必要的条件。"国家保障妇女权益的举措包括制定保障妇女权益的法律、法规、规章和其他规范性文件;制定政策(如中国妇女发展纲要、地方妇女发展规划)并将其纳入国民经济和社会发展规划;提供经费保障;建立健全性别统计调查制度和性别统计监测指标体系并纳入国民教育体系;等等。[2] 国家从宏观层面整体构建有利于妇女权益保障的制度环境和社会氛围,确保妇女在各个领域享有公平的待遇和发展空间。政府负责具体政策的执行和实施,通过行政手段推动开展各项工作。

---

[1] 焦洪昌:《"国家尊重和保障人权"的宪法分析》,载《中国法学》2004年第3期。
[2] 《妇女权益保障法》第5、8、9、10条。

(二) 维护妇女权益

"维护"一词强调保持、维持某种状态或秩序,使其不受损害或破坏,是对已经存在的事物进行保护和修复,以确保其正常运行或持续存在。例如,维护社会秩序、维护法律权威、维护设备的正常运行等。"维护妇女权益"强调保护妇女已经享有的权利不受侵犯或损害。如通过法律手段、社会监督、教育宣传等方式,防止和打击对妇女的暴力、歧视、剥削和侵权行为,确保妇女的人身安全、尊严和权益得到尊重和保护。《妇女权益保障法》明确妇联、工会、共产主义青年团、残疾人联合会等群团组织应当在各自的工作范围内,做好维护妇女权益的工作。[3] 这既表明妇联等群团组织在维护妇女权益方面发挥重要作用,也符合妇联等群团组织的性质和定位。妇联作为妇女的"娘家",其性质决定了它要积极代表和维护妇女权益,倾听妇女的声音,反映妇女的诉求,为妇女争取平等的权利和机会。

虽然"保障妇女权益"与"维护妇女权益"的侧重点不同,但它们之间不是完全割裂的,国家、政府与妇联等群团组织在维护妇女权益方面是相互配合、共同协作的关系。国家和政府为群团组织开展工作提供支持和保障,群团组织积极协助国家和政府更好地了解妇女需求、反映妇女诉求、落实相关政策,共同致力于实现妇女权益的全面保障和妇女事业的发展进步。"保障妇女权益"与"维护妇女权益"是妇女权益实现中不可缺少的两个方面,两者目标一致,但在主体、作用、侧重点、立场、表现形式等方面存在区别(见表5-1)。

表5-1 保障妇女权益与维护妇女权益对比

项目	保障妇女权益	维护妇女权益
目标	实现妇女权益,促进男女平等和妇女全面发展	
主体	国家、政府	妇联等群团组织
作用	基础性	补充性
侧重点	事前准备和支持	事后保持和修复
立场	公平、效率	妇女本位

---

[3]《妇女权益保障法》第6条规定:"中华全国妇女联合会和地方各级妇女联合会依照法律和中华全国妇女联合会章程,代表和维护各族各界妇女的利益,做好维护妇女权益、促进男女平等和妇女全面发展的工作。工会、共产主义青年团、残疾人联合会等群团组织应当在各自的工作范围内,做好维护妇女权益的工作。"

续表

项目	保障妇女权益	维护妇女权益
表现形式	立法保障、司法保障、政策保障、组织保障、物质保障等	依法维权
相互关系	反比关系:妇女组织的维权任务越重,表明国家机关的保障责任越是没有落实到位	

(三)救济妇女权益

与"保障"侧重于事先、全面系统安排不同,"救济"一般是指在问题出现后采取应对措施,主要针对的是特定个体或群体的具体困境。救济妇女权益是指当妇女在实现自己权益过程中遇到障碍或受到侵害时,法律允许妇女本人或国家、社会的有关组织依法采取各种旨在保护或恢复权利的手段和方法,如控告、检举、申请调解、申请仲裁、向人民法院起诉、申请法律援助或者司法救助等。[4]

二、我国妇女权益保障机制概述

(一)我国妇女权益保障机制

要界定妇女权益保障机制,首先需要弄清楚机制的含义。机制原指机器的构造和工作原理,最初被生物学和医学借鉴使用,后逐渐应用于社会科学领域,用来研究、分析各种事物的结构、相互关系和内外影响。[5] 社会机制是为实现特定的目标朝着既定的方向运转的系统,表现为一种运行方式。如"市场机制"就是通过市场竞争配置资源的方式,是价值规律的实现方式。其构成要素包括主体、目标、运行方式和驱动力等。主体是社会领域中任何一个概念或制度不可或缺的要素;目标决定了社会机制运转的方向;运行方式是实现目标的具体方法和路径;意识决定行为、行为决定结果,而有了驱动力,人们才能自觉向目标努力。因此,社会机制是主体在动力驱动下以一定的方式向特定目标努力的过程(见图5-1)。社会机制是否运转顺畅取决于各个组成部分是否适当、运行方式是否妥当、相互之间的关系是否顺畅。

---

[4] 《妇女权益保障法》第八章"救济措施"。
[5] 张序、张霞:《机制:一个亟待厘清的概念》,载《理论与改革》2015年第2期。

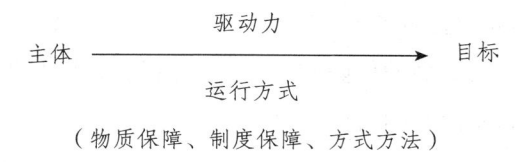

```
主体 ——驱动力——→ 目标
       运行方式
   （物质保障、制度保障、方式方法）
```

图 5-1 社会机制的构成要素及相互关系

（二）我国妇女权益保障机制系统

理解我国妇女权益保障机制须对应社会机制的构成要素。主体要素：妇女权益保障机制中，妇女是被保障的对象，而负有保障义务的主体广泛，包括各级人民政府、国家机关、社会团体、企业事业单位、基层群众性自治组织等。[6] 目标要素：妇女权益保障机制以"保障妇女的合法权益，促进男女平等和妇女全面发展"[7]为目标。运行方式有提供经费支持的物质保障[8]，有法律政策等制度保障[9]，也有提供具体管理服务的方式方法。[10] 三种运行方式既可以同时采用，也可以只采取其中的一种或两种。驱动力是存在于主体内的驱使其行为的内在动力。这种驱动力既可以来自主体本身，也可以来自外部压力。修昔底德说：人行为的三大驱动力为利益、荣誉、恐惧。妇女权益保障机制的驱动力可以内化于主体的平等理念、人权观念和性别意识等，也可以是来自外部的压力，如法律强制。上述各个要素相互作用、内外影响，共同构成妇女权益保障机制，即负有保障义务的主体在平等理念、人权观念、性别意识以及外部强制的推动下采取各种措施和方式，保障妇女合法权益、促进男女平等和妇女全面发展的过程。各个要素之间的关系和运行状态直接决定了权益保障效果。

本书所称妇女权益保障机制是为保障、维护和救济妇女权益而形成的一个工作系统，在这个工作系统内，各个构成要素基于一定的规律和原理，相互作用，相互联系，保障和推动妇女权益的实现。妇女权益保障机制是保障妇女权益的有效的制度化、系统化、综合性的工作方式和方法，主要由权利确认机制、权益保障机制、权益维

---

[6] 《妇女权益保障法》第3条、第4条。
[7] 《妇女权益保障法》第1条。
[8] 如《反家庭暴力法》第4条第3款。
[9] 如《妇女权益保障法》第8条。
[10] 如多机构、多部门合作保障妇女权益协调机制等。

护机制、权益救济机制和权益监督机制构成。[11] 这些机制涵盖了妇女权益保障的全过程,从事先的权利确认、事中的保障和维护到事后的救济,以及对整个过程的监督,全面且多维度地实现妇女权益(见图5-2)。

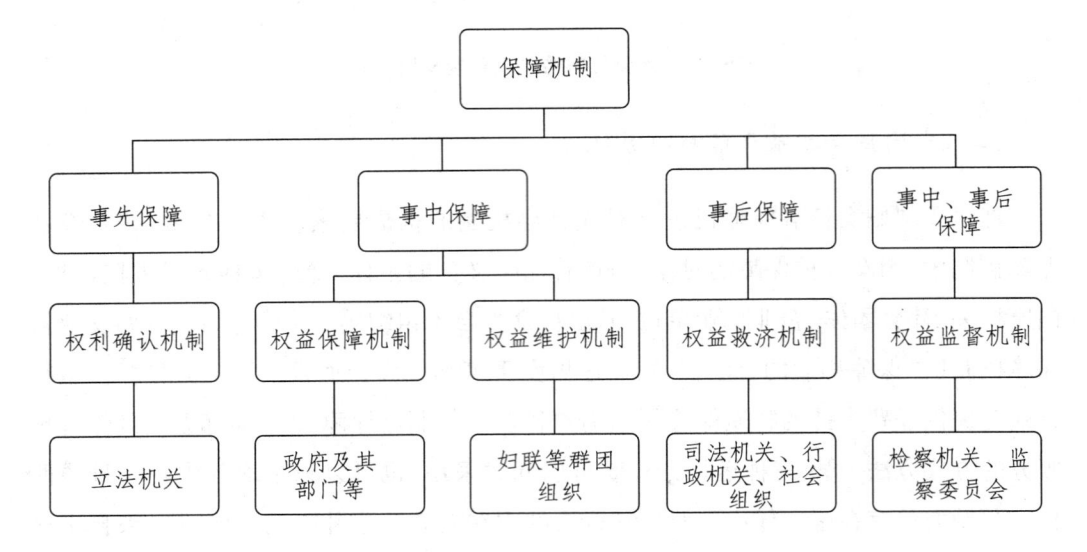

图5-2 妇女权益保障机制结构

1. 权利确认机制

权利确认机制包括妇女权利法律确认、妇女权利政策确认、妇女权利道德确认,主要指妇女的利益通过法律、政策和道德加以确定和承认,从而具有合法性和正当性。这是妇女权益保障机制中最重要的一环。不被法律和政策确认的利益,不具有合法性,得不到国家和政府的保护和支持;不被道德确认的利益,会被认为不具有正当性,从而在实现过程中受到来自民间习惯的阻碍。

在权利确认机制的三个内容中,法律确认是最根本的保障机制。"在法治社会中,法治的一个重要功能,就是按照公平、公正的原则,通过运用公共权力对社会资源的重新分配,给予弱势群体以特别的物质保障;或者运用公共权力,通过创造条件,排除妨碍等方式,给予弱势群体以特别的精神、道义保障;或者双管齐下,两者兼而有之。"[12]妇女受生理特点和传统社会性别观念的影响,在社会资源分配中处于不利地位,需要更多的关注和额外的保护。权利确认首先须在法律上确认妇女享有与男性

---

[11] 在妇女权益保障机制中,之所以确认机制指向"权利"(法律赋予主体的明确资格),而其他机制指向"权益"(权利与法益的结合),是因为确认机制重在明确法定权利,而其他机制更侧重保障权利的实现以及维护合法利益的功能与性质。这是基于精准理解、使用"权利"和"权益"概念的需要,特此说明。

[12] 李林:《法治社会与弱势群体的人权保障》,载《前线》2001年第5期。

同等的权利；其次，国家应制定倾向性法律促进妇女权益的实现。

此外，法律确认不仅是国家立法机关依法定程序和职权开展立法活动将妇女权益上升为法律，还包括各种社会力量积极参与立法、推动法律发展的活动。如妇联组织源头参与妇女权益保障法律体系建设，在《妇女权益保障法》的制定和修改、《反家庭暴力法》的起草等过程中起到重要的推动作用。

2. 权益保障机制

此处的权益保障机制实质上是妇女权益的实现机制。妇女权益保障机制是指国家和国家机关通过物质基础、组织建设、制度保障、行政执法等手段整合社会资源，共同促进妇女权益的实现。首先，国家要大力发展经济，为权益保障奠定经济基础。同时深化改革，使社会财富分配机制公平化、合理化，减少和化解社会矛盾；并不断完善社会保障机制，使社会保险、社会救济和社会福利制度更加完善，社会保障公平化。[13] 其次，完善保障妇女权益的组织机构建设。国家设立了专门负责妇女儿童工作的机构，即"县级以上人民政府负责妇女儿童工作的机构"[14]。该机构在保障妇女权益的组织建设中具有极其重要的地位和作用，它能够统筹协调相关部门和机构，整合资源，形成工作合力，确保保障妇女权益工作能够全面、系统推进。最后，构建对维护群众利益具有重大作用的制度体系，建立健全社会矛盾预警机制、利益表达机制、协商沟通机制、救济救助机制，畅通群体利益协商、权益保障法律渠道。[15] 及时察觉可能影响妇女权益的潜在问题，如发现家庭暴力隐患；确保妇女有渠道表达各种权益诉求；建立各方在涉及妇女权益的事务上进行理性对话和协调的制度，如约谈制度等。

3. 权益维护机制

权益维护机制是指妇联等人民团体为促进妇女全面发展采取积极措施，为妇女赋权增能的一系列举措。单靠国家的力量无法完全实现法律赋予妇女的权利，还需要国家整合社会资源，为妇女权利的实现创造条件，提供帮助。权益保障机制与权益维护机制是妇女权益实现中不可缺少的两个方面，两者虽然在主体、作用、侧重点、立场和表现形式等方面存在差别，但均以妇女权益实现为目的，并且相互促进。以女职工权益保障为例，为保障女职工的劳动权益，国家专门成立劳动监察大队，定期开展监督检查活动，督促用人单位履行法定义务，确保女职工劳动权益的实现，预防或及

---

[13] 董和平：《关于中国人权保障问题的若干思考》，载《法学》2012 年第 9 期。
[14] 《妇女权益保障法》第 3 条第 3 款。
[15] 党的十八届四中全会《中共中央关于全面推进依法治国若干重大问题的决定》。

时纠正违法现象发生;工会、妇联等人民团体作为社会资源,积极开展相关促进活动,如工会开展相关宣传咨询活动,并联合执法部门监督检查;妇联与劳动行政部门联合成立妇女维权调解仲裁庭。可见,妇女权益维护机制从组织上、制度上、措施上保障和促进妇女权益的实现。

4.权益救济机制

法谚有云:"有权利必有救济,无救济即无权利。"权益救济机制是权益得以实现、法治得以落实的必要保障。如果缺乏权益救济机制,不能在公民权益遭受妨碍或侵害时为其提供有效的法律救济,那么法律对于权利的规定不过是一纸空文。我国在立法确定妇女权利的同时,不断致力于构建、完善妇女权益救济机制。妇女权益救济机制指妇女在实现权益过程中遇到障碍或受到侵害时,依法定的方法和程序保护自己权益的各种手段和措施,包括公力救济、自力救济和社会救济。

公力救济是通过国家公权力对遭受侵害的权利给予救济,包括司法救济和行政救济。司法救济包括民事诉讼、行政诉讼和刑事诉讼;行政救济包括行政复议、行政补偿和信访等。公力救济是通过对受到侵害的权益给予补偿,对侵权者(加害者)给予惩罚或制裁,使无法顺利实现的权益得以实现。公力救济因有国家强制力作为保障,是妇女维权最重要的方法,特别是作为解决社会矛盾最后一道防线的司法救济。自力救济是权利人依靠自己的力量采取合法手段保护自己权益的行为,主要包括正当防卫、紧急避险和自助行为。在一些特定情况下,自力救济能够迅速、直接地保护受害人自身权益,弥补公力救济的不足,但是存在局限性和风险,可能导致冲突升级或超出合理范围演变为违法行为。社会救济是介于公力救济与自力救济之间的维权方式,一般由公益组织、民间组织、社会团体、中介机构建立或主持,体现了社会自治理念和司法社会化趋势,包括调解、仲裁等。这是社会矛盾纠纷预防化解机制的重要组织部分。[16]

当妇女权益受到侵害时,上述三种救济方式原则上可以并用。特别是在一般的民事纠纷中,法律提倡多元化纠纷解决机制,赋予当事人选择的机会和可能,并鼓励自力救济和社会救济,使其成为诉讼等公力救济方式的重要补充。然而,公力救济权威性、规范性、普遍适用性的特点,决定了其是保障妇女合法权益、维护社会秩序最主

---

[16] 《中共中央关于全面推进依法治国若干重大问题的决定》中指出:"健全社会矛盾纠纷预防化解机制,完善调解、仲裁、行政裁决、行政复议、诉讼等有机衔接、相互协调的多元化纠纷解决机制。加强行业性、专业性人民调解组织建设,完善人民调解、行政调解、司法调解联动工作体系。完善仲裁制度,提高仲裁公信力。健全行政裁决制度,强化行政机关解决同行政管理活动密切相关的民事纠纷功能。"

要和不可替代的救济方式。

5. 权益监督机制

权益监督机制实质上是法律监督机制。妇女权益监督机制是指检察机关、监察委员会对各国家机关和社会组织在实施保障妇女权益的法律过程中严重违反国家法律的情况进行监察和督促的机制。从监督范围看,权益监督主要是对执法和司法活动的监督,不包括立法活动。从监督内容看,权益监督机制涵盖对公权力的制约、制衡与监督,以及对私权领域妇女权益的法律保障。检察机关、监察委员会要按照尊重和保障人权的要求行使法律监督权。检察机关可以发出检察建议,依法提起公益诉讼来行使监督职责。[17] 监察委员会是我国的监察机关,可以对侵犯妇女权益的公职人员进行监察,调查和处理职务违法和职务犯罪行为,保障妇女的合法权益不受侵害;或者通过监督政府部门和社会组织保障妇女权益职责的履行,推动妇女权益保障工作的落实。

妇女权益保障机制是一个复杂的工作系统,各构成要素相互联系、相互作用,共同保障和推动妇女权益的实现。其中,权利确认机制是根本,权益保障和维护机制是关键,权益救济机制是后盾,权益监督机制是保障,各构成要素缺一不可。

第二节 保障妇女权益的工作机制

引 例

2021年8月25日,国务院常务会议审议通过《中国妇女发展纲要(2021—2030年)》。该发展纲要围绕健康、教育、经济、参与决策和管理、社会保障、家庭建设、环境、法律8个领域,提出75项主要目标和93项策略措施。要求贯彻落实男女平等基本国策,保障妇女平等享有接受教育、就业创业、参与决策和管理等权利,全面落实男女同工同酬,拓展支持家庭与妇女全面发展的公共服务,针对妇女特殊需求完善社会保障体系,加强对困难妇女的基本保障和关爱服务,健全保障妇女合法权益的法律体系。

---

[17]《妇女权益保障法》第77条。

《妇女权益保障法》第 3 条第 1 款确立了我国保障妇女权益的工作机制,即"坚持中国共产党对妇女权益保障工作的领导,建立政府主导、各方协同、社会参与的保障妇女权益工作机制"。

一、坚持中国共产党的领导

第一,坚持中国共产党的领导是宪法要求。中国共产党是中国特色社会主义事业的领导核心,是中国最高政治领导力量。中国共产党的领导是中国特色社会主义制度的最大优势,是社会主义法治最根本的保证。中华人民共和国成立以来,先后制定、颁布了四部宪法,每部宪法都在序言中回顾总结了党领导人民进行革命、建设的奋斗历程和根本成就,同时确定了党在国家中的领导地位。当前,党总揽全局、协调各方的领导核心地位在国家运行机制和各项制度中得到了充分体现。2018 年,十三届全国人大一次会议通过了《宪法修正案》,把"中国共产党领导是中国特色社会主义最本质的特征"充实进宪法关于国家根本制度的条文。依法保障妇女权益必须依宪修订法律,必须坚持宪法确定的中国共产党领导地位不动摇,坚持和加强党的全面领导,从而确保妇女权益保障工作正确的政治方向,实现妇女事业与经济社会的协调发展。

第二,保障妇女权益是中国共产党一贯的政治主张。从中国共产党成立以来的历史看,在革命、建设、改革各个历史时期,我们党始终坚持把实现妇女解放和发展、实现男女平等写在自己奋斗的旗帜上,始终把广大妇女作为推动党和人民事业发展的重要力量,始终把妇女工作放在重要位置,领导我国妇女运动取得了历史性成就,开辟了中国特色社会主义妇女发展道路。中国共产党成立之初,中国共产党积极组建妇女组织,创办刊物和女校,宣传马克思主义妇女解放思想,唤醒女性权利意识。党的二大、三大、四大、六大均作出关于妇女运动的决议,号召"为所有被压迫的妇女们的利益而奋斗"。在中央苏区、抗日根据地、解放区,促进男女平等和保障妇女权利的生动实践蓬勃开展。新中国成立后,中国共产党通过开展土改运动、贯彻婚姻法运动、废娼运动、扫盲运动、普选运动等,使妇女成为国家、社会、家庭和自己的主人。改革开放以来,在中国共产党领导下,我国建立了妇女权益保障法律体系,制定了促进妇女发展的国家行动计划,把男女平等作为促进我国社会发展的一项基本国策。党的十八大以来,以习近平同志为核心的党中央从党和国家事业发展全局出发,不断加强党对妇女工作的领导,作出一系列重要部署。党的十八大、十九大、二十大报告连续提出"坚持男女平等基本国策,保障妇女儿童合法权益"。

第三,保障妇女权益的工作机制是国家治理体系的重要组成部分。2015年9月,中国国家主席习近平在全球妇女峰会上的讲话指出,"妇女权益是基本人权。我们要把保障妇女权益系统纳入法律法规,上升为国家意志,内化为社会行为规范"[18]。党的十九届四中全会明确提出"坚持和完善促进男女平等、妇女全面发展的制度机制"。在党中央的坚强领导下,妇女权益保障纳入法律体系建设,上升为国家发展战略规划,全面融入国家治理体系,成为我国人权保障制度建设的重要内容。人大立法保障妇女权益;政协协商推动妇女事业发展的工作机制不断健全、更加完善;政府贯彻落实男女平等基本国策的工作机制持续优化、更加务实;妇联组织作为党联系妇女群众的桥梁,其纽带作用日益彰显。妇女权益保障的国家机制在实践中焕发出强大活力。在推进法治国家、法治政府、法治社会建设中,国家层面和31个省(自治区、直辖市)均建立了法规政策性别平等评估机制;最高人民法院、最高人民检察院、国务院有关部门联合出台多个司法解释和规范性文件,对就业性别歧视、性侵家暴等侵害妇女权益问题加大干预和惩处力度;国家法治宣传教育五年规划作出部署,要求根据妇女等群体特点,开展有针对性的法治宣传教育活动,提高其依法维护权益的意识和能力,并要求深入宣传与社会治理现代化密切相关的法律法规,围绕防治家庭暴力等人民群众关心关注的问题,开展经常性法治宣传教育。妇女权益保障机制体现在科学立法、严格执法、公正司法、全民守法各环节,并不断完善,发挥作用。

第四,坚持和加强党的领导的实践要求。2023年9月,习近平总书记在第七次全国妇女儿童工作会议前夕作出重要指示,"各级党委和政府要深化对发展妇女儿童事业、做好妇女儿童工作重要性的认识,坚持男女平等基本国策和儿童优先发展,深入实施妇女、儿童发展纲要,提升妇女、儿童综合素质,积极为妇女参与经济社会发展创造条件、搭建平台,保障妇女、儿童合法权益,努力让尊重妇女、关爱儿童在全社会蔚然成风"[19]。在实践中,坚持和加强党的领导主要体现在以下三个层面:

一是坚持党管妇女工作原则,贯彻男女平等基本国策,在"五位一体"总体布局和"四个全面"战略布局中推进妇女儿童权益保障工作,扎实贯彻党中央关于妇女事业的各项决策部署,贯彻落实习近平总书记关于妇女儿童和妇联工作重要论述精神,把党的领导贯穿到妇女权益保障工作的全过程和各方面。

---

[18] 《习近平出席全球妇女峰会并发表讲话》,载《人民日报》2015年9月28日,第1版。
[19] 《带着真心真情付出更大努力 为推动妇女儿童事业高质量发展作出新的更大贡献》,载《人民日报》2023年9月29日,第1版。

二是发挥党总揽全局协调各方的领导核心作用,加快建设更加完备的妇女权益保障法律体系,将党的主张通过法定程序转化为全社会普遍遵守的行为规范,通过构建政府主导、各方协同、社会参与的工作机制,处理好领导、主导、协同和参与的关系,形成强大合力,真正体现党领导下妇女权益保障制度机制的优势。

三是各级党委要加强对妇联工作的领导,及时研究解决妇联工作中的重要问题,为妇联组织开展工作提供支持、创造条件;各级人民政府妇女儿童工作委员会要切实发挥职能作用,加强组织协调和指导督促,落实好党中央关于妇女儿童事业发展的各项决策部署。

二、政府主导

(一)各级人民政府的主体责任

依据《妇女权益保障法》的相关规定,各级人民政府在党委领导下履行主体责任,主要体现在:一是落实男女平等基本国策。在出台法律、制定政策、编制规划、部署工作时,充分考虑两性的现实差异和妇女的特殊利益,加强对其行政区域内妇女权益保障工作的领导,为妇女权益保障工作提供必要的条件。二是列入政府重要议事日程。将妇女权益保障工作纳入经济和社会发展规划、专项事业规划,制定妇女发展专门规划等,组织协调妇女发展既定目标的落实,通过制定实施行政法规、政策措施,提供财政保障、民生项目等方式,解决妇女权益保障突出问题,优先保障孕产妇等特殊人群,格外关心贫困妇女、老龄妇女、残疾妇女等困难群体,为她们做好事、解难事、办实事。三是加强基层社会治理。在构建源头防控、排查梳理、纠纷化解、应急处置的社会矛盾综合治理机制中,将保障妇女合法权益落实到基层,畅通和规范妇女群众诉求表达、利益协调、权益保障通道,完善人民调解、行政调解、司法调解联动工作体系,充分发挥调解、仲裁、行政裁决、行政复议、诉讼等防范化解社会矛盾的作用,依法及时就地解决妇女合理诉求。健全社会心理服务体系和危机干预机制,努力让广大妇女在每一起个案中感受到党和政府的温暖。

(二)县级以上人民政府有关部门的职责

依据《妇女权益保障法》的相关规定,政府有关部门依法保障妇女权益主要体现在:一是在制定实施本行业本领域行政法规、专项规划、政策措施时,充分考虑两性的现实差异和妇女的特殊利益。二是及时受理侵害妇女权益的申诉、控告、检举,对于侵害妇女权益的行为及时制止并给予受害妇女必要帮助;对于通过大众传播媒介或者其他方式贬低损害妇女人格的行为,责令改正。三是对于侵害妇女人身和人格权益、文化教育权益、劳动和社会保障权益、财产权益以及婚姻家庭权益的行为,依法责令改正;对于侵害妇女人身和人格权益等的犯罪行为依法严厉打击。四是在妇女健康服务、教育培训、就业指导、预防和打击侵害妇女权益违法犯罪等重点领域,积极开展协同合作,促进社会参与,开展困难帮扶,改善妇女发展环境,解决发展中的突出问题。

三、各方协同

根据《妇女权益保障法》第4条的规定,保障妇女的合法权益是全社会的共同责任。妇女权益保障工作覆盖人群广、涉及环节多、领域跨度大,特别需要国家机关、社会团体、企业事业单位、基层群众性自治组织以及其他组织和个人等各方力量的统筹协调,以形成工作合力,共同推动解决妇女权益问题。为此,法律赋予国务院及各级人民政府妇女儿童工作委员会承担组织、协调、指导、督促的职责。

(一)依法成立议事协调机构

1990年2月22日国务院妇女儿童工作委员会的前身——国务院妇女儿童工作协调委员会正式成立,以推动出台比较全面的保障妇女权益的法律为重要任务之一。1992年《妇女权益保障法》第4条规定:"国务院和省、自治区、直辖市人民政府,采取组织措施,协调有关部门做好妇女权益的保障工作。具体机构由国务院和省、自治区、直辖市人民政府规定。"1993年8月,国务院妇女儿童工作协调委员会更名为国务院妇女儿童工作委员会。2005年《妇女权益保障法》修正,将第4条调整为第6条,其中第2款修改为"县级以上人民政府负责妇女儿童工作的机构,负责组织、协调、指导、督促有关部门做好妇女权益的保障工作"。这里"负责妇女儿童工作的机构",就是妇女儿童工作委员会,简称妇儿工委。[20]

(二)妇儿工委的组成

国务院妇儿工委的组成单位由国务院批准。1993年其成员单位包括教育、公安、

---

[20] 于建伟:《贯彻男女平等的宪法原则 更好地维护妇女的合法权益》,载中国人大网2006年3月2日,http://www.npc.gov.cn/npc////c2/c189/c221/201905/t20190522_31997.html。

人事、劳动、卫生等28个政府部门和妇联、工会、共青团等5个人民团体。随着工作内容的不断丰富和细化,经与相关职能部门商议,不断吸纳新单位加入。目前,国务院妇儿工委成员单位有30余个部门和人民团体,包括:中央宣传部、中央社会工作部、中央政法委、中央网信办、最高人民法院、最高人民检察院、外交部、国家发展和改革委、教育部、科技部、工业和信息化部、国家民委、公安部、民政部、司法部、财政部、人力资源和社会保障部、自然资源部、生态环境部、住房和城乡建设部、交通运输部、农业农村部、商务部、文化和旅游部、国家卫生健康委、应急管理部、国务院国资委、市场监管总局、广电总局、体育总局、国家统计局、国家医保局、全国总工会、共青团中央、全国妇联、中国科协、中国残联、中国关工委。国务院妇儿工委主任由国务院有关领导担任。委员会办公室是委员会日常办事机构,设在全国妇联。县级以上人民政府妇儿工委的组成方式及其职责由省(自治区、直辖市)党委因地制宜予以确定。

(三)国务院妇儿工委的主要任务

作为国务院负责妇女儿童工作的议事协调机构,国务院妇儿工委的主要任务是:深入学习贯彻习近平总书记关于妇女儿童和妇女儿童工作、关于注重家庭家教家风建设的重要指示批示精神,贯彻落实党中央、国务院有关决策部署;贯彻男女平等基本国策和儿童优先原则,组织、协调、指导、督促全国妇女儿童工作,推动妇女儿童事业高质量发展;研究审议妇女儿童工作重大事项,协调推进成员单位及有关部门制定和实施促进妇女儿童发展和权益保障的法规政策措施;依据有关法律赋予的职责,对于侵害妇女儿童权益重大案件处置工作提出督促处理意见,必要时提请国务院开展督查;指导督促、统筹协调成员单位及有关部门、各地区按照法定职责做好妇女儿童工作,督促各部门各地区对履职不力、造成不良影响的单位和地区强化督办问责;组织制定实施中国妇女、儿童发展纲要,完善落实实施纲要的制度机制,协调推动成员单位及有关部门落实纲要目标任务,组织开展纲要监测评估和示范工作;组织开展调查研究、统计调查、宣传培训、表彰先进、法律法规政策男女平等评估等工作;完成党中央、国务院交办的其他事项。为此,《妇女权益保障法》第5条第1款规定:"国务院制定和组织实施中国妇女发展纲要,将其纳入国民经济和社会发展规划,保障和促进妇女在各领域的全面发展。"第2款规定:"县级以上地方各级人民政府根据中国妇女发展纲要,制定和组织实施本行政区域的妇女发展规划,将其纳入国民经济和社会发展规划。"

（四）妇儿工委职责的履行

《妇女权益保障法》第 3 条第 3 款明确规定妇儿工委履行职责的方式是"组织、协调、指导、督促"。在党委政府的统一领导下，妇儿工委具体履职主要体现在：一是做好组织、协调工作，以组织编制实施妇女发展纲要为抓手，以促进妇女事业高质量发展为主题，围绕妇女权益保障的突出问题和实施妇女发展纲要的重难点问题，争取必要的政策和资金支持，推动完善法规政策性别平等评估等制度机制，开展多种形式的议事和会商活动，协调各方共同做好妇女权益保障工作。二是做好指导、督促工作，加强调查研究，通过开展面向成员单位和协调联系单位的宣传培训，不断强化贯彻落实男女平等基本国策的责任意识；通过开展妇女发展纲要监测评估和示范创建工作，总结经验、发现问题，指导地方政府和有关部门提升依法保障妇女权益的能力水平；通过落实《妇女权益保障法》第 73 条的规定，对于妇女权益受侵害的重大疑难典型案件，有关部门或者单位不予处理或者处理不当的，适时提出督促意见。

四、社会参与

（一）妇女参与的主体性

妇女自身在保障自我合法权益、促进男女平等方面起着关键作用。国家注重提升妇女法治意识，增强法治观念，倡导妇女尊法、学法、守法、用法，鼓励妇女多途径参与立法、司法和普法活动，通过合法渠道参与决策和管理、表达自身诉求，鼓励妇女拿起法律武器维护自身合法权益。从 1986 年开始实施的"一五"普法规划到 2021 年实施的"八五"普法规划，始终把提升妇女法治意识和法治素养，提升妇女参与法治实践的能力作为重要任务；深入社区乡村，通过网络新媒体等，开展经常性普法活动；在每年"三八"国际妇女节等重要节点开展法律咨询服务和维权宣传，促进普法宣传与激发妇女主体活力相结合，并与依法维护妇女权益相结合，使广大妇女养成办事依法、遇事找法、解决问题用法、化解矛盾靠法的法治思维和行为习惯。

同时，妇女应当相信自身的价值与能力，不轻易因性别而自我设限，做到自尊、自信、自立、自强；从自身做起，认识到男女在社会角色、家庭责任等方面应享有平等的选择权利，勇于担当社会和家庭责任，以理性和建设性的姿态，传播男女平等理念，主张男女权利平等；以自信的姿态参与社会事务，争取平等的发展机会，包括但不限于积极参与社区事务、行业协会活动或选举等，争取在公共决策过程中发出声音，反映妇女群体的权益和需求,投身于妇女权益保护相关的公益组织或志愿服务活动;当身边有妇女的权益受到侵害时,主动提供帮助和支持,如陪伴受害者寻求法律援助、提供情感支持等,为促进妇女发展、保障妇女权益贡献时间和精力。

(二)社会组织的参与

国家优化社会组织发展的制度环境,加大力度培育服务妇女儿童和家庭的社会组织,促进其健康有序发展。根据《慈善法》以及《社会团体登记管理条例》《民办非企业单位登记管理暂行条例》《基金会管理条例》,从组织形态来看,社会组织是指在各级民政部门依法登记的社会团体、社会服务机构(民办非企业单位)和基金会。社会组织参与妇女法的实施主要有以下三个途径。

1. 鼓励更多女性参加社会组织,作为民主参与、民主管理的主体发挥积极作用。

2. 通过智力支持,推动完善保障妇女权益的法律政策体系、普及法律知识、倡导男女平等理念,参与法律政策性别平等评估,发布妇女权益保障状况报告,评估法律政策的实施效果和影响,并提出意见建议。

3. 通过服务支持,为妇女平等参与发展提供信息、机会和能力,为权益受侵害妇女提供法律援助、心理咨询、庇护救助等专业服务,为老年、残疾等特殊妇女群体汇聚社会爱心、募集资源,提供有针对性的关爱帮扶。

(三)企业事业单位的参与

所有用人单位都应当积极创造性别平等的就业机制和市场环境,自觉抵制招聘录用、晋升培训等各环节的性别歧视,提高女性在管理层中的比例,建立预防和制止性别歧视、性骚扰等工作机制,创建家庭友好型工作场所。同时,不同单位也需要履行各自职责,共同促进男女平等,维护妇女合法权益。

1. 医院、学校、科研机构等公共服务类事业单位

(1)医院。依据《母婴保健法》等,为妇女提供全生命周期的健康管理,从青春期保健、孕产期保健到更年期保健,构建系统的健康服务体系;普及健康知识,通过举办健康讲座、发放宣传资料、线上科普等方式,向妇女普及常见疾病的预防和治疗知识,提高妇女的健康意识和自我保健能力;提供优质的妇幼健康服务等。医院也要充分考虑女性患者的特殊需求,在医院环境设计、科室布局等方面体现人性化关怀,如设置独立的女性诊疗区域,保护女性患者隐私。同时,需要组织医护人员学习保障妇女权益的相关法律法规,对于家庭暴力等侵害妇女权益的违法犯罪行为及时发现并

报告。

（2）学校。将男女平等基本国策和妇女权益保障相关内容纳入思政课教育；通过课程融入、专题活动，将男女平等理念融入各类课程教学中，指导教师纠正传统性别刻板印象，宣传女性在不同领域的贡献，引导学生树立正确的性别观念，倡导尊重、平等、合作的两性关系；保障女生的校园安全，建立预防和制止校园欺凌、性骚扰等侵害女学生权益行为的机制，履行发现报告义务；关注女学生的学业发展，提供个性化的学业指导和辅导，帮助女学生克服学习困难，鼓励女学生在各个学科领域全面发展，尤其是在理工科领域，打破性别限制。

（3）科研机构。在科研项目申报、科研经费分配、科研设备使用等方面，遵循公平公正原则，消除性别偏见，为女性科研人员提供平等的科研资源和发展机会；为女性科研人员提供职业培训、学术交流、进修深造等机会，帮助她们提升科研能力和学术水平，突破职业发展瓶颈；开展性别相关研究并推动成果转化，设立与妇女权益相关的研究课题，深入研究妇女在社会发展中的地位、作用以及面临的问题，为制定保障妇女权益的政策提供科学依据。

2. 媒体等宣传思想文化单位

主流媒体和手机客户端、微博微信等新媒体平台等都可以通过倡导男女平等正确价值观，讲好中国妇女发展故事，增强全社会的男女平等意识，培育尊重和关爱妇女的社会风尚。宣传的主要内容可以包括：

（1）法律政策知识。解读国家出台的有关妇女权益保障和促进男女平等的法律政策，分析其对女性生活、工作、社会地位等方面带来的积极影响，提高公众对政策的知晓度和理解度，推动政策的有效实施。对侵害妇女权益的热点事件，如职场性别歧视、家庭暴力、女性受教育机会不均等，进行深度调查报道。剖析事件背后的深层次原因，包括社会观念、法律执行、制度漏洞等，引起公众对妇女权益问题的重视。

（2）优秀女性事迹。深入挖掘不同领域、不同年龄段女性的成功故事与杰出贡献，如女科学家在科研创新上的突破、女企业家在商业领域的开拓、基层女性工作者在社区服务中的奉献等。通过系列报道、专题节目等形式，广泛传播她们的经历，打破性别刻板印象，激励更多女性追求卓越。

（3）展示多样化的家庭模式与男女角色分工，改变传统观念中对女性局限于家务劳动和照顾家庭的认知。例如，报道男性积极参与育儿、家务分担的家庭案例，以及夫妻共同追求事业、相互支持的故事，倡导平等和谐的家庭关系。

3. 营利性单位

履行企业社会责任，在促进男女平等、维护妇女合法权益，特别是开展女职工特别劳动保护方面，可以从政策制定与执行、工作环境优化、健康关怀与支持、培训与发展等多个维度展开工作。

(1) 严格执行保护性政策。通过细化保护条款、明确管理流程、加强培训宣贯、建立监督机制，落实《女职工劳动保护特别规定》等法律法规，结合企业实际情况，制定详细、可操作的女职工特别劳动保护制度，明确规定女职工在经期、孕期、产期、哺乳期的具体权益；根据女职工生理特点，合理安排工作任务和工作强度；严格按照法律法规落实女职工的经期假、产假、流产假、哺乳假等，确保女职工在特殊时期能够得到充分休息和调养，对于需要照顾患病家属的女职工，给予一定的护理假；为女职工提供每年一次的全面健康体检，除常规项目外，增加宫颈癌、乳腺癌等专项检查，做到疾病早发现、早治疗。

(2) 优化妇女工作环境与设施。加强环境安全风险评估，对妇女工作场所进行全面的职业健康与安全风险评估，识别可能对女职工造成危害的因素，如化学物质、辐射、高强度体力劳动等，并采取相应的防护措施。例如，为接触有害物质的女职工提供专业防护装备和定期健康检查。同时，完善设施配备，根据女职工人数合理增加女卫生间的数量和蹲位，提高女卫生间的卫生标准，为经期女职工提供便利；设立母婴室，配备必要的设施，为哺乳期女职工提供方便、卫生的哺乳场所。鼓励企业落实人口生育政策，设立托育托管等设施和服务，帮助男女职工平衡工作和家庭责任。

(3) 促进妇女职业发展与培训。为女职工制定个性化的职业发展规划，帮助她们明确职业目标和发展路径，在晋升、岗位调整、培训机会等方面，确保男女职工享有平等的机会，不受性别因素限制；根据企业业务需求和女职工职业发展需要，提供各类技能提升培训，如专业技能培训、项目管理培训、沟通技巧培训等，提高女职工的综合素质和竞争力；为结束产假重返工作岗位的女职工提供再适应培训，帮助她们了解企业的最新业务动态、工作流程变化，使其尽快融入工作环境；关注女职工在职业发展过程中遇到的"玻璃天花板"问题，通过调整晋升机制、提供领导力培训等方式，帮助女职工突破职业"瓶颈"，进入企业高级管理岗位。

引例分析

在我国，受经济和社会发展水平的制约及旧观念的影响，法律上关于男女平等的规定还没有完全落实，社会上歧视妇女的现象仍然存在，侵害妇女人身、财产权益的现象仍有发生。我国政府从基本国情和妇女现状出发,针对妇女事业发展中存在的突出问题,兼顾妇女发展的阶段性目标和长远目标,通过制定妇女发展纲要,将法律赋予妇女的各项权利转化为不同阶段的妇女发展目标,并对应特定阶段的策略措施。

截至目前,我国共制定了四个周期的妇女发展纲要。[21] 妇女发展纲要的制定依照《宪法》《民法典》《妇女权益保障法》等有关法律法规的精神和具体规定,与国民经济社会发展的总体目标要求相一致,与国家重大事业专项规划目标相衔接,与国家经济社会发展水平相协调,与联合国《消除对妇女一切形式歧视公约》和2030年可持续发展议程等国际公约和文件关切领域相呼应,立足我国男女平等和妇女发展的实际情况和突出需求。妇女发展纲要目标和策略措施的确立程序大致为:专家论证提出建议(包括对上一周期纲要实施情况进行评估)—分领域开展多轮部门协商—确定文本报送国务院常务会议通过。

自2001年起,妇女发展纲要的实施纳入国民经济和社会发展第十个五年计划,在"十四五"国民经济和社会发展五年规划中,设置了促进男女平等和妇女全面发展的专门章节。截至2023年5月12日,31个省(自治区、直辖市)、260余个地市和2000多个县区结合本地实际制定妇女发展规划。全国形成了上下呼应、左右联动、统一衔接的妇女发展规划体系,实现妇女发展与经济社会事业发展同步规划、同步部署、同步推进、同步落实。

从组织实施的主体来看,1995~2010年两轮纲要的组织实施主体是国务院妇儿工委,2011~2020年纲要的组织实施主体拓展为国务院及地方各级妇儿工委,2021~2030年组织实施纲要的主体是国务院及地方各级人民政府,各级妇儿工委负责组织、协调、指导、督促工作,各级妇儿工委办公室负责具体工作。

从组织实施的保障来看,妇女发展纲要主要建立了目标管理责任制、督导检查制度、议事协调制度、纲要实施示范制度,同时,强调开展调查研究、能力建设(培训)和宣传工作。妇女发展纲要颁布后经过会商协调,将目标责任分解到具体部门,各成员单位将目标任务纳入本部门工作计划,制定纲要实施方案。国务院妇儿工委每年召开全体会议,38个成员单位分管同志参加,研究解决妇女儿童发展纲要实施中遇到的重难点问题。国务院妇儿工委还定期组织召开全国妇女儿童工作会议,对一个阶段的纲要实施工作进行总结,明确下一阶段的重点任务。

---

[21] 分别为《中国妇女发展纲要(1995—2000年)》《中国妇女发展纲要(2001—2010年)》《中国妇女发展纲要(2011—2020年)》《中国妇女发展纲要(2021—2030年)》。

自 2001 年实施纲要起,国务院妇儿工委就明确了纲要的监测评估工作,对纲要实施情况进行年度监测、中期评估[22]和终期评估,以督促各级政府和有关部门落实促进妇女发展、保障妇女权益的各项责任。自 2001 年起,国务院妇儿工委设立监测评估领导小组,负责审批监测评估方案,根据监测评估结果提出相应对策。监测评估领导小组下设统计监测组和专家评估组。统计监测组由国家统计局牵头,建立统计监测指标体系,对纲要目标进展情况进行动态监测评估,原则上每年发布年度监测报告。针对地方政府和成员单位开展的评估,主要是评估本地区或本部门牵头及参与承担的妇女发展纲要或规划各项目标五年或十年来的进展及实现情况,分析其所采取的策略措施及其效果、实施中的成功做法经验、部分目标未达标的原因,判断妇女发展状况、水平和趋势,结合本地区或本领域实际提出持续推进妇女发展的具体思路和举措。

第三节 法律政策性别平等评估机制

引 例

2021 年某省拟出台土地管理条例。为了实现男女平等、促进妇女发展,该省法规政策性别平等评估委员会组织专家对《××省土地管理条例(征求意见稿)》进行性别平等评估。专家经过评估后指出,征求意见稿存在"性别盲点",未针对实践中存在的侵害妇女土地权益的突出问题作出规定,不利于保障和实现妇女享有与男子平等的土地权益,故建议在第×条中增加一款作为第 4 款:"任何组织和个人不得以未婚、结婚、离婚、丧偶等为由,非法剥夺女性农村村民的村集体经济组织成员身份,侵害其宅基地使用权。"

虽然我国已经形成较为完善的保障妇女权益、促进男女平等的法律政策体系,有关部门、社会组织也在积极推动实现男女平等,但在现实生活中,妇女在政治、经济、文化、社会活动及家庭生活中,仍存在与男性不平等的状况。因此,有必要对法律政策开展性别平等评估工作,在立法决策中充分体现性别意识,在法律政策的制定和实

---

[22] 2001~2010 年称为阶段性监测评估。

施全过程中监测评估法律政策对不同性别的影响,在发现显失公平的倾向时及时进行调整,避免法律政策失当造成制度性性别歧视。我国 2022 年修订《妇女权益保障法》时新增了关于法律政策性别平等评估机制的规定,要求有关机关制定或者修改涉及妇女权益的法律、法规、规章和其他规范性文件,应当听取妇联的意见,充分考虑妇女的特殊权益,必要时开展男女平等评估。

一、法律政策性别平等评估的含义与特征

法律政策性别平等评估,在国外通常被称为性别影响评估,是指依据性别平等的理念对法律、政策等制定、实施的全过程进行评价判断,评估其是否对男女两性产生不同影响,并据此对法律、政策等作出必要的调整,从而避免、减少直至消除男女不平等。

法律政策性别平等评估具有以下特征:

1. 法律政策性别平等评估的目标旨在实现男女实质平等。法律政策性别平等评估不同于一般立法质量评估和公共政策评估,其具有独特的功能和价值。[23] 近年来,随着国家对立法质量的重视,为了实现良法善治,立法评估日益兴起。一般立法质量评估主要是对法律实施情况进行总体评估,评估标准主要有合法性标准、合理性标准、协调性标准、执行性标准、实效性标准和规范性标准等。上述评估标准难以有效评估法律法规在特定方面的影响,因此又出现了专项评估,如公平竞争审查、社会稳定风险评估、环境影响评估等。法律政策性别平等评估作为一项专项评估,其目标旨在实现男女实质平等。法律政策性别平等评估不仅要检视法律政策中是否存在直接的性别歧视,还要检视其中是否具有间接的性别歧视。法律政策性别平等评估应当具有社会性别视角,由于女性和男性在社会分工、角色、地位、资源和需求等方面有诸多不同,许多表面上看似性别中立的法律、政策,在实施中会对男女产生不同的影响,存在性别不平等或者性别盲点。性别平等评估就是运用社会性别分析方法发现这些问题,让人们认识到,任何表面上性别中立的法律、法规、政策、计划,事实上都有可能反映和强化了现存的不平等关系;将这种不平等揭示出来,引起决策者的注意,以使决策具有社会性别敏感性,实现男女实质平等。

2. 法律政策性别平等评估有特定的评估标准和程序。法律政策性别平等评估虽然是在法律政策制定实施过程中进行的,但其具有特定的目的和功能。其以实现男

---

[23] 周应江、李明舜、蒋永萍:《法律政策性别平等评估基本问题研究》,载《中华女子学院学报》2018 年第 6 期。

女平等原则为核心,设置性别平等评估的指标,用以分析一项法律政策是否符合和贯彻落实了男女平等原则。在程序上,性别平等评估有特定的评估标准和程序,不能直接套用一般的立法质量标准和程序。

3. 法律政策性别平等评估是由国家机关主导的具有约束力的评估。性别平等评估作为一项工作机制,其实施者首先应该是法律、政策的制定者、实施者。在法律、政策的制定实施过程中进行性别平等评估,是制定者、实施者应承担的职责,这也使评估具有权威性。社会性别主流化需要多种力量、多个途径的推进,但政府和决策者的主动作为是难以替代的。国际经验表明,管理层和政府高层人员对性别平等及妇女权益的态度和承诺至关重要。不同于国家机关在制定和实施法律政策过程中向有关机构和个人进行咨询或征求意见,性别平等评估的结果应该具有一定的约束力,国家机关应该予以采纳;如果不采纳,应该说明理由,并依法承担相应的不利后果。

二、构建法律政策性别平等评估机制的意义

第一,开展法律政策性别平等评估是深入贯彻习近平法治思想和习近平总书记重要论述的根本要求。党的十八大以来,习近平总书记对于妇女儿童和妇女儿童工作、妇联工作作出的一系列重要论述,是新时代新征程妇女儿童事业发展的根本遵循和行动指南。习近平总书记指出:"追求男女平等的事业是伟大的。"[24]"我们要把保障妇女权益系统纳入法律法规,上升为国家意志,内化为社会行为规范。"[25]"要坚持男女平等基本国策,在出台法律、制定政策、编制规划、部署工作时充分考虑两性的现实差异和妇女的特殊利益。"[26]"保障妇女儿童合法权益、促进男女平等和妇女儿童全面发展,是中国式现代化的重要内容。"[27]党的十八大、十九大和二十大报告中均明确提出"坚持男女平等基本国策,保障妇女儿童合法权益"。法律政策性别平等评估是深入贯彻习近平总书记重要论述、落实党中央决策部署和男女平等基本国策的根本要求。

第二,开展法律政策性别平等评估是促进男女平等和妇女全面发展的现实需求。

---

[24]《习近平出席全球妇女峰会并发表讲话》,载《人民日报》2015年9月28日,第1版。

[25]《习近平出席全球妇女峰会并发表讲话》,载《人民日报》2015年9月28日,第1版。

[26] 习近平:《始终把广大妇女作为推动党和人民事业发展的重要力量》(2013年10月31日),载中共中央党史和文献研究院编:《习近平关于尊重和保障人权论述摘编》,中央文献出版社2021年版,第113页。

[27]《坚定不移走中国特色社会主义妇女发展道路 组织动员广大妇女为中国式现代化建设贡献巾帼力量》,载《人民日报》2023年10月31日,第1版。

我国已经形成较为完善的保障妇女权益、促进男女平等的法律政策体系,男女平等、尊重妇女的观念越来越深入人心,但新形势下妇女在发展和权益保障方面仍面临许多困难和问题。究其原因,一方面,法律政策本身存在性别盲区,一些法律政策在制定时没有充分考虑到男女两性的差异,或以公众利益掩盖了女性的利益需求,导致法律政策未能充分体现男女平等原则,在实施中难以达到促进男女平等的效果。另一方面,有些法律政策在实施过程中,受到实施行为本身和社会环境的制约,也会出现对女性的不利影响和男女不平等的结果。男女两性的现实差异和妇女的特殊需求在法律政策的制定和实施过程中未能得到充分考虑,这就迫切需要实施法律政策性别平等评估工作,从源头促进男女平等和妇女全面发展。

第三,开展法律政策性别平等评估是实现妇女权益相关立法科学化、民主化的客观需要。立法是司法和执法的依据,只有通过力行"科学立法、民主立法",提高立法质量,方能真正建成法治国家、法治社会。"科学立法"要求"立法要尊重和体现社会发展的客观规律、尊重和体现法律所调整的社会关系的客观规律以及法律体系的内在规律";而"民主立法"则要求"立法要为了人民,依靠人民,使法律真正反映广大人民的共同意愿、充分保障广大人民的各项权利和根本利益",通过各种方式使立法更好地汇聚民意、集中民智,体现人民的利益和需求。[28]《立法法》第42条第1句规定:"拟提请常务委员会会议审议通过的法律案,在宪法和法律委员会提出审议结果报告前,常务委员会工作机构可以对法律草案中主要制度规范的可行性、法律出台时机、法律实施的社会效果和可能出现的问题等进行评估。"第74条第1款规定:"……行政法规在起草过程中,应当广泛听取有关机关、组织、人民代表大会代表和社会公众的意见。听取意见可以采取座谈会、论证会、听证会等多种形式。"法律政策性别平等评估可以促使有关部门在法律政策的制定和实施过程中,充分考虑男女两性的现实差异和妇女的特殊利益,建立完善的程序保障机制以及确保妇女参与立法过程,使法律政策更充分地反映妇女的意愿和利益,建立更加完善的保障妇女权益和促进妇女全面发展的制度和机制。

第四,开展法律政策性别平等评估是推动男女平等制度环境和文化环境形成的有效途径。法律政策性别平等评估机制的建立和运行,有利于提升法律政策制定者和实施者的性别平等意识,推动立法更具性别敏感性,让男女平等真正成为全社会共同遵循的行为规范和价值标准,从而为男女平等的实现创造良好的制度环境,促进全

---

[28] 信春鹰:《深入推进科学立法民主立法》,载《光明日报》2014年10月31日,第1版。

社会形成尊重女性、男女平等的良好氛围和文化环境。

第五，开展法律政策性别平等评估是践行社会性别主流化国际承诺的中国实践。1995年在北京举办的联合国第四次世界妇女大会正式以"社会性别主流化"为落实性别平等目标的行动策略，要求各国将性别平等作为国家未来立法，规划，制定政策、计划，执行方案的一个重要目标。联合国经济及社会理事会对"将社会性别纳入主流"的定义是：将性别观点纳入主流是评估任何计划的行动，包括立法、政策或方案，在所有领域和各级对妇女和男子的影响的过程。这是一项战略，旨在使妇女和男子的关切和经验成为所有政治、经济和社会领域政策和方案的设计、执行、监测和评价的一个组成部分，以便使妇女和男子平等受益，不平等现象不会长期存在。最终目标是实现性别平等。联合国《消除对妇女一切形式歧视公约》、2030年可持续发展议程等公约、宣言和文件也要求对法律政策进行性别影响评估。中国政府是第四次世界妇女大会承诺社会性别意识主流化的国家之一，我国建立和实施法律政策性别平等评估机制，既可以有力推进国际社会实现性别平等发展的进程，又可以为国际社会的性别平等评估工作提供经验做法。

三、我国法律政策性别平等评估机制的实践

我国《中国妇女发展纲要（2011—2020年）》在总目标中提出"将社会性别意识纳入法律体系和公共政策"，并在"妇女与法律"部分将"加强对法规政策的性别平等审查"作为主要目标。2011年12月，江苏省妇联与江苏省人民政府法制办公室共同牵头成立了全国首个地方政策法规性别平等咨询评估委员会，并于2012年3月下发《关于建立江苏省地方政策法规性别平等咨询评估机制的指导意见》和《江苏省政策法规性别平等咨询评估委员会工作规程》。随后，浙江、北京、天津、安徽等地也开始建立地方法规政策性别平等评估机制。2020年4月，国务院妇儿工委发布《关于建立健全法规政策性别平等评估机制的意见》，对评估的总体要求、评估原则、评估内容和评估职责作出明确规定，为各地建立健全法规政策性别平等评估机制提供指南。《中国妇女发展纲要（2021—2030年）》继续将"促进法规政策性别平等评估机制规范化建设和有效运行"作为"妇女与法律"部分的主要目标之一。在国务院妇儿工委和全国妇联的大力推动下，目前我国31个省、自治区、直辖市均建立了法规政策性别平等评估机制。除省级法规政策性别平等评估机制外，地方法规政策性别平等评估机制也开始向市、县（区）推广。如北京市、浙江省、福建省等所有市、县（区）均已建立起法规政策性别平等评估机制。

四、法律政策性别平等评估机制的主要内容

2022年修订的《妇女权益保障法》第8条规定:"有关机关制定或者修改涉及妇女权益的法律、法规、规章和其他规范性文件,应当听取妇女联合会的意见,充分考虑妇女的特殊权益,必要时开展男女平等评估。"该条确立了国家层面的法律政策性别平等评估机制。

(一)法律政策性别平等评估的实施主体

我国法律没有明确规定法律政策性别平等评估的主管机构,但《妇女权益保障法》第3条第3款规定"县级以上人民政府负责妇女儿童工作的机构,负责组织、协调、指导、督促有关部门做好妇女权益的保障工作",且国务院妇儿工委办公室的职责之一是参与制定修订相关法律法规政策,组织开展法律法规政策男女平等评估,协调推动委员会成员单位制定实施法规政策措施,解决妇女儿童发展和权益保护重难点问题。因此,目前我国法律政策性别平等评估也是由国务院妇儿工委及地方人民政府的妇儿工委负责组织、协调、指导和督促。

法律政策性别平等评估的实施主体因评估的模式不同而不尽相同。一是起草单位自评估。根据我国《妇女权益保障法》第8条的规定,有关机关制定或者修改涉及妇女权益的法律、法规、规章和其他规范性文件,必要时开展男女平等评估,这就明确了法律政策的起草单位负有开展法律政策性别平等自评估的义务。根据法律法规相关规定,法律、法规、规章的草案要送至相应的法制部门进行审查,法制部门也可以要求起草单位进行性别平等评估。二是专项(重点)评估,即由起草单位以外的评估主体对与妇女权益密切相关的某些法律政策进行性别平等评估。我国地方法规政策的专项评估工作一般由法规政策性别平等评估委员会组织实施。地方实践中,为了更好发挥性别平等评估机制的作用,性别平等评估委员会通常是由妇儿工委或者妇联联合政府法制部门或者地方立法机构等共同组建。

(二)法律政策性别平等评估的对象

法律政策性别平等评估的对象为法律和政策。法律是指广义的法律,包括法律(狭义)、法规、规章、司法解释和其他行政规范性文件。行政规范性文件是除国务院的行政法规、决定、命令以及部门规章和地方政府规章外,由行政机关或者经法律、法规授权的具有管理公共事务职能的组织依照法定权限、程序制定并公开发布的,涉

公民、法人和其他组织权利义务,具有普遍约束力,在一定期限内反复适用的公文。

目前,我国地方省市法规政策性别平等评估对象的范围也不断扩大,已从省级法规、规章和其他行政规范性文件拓展到市、区、县级行政规范性文件。有些省份还将进行备案审查的所有规范性文件均纳入性别平等评估的范围,如北京市。

(三)法律政策性别平等评估的程序

根据评估的阶段不同,法律政策性别平等评估可以分为立法前法律政策性别平等评估与立法后法律政策性别平等评估。

1. 立法前法律政策性别平等评估

立法前法律政策性别平等评估是指在法律政策制定阶段,对法律政策进行性别平等评估,其流程包括确定评估对象、组织实施评估、形成评估报告及反馈三个环节。

(1)确定评估对象

依据《妇女权益保障法》第8条的规定,并非所有的法律政策都要开展性别平等评估,需要进行性别平等评估的法律政策应满足"涉及妇女权益"和"必要"两个条件。

起草部门和审查部门在确定评估对象时,首先须审查法律政策是否涉及妇女权益。有以下情形之一的,可以认定法律政策涉及妇女权益:第一,法律政策以妇女为规范对象;第二,法律政策的部分或个别条款以妇女为规范对象;第三,法律政策不以某一性别为规范对象,但其内容与《妇女权益保障法》及相关法律法规所规定的妇女权益相关。

起草部门和审查部门在起草和审核涉及妇女权益的法律政策过程中,应当征求妇联的意见,充分考虑男女两性的现实差异和妇女的特殊利益。必要时,对涉及妇女权益的法律政策,应当进行性别平等评估。

(2)组织实施评估

起草部门、审查部门、妇联对法律政策进行性别平等评估,既可以自行组织实施评估,也可以提请评估委员会实施评估。

实施评估的部门开展评估,可以成立评估工作组,收集相关材料和意见,组织会议论证等。参与评估的专家和利益相关者发表意见。

(3)形成评估报告及反馈

实施评估的部门应形成评估报告,内容包括评估工作基本情况、评估发现的问题、评估意见建议、其他需要说明的问题等。同时将评估结果报告反馈给起草审核部门。起草部门应结合评估结果报告的意见建议,根据情况对法律政策予以修改完善,并在起草报告中说明评估意见的采纳情况,同时将处理情况反馈给实施评估的部门。

2. 立法后法律政策性别平等评估

立法后法律政策性别平等评估是指在法律政策实施阶段进行的性别平等评估,主要是针对社会普遍关注、群众反响强烈或发生投诉较多的涉及妇女权益的法律政策进行性别平等评估,也包括对备案的规范性文件进行的性别平等评估。立法后法律政策性别平等评估的实施单位可以围绕法律政策的实施情况、与其他法律政策的衔接协调情况、法律政策对男女平等和妇女发展的实际影响等方面进行调查研究,分析评判,形成评估报告。制定单位可以结合评估意见和建议,决定是否启动立法修订程序;实施单位可以结合评估意见建议,决定是否改进执法工作,或向制定机关提出修订法律政策的建议。具体流程与立法前评估程序类似。

(四)法律政策性别平等评估的指标

性别平等评估指标为性别平等评估提供具体的衡量尺度,直接关系评估目标的实现和评估质量,因此构建科学化、规范化、可操作化的评估指标非常重要。基于法律政策性别平等评估的目的,法律政策性别平等评估的标准应是"男女平等原则"。如何分析一项法律政策是否符合和贯彻落实了男女平等原则,一般应从制定程序和文本内容两个方面进行分析。

1. 程序审视:制定法律政策是否征求了妇女或者妇女组织等利益相关者的意见

法律政策制定过程中是否征求妇女或者妇女组织的意见非常重要,它体现了民主立法和行政民主的要求。我国《立法法》第6条明确规定,立法应当坚持和发展全过程人民民主,尊重和保障人权,保障和促进社会公平正义。立法应当体现人民的意志,发扬社会主义民主,坚持立法公开,保障人民通过多种途径参与立法活动。民主管理也要求倾听被政策影响和可以影响政策的社会成员的不同意见,通过权衡多方利益,提出各方都满意的政策,最大限度地回应公民诉求,使政策制定得更加科学、民主。[29] 女性参与、妇女的意见和利益得以表达和反映,是法律政策贯彻男女平等原则的重要途径,因此在进行法律政策性别平等评估时,要审视法律政策的制定过程中是否征求了妇女或者妇联等妇女组织的意见,这也是实现男女实质平等的重要保障。

2. 内容审视:法律政策文本内容是否符合和贯彻男女平等原则

审核法律政策文本内容是否符合男女平等原则是法律政策性别平等评估的核

---

[29] 李瑛、康德颜、齐二石:《政策评估的利益相关者模式及其应用研究》,载《科研管理》2006年第2期。

心。男女平等是指男女具有同样的人格尊严和价值,享有平等的权利、机会、资源、责任、待遇和社会评价。它不仅要求男女两性权利的平等,还要求男女两性机会的平等,实现最终结果平等。在评估法律政策文本内容是否符合男女平等原则时,主要分析法律政策文本内容是否体现权利平等、促进男女机会平等,最终实现结果的平等(事实平等)。

(1)评估法律政策文本内容是否存在性别歧视。对法律政策文本内容要从两个方面审视:

首先,要审视法律政策是否对男女作出了不公平的区别对待或者排斥、限制女性依法享有和行使各项权益。男女平等在法律上要求平等地对待男女,如果要差别对待,必须基于合理正当的理由。合理正当的理由有三类:一是职业内在需求;二是基于女性特殊的生理特点给予女性特殊保护;三是国家为了转变某一特定群体的处境采取暂行特别措施。

其次,对于"性别中立"的法律政策,还要审视法律政策实施的结果是否会对女性产生不利影响。在现实生活中,男女之间存在差异:一是生理上的自然差异,如女性特有的生育机能;二是社会性别的差异,即受历史、文化、经济等因素的影响,男女在现实生活中,在机会的获得、权利的实现方面存在差异。因此,以"同等对待"模式为框架的法律权利的平等,最终带来的可能是男女之间持续的不平等。所以必须审视法律政策中是否存在间接歧视的情形。

(2)评估法律政策文本是否规定了促进男女结果平等的特殊保障措施和积极措施。在现实生活中,如果法律政策涉及的内容存在男女两性的现实差异和妇女的特殊利益,那么法律政策应该规定特殊保障措施和积极措施,以促进男女平等。如"为保护生育而采取的特别保护措施"和"为加速实现男女事实上的平等而采取的特别措施",并且要保证落实特殊保障措施和积极措施的责任主体、经费、法律责任等。

(五)法律政策性别平等评估的方法

评估主体在进行法律政策性别平等评估时,为了掌握相关领域男女平等的状况,可以通过向公众征集意见、问卷调查、调阅统计数据及相关文献资料、实地调研、召开座谈会等方式或途径,收集相关信息资料,开展评估工作。评估可以采用定性分析和定量分析的方法进行。定性分析主要采用价值分析法和个案分析法:价值分析法是从哲学价值论的角度对法律政策的目的、性质和内涵进行考察、评判、衡量其中的男女平等和妇女全面发展问题,剖析该法律政策的价值意义和价值取舍,揭示其功能作用,为该法律政策发挥正向价值、消除负向价值提供理论指导;个案分析法主要通过深入解剖典型个案获得对法律政策制定、实施的深入研判结果。定量分析主要是对收集来的相关信息资料进行统计分析和比较,获得相关数据分析结论,从而为法律政策的制定、实施提供依据。

引例分析

妇女在农村集体经济组织成员身份确认、土地承包经营、集体经济组织收益分配、土地征收补偿安置或者征用补偿以及宅基地使用等方面,享有与男子平等的权利。任何组织和个人不得以未婚、结婚、离婚、丧偶等为由,非法剥夺妇女的农村集体经济组织成员身份,侵害其合法的土地承包经营权、宅基地使用权和集体收益分配权。任何组织和个人不得截留、拖欠、剥夺妇女依法应当获得的土地征收或者征用补偿安置费用。

但受传统习俗影响,在"从夫居"的婚姻模式下,一些地方不同程度地存在侵害妇女土地权益的问题。有的地方以村民代表大会决议或村规民约的方式,剥夺妇女宅基地使用权;有的地方将出嫁女、离婚丧偶妇女的宅基地使用权收回;个别地区在宅基地确权登记颁证时,只填写男性户主信息,而对农村妇女作为共有权人不详细填写,留下隐患。

本节引例是我国地方进行法规政策性别平等评估的典型案例。该评估属于由地方性别平等评估委员会组织的专项评估,性别平等专家对土地管理领域的性别平等情况进行评估,指出《××省土地管理条例(征求意见稿)》中存在的"性别盲点",提出修改意见,有利于完善我国妇女权益保障法律制度体系,促进性别平等。

第四节　性别统计调查制度

性别统计制度是贯彻落实男女平等基本国策、发展完善提高妇女地位的国家机制的基础,也是建立健全妇女权益保障制度机制的重要内容。2022 年修订的《妇女权益保障法》首次将"国家建立健全妇女发展状况统计调查制度"写入总则。

一、性别统计概述

统计的基本任务是对经济社会发展情况进行统计调查、统计分析,提供统计资料和统计咨询意见,实行统计监督。[30] 性别统计制度是由国家和相关政府部门制定的,为全面、系统地反映国家和地区性别平等与妇女发展状况,贯彻落实男女平等基本国策,制定促进男女平等和妇女发展的发展战略和政策,检查和监督妇女发展目标和各项妇女事业发展实现情况提供依据的专项统计调查制度。

(一)性别统计的基本概念

对性别统计概念内涵的认识与理解程度,决定了一个国家或地区统计系统及相关政府部门开展性别统计的力度和进行性别统计生产、分析的广度与深度。同样,明确性别统计的基本概念与根本要求是以性别统计发展完善为目标的性别统计调查制度建设的基础。

性别统计是以性别为基本分类,横跨各个统计领域,反映男性和女性在社会生活各方面实际状况的统计。性别统计是推动解决性别问题的重要工具,其重要功能在于:识别、生产、分析、发布用于发现和理解性别差异和与性别有关的问题及政策目标所需要的数据信息。

性别统计要求所有的关于个人的统计应按性别分组,所有的变量和标志都应用性别作为基本的分类进行分析和描述。与此同时,性别统计应该具有性别敏感性,能够真实、深刻地反映社会性别问题,揭示男女两性在贡献与获得、工作生活条件与需求、限制和机遇等方面的区别和相似性,显示他/她们的相对优势或劣势。[31]

(二)性别统计的内涵与外延

1. 性别敏感统计与分性别统计

如果将性别统计简单地理解为分性别统计或"按性别分类的统计"是远远不够的。性别敏感的统计不仅要求以个人为基础收集的数据能够按性别分类,而且要求所有的统计都建立在对两性世界充分了解和认识的基础上,在设计指标和收集数据时能够考虑到所有可能产生性别差异与性别偏见的因素,充分揭示社会中存在的性别问题,客观准确地反映普遍存在的关于男女两性能力、角色分工的认识以及基于这种认识的资源分配等各种社会性因素导致的男女性别差异。

需要特别指出的是,性别统计大多数情况下都是分性别的数据,即同时关注女性

---

[30] 《统计法》第 2 条第 2 款。
[31] 国际劳工组织:《劳动统计中的社会性别问题》,中国妇女研究会,2002 年。

和男性。但是,并非所有的性别统计都是分性别的,一些情况下只关注女性或男性也是恰当的。[32] 一些问题只适用于女性,比如,孕产妇死亡率指标,反映社会对女性生命安全的尊重和保障程度,也是用以认识和理解性别平等或性别公正的性别敏感统计指标。此外,性别敏感的统计分析不一定都采用男女性别比较。比如,"早婚"对男女都有影响,但受传统性别分工的限制,早婚对女性的负面影响更大,不宜对"早婚率"作简单的性别比较。

2. 性别统计中的生理性别与社会性别

"生理性别"与"社会性别"是妇女发展和性别平等研究中的一对基本概念。在针对妇女发展和性别平等问题的研究与政策讨论中,关注更多的是"社会性别"差异而非"生理性别"差异,但以生理性别为分类基准进行定量分析是社会性别分析的重要方法。作为妇女发展和性别平等政策研究分析的基础工具,性别统计的基本职能就是生产、提供按生理性别分组的数据,帮助决策者、研究者以及社会公众了解某个社会、一定时期男人和女人存在的差异。在性别统计数据的开发与生产中,还必须引入社会性别视角,既要从社会性别视角对已有性别统计数据进行评估和反思,还要在开发新的性别统计数据时以社会性别视角来识别需要关注的社会性别差异和社会性别问题。综上所述,"生理性别"是性别统计数据采集与分析的技术基础,而"社会性别"是开发、完善性别统计不可或缺的重要视角。

3. 性别统计与社会统计

性别统计并不是一个单独或孤立的领域,它与各个领域的统计数据均有关系。特别是与以人口的社会生活和社会活动为中心,从数量上描述社会状况及其发展趋势的社会统计关系更为紧密。性别统计是横跨传统社会统计的一个统计领域,其涉及主题涵盖社会统计的各个方面,不仅涵盖衣、食、住、行等人口的物质生活,也涵盖科学、文化、艺术以及婚姻、家庭、政治、教育、卫生、社会秩序维护等非物质生活。性别统计的数据和指标构建植根于传统社会统计,性别统计的发展完善在更加充分关注和反映女性的生活状况和男女两性差异的同时,有助于加强和改进社会统计乃至整个统计体系。事实上,传统统计存在偏颇,这不仅体现在有关妇女的统计上,也体现在对男子在家庭中的角色和作用所开展的统计上。

---

[32] 联合国欧洲经济委员会、世界银行学院:《开发性别统计数据实用工具》,载联合国欧洲经济委员会官网,https://unece.org/DAM/stats/publications/Developing_Gender_StatisticsCHN.pdf。

(三)性别统计的价值与意义

正如 1993 年联合国第一本性别统计资料《1970—1990 年世界妇女状况：趋势和统计数字》的序言中所述,"数字可以给言辞以相当大的力量——改变政策进而改变世界的力量"[33]。性别统计对于一个国家乃至全球性别平等目标的实现至关重要,它是保证政府承担相关责任的工具,能够增强决策者和政策执行者的性别敏感度,强化政府促进性别平等的职能;它是性别平等政策目标和策略调整的依据,可以避免政府在工作和发展促进中的性别偏颇,防止中立政策给妇女带来消极和不利影响;它的监督和引导功能不仅能够帮助妇女和社会监督政府对妇女发展承诺的落实情况,还能使社会公众更为关注性别平等和两性协调发展议题,动员更多力量参与推动性别平等和妇女全面发展。

当今,性别平等已被纳入全球经济社会发展主流,成为千年发展目标和 2030 年可持续发展议程的重要目标。坚持男女平等基本国策,保障妇女儿童合法权益是党的二十大报告提出的重要任务,且被纳入了国家"十四五"规划纲要和 2035 年远景目标。在建设中国特色社会主义现代化强国的新时代,发展完善性别统计具有十分重要的社会价值和现实意义。

二、性别统计制度建设的国际经验

性别统计实践的发展与性别意识被关注的程度是同步的。[34] 20 世纪 70 年代以前,基本不存在可以被称为"性别统计"的统计工作实践。在统计中,性别只是一个分类标志,其所应用的统计领域也比较有限,主要是人口、婚姻家庭、卫生健康等领域,在教育、就业、社会参与等重要领域的统计数据中常常看不到分性别的信息。自 1975 年第一次世界妇女大会提出进行"妇女统计"的要求以来,伴随概念框架和方法体系的一系列变革,性别统计从无到有,从缺乏性别意识到性别敏感,从被排除在国际发展目标之外到被纳入联合国社会发展统计指标体系,取得了巨大进步。其间,妇女统计经历了如下三个相对独立又循序渐进的发展过程。

---

[33] 联合国经济和社会事务部统计司:《1970—1990 年世界妇女状况:趋势和统计数字》,联合国 1993 年版,第 1 页。

[34] 郑晓瑛:《人口普查与性别统计》,载《妇女研究论丛》2001 年第 3 期。

(一)概念内涵:从妇女统计到性别统计

对妇女状况数据和指标的最初需求来自妇女组织和女权主义活动家、鼓动者,主要用于妇女状况的宣传。1975 年在墨西哥举行的第一次世界妇女大会首次强调改进妇女统计的重要性,要求联合国统计事务组为妇女汇编和监测家庭生活、领导和决策、保健和生育、教育、经济生活等几个主要类别的指标;号召各国政府重视妇女统计资料的生产。

在 1980 年以前,数据需求更多关注妇女自身,并主要强调现有统计数据的汇编。妇女统计数据基本上由妇女机构存储和提供,1985 年内罗毕第三次世界妇女大会后,妇女发展战略的总方针从妇女参与发展转变为性别与发展;注意焦点从孤立看待妇女转变为联系男子来看待妇女。对统计的需求亦从关注妇女统计转变为注重两性统计。在这种背景下,许多国际机构和国家统计部门参与了性别统计工作,包括改变统计标准、概念和方法,改善数据展示和发布战略。

北京第四次世界妇女大会及前期召开的国际人口与发展大会和社会发展高峰会议将国际社会对性别统计的关注提到了一个新的高度。《行动纲要》明确提出关于性别统计的特别战略目标。在"提高妇女地位的机制"下,战略目标 H3 要求制作并传播按性别分列的数据和资料信息,以便用于规划和评估,并表明对各个领域目标和战略的数据需求。

(二)指标框架:监测评价妇女发展和社会发展的统计指标

目标和指标是保证政府承担相关责任的工具,建立量化的目标和运用指标去衡量这些目标的进展情况,不仅能够帮助妇女监督政府和联合国系统对妇女进步的承诺有多少得到了实现,还能动员更多力量来加强性别平等方面的工作。[35]

在国际社会性别平等或妇女发展指标的研究与应用实践中,构建性别统计指标体系、筛选核心或关键指标、开发综合评价指数是三个相互联系但功能和作用有所不同的发展趋向。

性别统计指标体系由多个要素指标或不同领域指标构成,主要用于全球或地区、国家性别平等发展目标的监测评估。在指标体系构建方面,有联合国拉丁美洲和加

---

[35] 《世界妇女进步:2000 联合国妇女发展基金双年度报告》,联合国妇女发展基金驻北京代表处、中国女企业家协会研究咨询中心组织翻译,地质出版社 2003 年版,第 4 页。

勒比亚经济委员会和亚洲及太平洋经济社会委员会为评估《行动纲要》后续行动建立的地区性指标体系;有欧盟委员会2006~2010年的性别平等路线图指标体系。2017年,联合国统计署在人类可持续发展目标基础上研制开发最基本性别指标集,标志着在国际社会认可的基础上,建立了一套具有严格统计标准的全球性别统计指标集。

核心指标或关键指标主要指能够测度不同国家或地区性别平等与妇女发展状况的基本的、重要的且有代表性的指标。随着性别平等日益成为社会发展不可分割的组成部分,性别平等核心指标逐渐被纳入国际社会发展评价指标框架。1996年经济合作与发展组织确定了24个核心指标用于衡量国际发展目标取得的进展,其中包括"小学和中学里的男女比例""识字人口中的男女比例(15~24岁)"两个性别指标。1999年,联合国挑选了包括贫困、教育等十个方面的40个指标来指导联合国发展援助框架中的共同国别评估。衡量性别平等和赋权妇女由反映政治、经济、教育平等的3个指标构成。评估千年发展目标的8个领域的指标体系中有两个领域5个指标专门针对性别平等和妇女发展,是国际社会公认的评估21世纪性别平等和妇女发展的核心指标。

综合评价指数则是将反映性别平等与妇女发展不同方面状况的重点指标合成为一个综合指标,性别平等综合评价指数对于综合评价不同国家或地区性别平等与妇女发展状况和水平并进行排序具有重要作用。有代表性的综合评价指数主要有:联合国开发计划署建立的性别发展指数和性别赋权指数;联合国教科文组织的性别平等指数;世界经济论坛的性别差距指数;经济合作与发展组织的社会制度和性别指数;联合国开发计划署的性别不公指数;欧盟(欧洲性别平等研究所)的性别平等指数;等等。

利用这些监测评估工具,联合国和众多国家实现了对妇女发展和社会发展中的性别平等的监测评估与政策促进目标。

(三)全面审视:性别统计制度建设

21世纪以来,对第四次世界妇女大会《行动纲要》目标执行情况评估的需求和将社会性别视角纳入千年发展目标的执行与评估的需要,进一步促进了国际社会对性别统计的重视。

2004年,第48届联合国妇女地位委员会以"衡量执行进展方面存在的差距和挑战"为主题举办了高级别圆桌会议。联合国妇女地位委员会认为,在过去十年里,全球和国家两个层面的政策发展取得了重大进展,通过统计和指标衡量进展能力变得至关重要。为给"北京＋10"[36]的回顾和评估奠定基础,联合国妇女地位委员会要求各成员国提交包括7个相关内容的反映本国性别统计发展现状的问题清单。

2005年联合国出版了第四本描述和分析全球妇女发展状况的出版物——《2005年世界妇女状况:统计方面的进展》。与前三本着重用数据反映全球妇女的状况与趋势略有不同,该书在分析世界妇女状况的同时,审查了世界各国性别统计现状,对1975~2003年数据报告方面的进展情况进行了评估。评估结论表明,按性别分类的人口动态统计仍然是一项尚未完成的工作。该书提出三点建议:一是加强国家统计系统,增加性别统计预算;二是以制度化的方式将性别观点全面纳入统计工作的主流;三是制定和完善概念和方法,将性别观点纳入数据收集概念、定义和方法制定与修改工作的主流。[37]

2005年后,性别统计的制度化建设有了长足发展。2010年联合国欧洲经济委员会和世界银行学院合作编写了《开发性别统计数据实用工具》,旨在指导统计机构从事性别统计数据的生产和使用。2013年性别统计机构间专家组确定,将联合国统计委员会认可的《最基本的性别统计指标集》作为国际社会和世界各国编制性别统计数据的指南。2015年联合国统计司更新了《性别统计手册:将性别视角纳入统计数据》,详细讨论了性别统计的国际准则。

三、中国性别统计制度的发展与挑战

中国是较早开展性别统计的国家之一。进入21世纪以来,中国的性别统计制度在顶层设计、工作机制、统计指标等方面取得了较大进展,基本建立起一套比较完整、规范的制度体系。

(一)中国性别统计的开端

中国的性别统计始于20世纪80年代后期,在联合国妇女发展基金和国际统计专家的支持帮助下,国家统计局实施了由多个政府部门和地方统计机构统计专业人员、妇女组织和妇女研究人员参加的培训计划,引进"社会性别""性别统计"等基本概念

---

[36] 1995年北京第四次世界妇女大会后,为评估和促进《行动纲要》的执行,联合国和各国政府与妇女组织于2000年、2005年、2010年、2015年、2020年分别组织了"北京＋5""北京＋10""北京＋15""北京＋20""北京＋25"一系列活动。

[37] 联合国经济和社会事务部统计司:《2005年世界妇女状况:统计方面的进展》,载联合国经济和社会事务部统计司官网,https://unstats.un.org/unsd/publication/SeriesK/SeriesK_17c.pdf。

和展示男女差异状况的最新统计分析方法,探讨中国社会性别平等的重大问题,以明确需要重点描述的分性别指标和数据。在此基础上,1994年,国家统计局完成了中国男女比较统计改善报告,在理论和制度方法上对中国性别统计工作制度的建立与发展进行了积极探索。1995年,国家统计局与联合国妇发展基金合作编辑出版了第一版面向非专业人员的《中国社会中的女人和男人——事实和数据(1995)》统计手册。1998年,国家统计局和全国妇联妇女研究所合作,共同编辑出版了《中国性别统计资料(1990—1995)》。上述一系列活动及成果标志着中国性别统计的起步和初步形成。

(二)21世纪以来中国性别统计的关键性进展

经过30余年的努力,中国性别统计制度逐步完善:性别统计进入国家常规统计调查制度;国家和地方两级设置了专门的性别统计机构和人员;形成了统计部门与性别研究机构的稳固合作关系;构建了以"妇女发展纲要"目标监测为核心的妇女发展统计监测指标体系;性别统计项目和数据收集逐渐扩展,形成了定期编制、发布性别平等状况数据的工作制度;逐步建立健全国家和省级妇女儿童统计数据库,县级以上人民政府性别统计制度和性别统计数据库建设也相继开展。

1. 性别统计纳入国家常规统计调查制度。自2004年起,性别统计被纳入国家政府部门常规统计调查制度。当年,国家统计局首次制定《妇女儿童状况综合统计报表制度》,规定由各省、自治区、直辖市统计局和各有关部门负责收集、整理"妇女儿童情况"有关资料,按年度逐级上报;2014年整合妇女儿童和社会综合统计内容,形成了《妇女儿童与社会发展基本情况统计报表制度》;2015年《妇女儿童状况综合统计报表制度》合并至《社会综合统计报表制度》。该项变动虽然使妇女状况统计不再在国家常规统计调查制度中单列,但在一定程度上意味着分性别统计和对性别问题的关注已经作为重要内容被纳入社会综合统计报表制度之中。

2. 性别统计工作制度初步形成并不断完善。2006年,国务院办公厅印发了《关于印发中国妇女发展纲要和中国儿童发展纲要性别统计重点指标目录的通知》(国办函〔2006〕1号),要求各地区、各有关部门高度重视,加强领导,建立和完善性别统计工作报告制度。该通知对中国性别统计的改善发挥了重要作用。

2020年7月,在国务院妇儿工委办公室的协调推动下,国家统计局研究制定并发布了《性别统计监测方案(试行)》,以加强分性别统计数据的收集与利用。该方案分为基础表和监测表两部分。监测表涉及人口、卫生保健、教育、就业与社会保障、社会服务、社会参与、科技、体育、法律保护等9个领域52张表。该方案不仅统筹了相关政府部门的性别统计项目,而且首次将国家统计局与性别问题高度相关的重点专项调查统计从制度上整合到性别统计监测工作体系之中。

3.性别统计指标体系不断完善。构建性别统计指标体系是性别统计工作的重要内容。伴随性别统计的发展完善,中国性别统计指标及其指标体系的建设也经历了从无到有、不断发展完善的过程。目前在性别统计工作实践和性别统计出版物中应用的性别统计指标体系主要有三套:

一是《中国社会中的女人和男人——事实和数据》中的指标体系。该统计手册从诞生到现在,十分强调并表明其性别统计/男女比较统计的性质。其数据覆盖的领域从最初的人口、婚姻与家庭、生活时间分配、就业、教育、卫生与健康、犯罪与司法、社会生活的参与与决策8个领域扩展到12个领域,增加了收入与社会保障、科技、体育、性别观念4个领域;数据图表展示的性别统计指标数量从52项增加到183项;在指标的使用上,还注重与国际指标的逐步接轨。

二是中国妇女发展纲要监测指标体系。国家统计局在承担中国妇女发展纲要的统计监测工作过程中,将加强性别统计作为妇女发展纲要监测指标体系构建的基础,不断加强性别统计缺口指标的填补,提高性别统计数据质量。随着监测评估工作的制度化和规范化开展,中国妇女发展纲要监测指标体系不断完善,能够分性别统计的指标和从社会性别视角调整完善的指标不断增多。

三是国家性别统计指标体系:指标目录与监测方案。2006年,国务院办公厅印发《中国妇女发展纲要和中国儿童发展纲要性别统计重点指标目录的通知》,该目录包括人口、婚姻与家庭、参与决策和管理、健康、教育、就业与社会保障、司法保护、其他8个领域64个重点指标。

2020年7月,国家统计局制定实施《性别统计监测方案(试行)》,该方案覆盖人口、卫生保健、教育、就业与社会保障、社会服务、社会参与、科技、体育、法律保护9个领域,总指标超过1000个。其最主要的功能是强化并落实性别统计数据的收集、汇算与推送,将国家统计调查制度和部门综合统计报表制度等不同来源的分性别数据按性别统计指标的要求收集整理,为性别统计数据库的建设奠定基础。

4.制度化性别统计数据的分析发布与提供。截至目前,国家统计局已编辑出版了6本针对非专业人员的性别统计出版物《中国社会中的女人和男人——事实和数据》,并自2008年起,每年编辑出版《中国妇女儿童状况统计资料》,向政府有关部门、妇联和性别研究机构提供最新的性别统计资料。四川、山西、山东、上海等的地方统计局陆续出版发行了省级以及地市、区县级性别统计资料。这些性别统计出版物作为中国性别统计工作发展的一个缩影,昭示了中国性别统计既坚持着重反映中国性别平等发展实践,又注重与国际社会性别统计发展同步的中国特色。

(三)中国性别统计存在的不足

1. 性别统计缺口仍然大量存在。虽然中国政府统计中的性别统计项目不断扩展,内容逐渐增多,但还没有覆盖所有的重点问题,即便是中国妇女发展纲要目标的监测指标数据,也存在不少空缺,包括土地和金融信贷等经济资源分享、工资收入、社会保障、非正规就业、对妇女的暴力等领域信息,特别是经常性的统计信息较为缺乏。如分性别、分职业的收入状况是反映经济性别平等的重要信息,但多年来,在劳动统计年鉴中,只有不同经济类型分行业的工资总额和职工平均工资,无分性别数据。

2. 尚未形成科学合理的指标体系和综合评价核心指标。目前纳入国家统计制度的性别统计指标体系,主要以中国妇女发展纲要的目标监测评估为基础,受多重因素影响,不可避免地存在领域设置不够全面的缺陷。性别研究机构开发的指标体系更多停留于研究文献,在应用中还会因部分数据的空缺而无法显现其价值。核心指标和关键指标尽管有国际公认指标作为借鉴,但至今尚未达成较为一致的认识,且未能纳入国家社会发展综合评价体系。

3. 统计指标与数据的性别敏感度不高。很多对性别平等测量更有意义、灵敏度更高的指标尚未纳入统计制度特别是常规统计之中。一些纳入统计系统的指标,或者不反映性别问题,或者容易在一定程度上导致对妇女和男性在社会参与及作用上的系统性认识误差和偏误。如有关失业和再就业的数据,目前主要以登记失业为基础,但这一指标在设计时就默认了劳动力资源概念中男女年龄不同的不合理限定,而且忽略了基于种种原因未到劳动力市场登记的女性失业人员。

4. 数据质量和代表性有待提高。一些统计项目虽然在填报时增加了性别的分组,但受基础数据资料的可靠性不足和统计人员对性别分组的重要性认识不足等因素的影响,数据的可靠性不高。例如,对于享受居民最低生活保障人员的统计。2012年,全国城镇最低生活保障人员的女性比例为40.4%,农村最低生活保障人员的女性比例为32.1%。[38] 这一数据与国家统计局重点贫困县监测中"贫困人口中女性占近

---

[38] 根据国家统计局社会科技和文化产业统计司编:《中国妇女儿童状况统计资料-2014》,中国统计出版社2014年版,第50页。

50%"的结论存在一定距离。值得欣慰的是,2018年后,这一统计项目的数据收集逐步得到改善,数据的性别结构趋于合理。

5.性别统计缺乏制度保障。长期以来,中国性别统计更多依靠妇女儿童发展纲要的监测统计工作来推动,尽管其有效地促进了政府性别统计的发展,但其力度和整合度与将妇女发展作为国家社会经济发展的重点目标、将性别统计作为国家统计制度基本要求的性别平等主流化态势难以比拟。制度保障的不足不仅使性别统计指标体系的完整性受到妇女发展纲要目标及其变动的影响,而且性别统计指标的设置还会受制于相关部门以工作为中心的统计,从而难以提高针对性。一些坚持多年的重要性别统计项目在部门或统计项目调整中被忽略。

四、妇女法对性别统计调查制度建设的强化

(一)妇女法相关条文的意义

2022年修订的《妇女权益保障法》首次将"国家建立健全妇女发展状况统计调查制度"写入总则第9条。该条中还规定,完善性别统计监测指标体系,定期开展妇女发展状况和权益保障统计调查和分析,发布有关信息。

这一规定反映了党和国家对性别统计在贯彻落实男女平等基本国策、促进中国社会男女平等、保障妇女权益中的基础和重要作用的高度重视与强化,具有重大而深远的意义。建立健全性别统计制度亦是贯彻落实《妇女权益保障法》重要且不可或缺的助力。制定实施并不断完善保障妇女权益的法律法规表明,保障妇女权益已经成为国家意志。但要让性别平等落到实处,还必须全面贯彻落实《妇女权益保障法》,让性别平等真正成为全社会共同遵循的行为规范和价值标准。在这样的情境下,收集和提供可靠的关于两性发展状况的综合、具体的数据显得尤为重要。

(二)新时期发展完善性别统计的重点

《妇女权益保障法》在强化性别统计在中国妇女权益保障制度机制中的重要地位作用的同时,对新时期性别统计的发展完善提出了具体要求,包括建立健全妇女发展状况统计调查制度,完善性别统计监测评估指标体系,定期开展妇女发展状况和权益保障统计调查和分析,发布有关信息四个方面。

1.建立健全妇女发展状况统计调查制度。要把性别平等列为监测评估社会经济发展水平的基本指标。将性别统计作为国家统计制度和社会发展常规统计的重要内容,《统计法》和《统计法实施细则》中对性别统计作出了明确要求。强化国家和有关部门在社会性别统计中的职责和义务。建立从指标设置调整到数据收集、存储、汇编、分析、发布等全过程管控的体制机制,强化国家统计主管部门对统计系统和相关政府统计部门统计指标增减调整的性别审查,既确保新增指标能够同时满足性别分析的要求,也防止因性别意识缺乏使已有的性别统计指标在改革和调整中流失。

2. 完善性别统计监测评估指标体系。要以建立和完善具有国际视野和本土特色的中国性别统计指标体系为目标,以基本、重点性别统计指标框架为基础,构建多层次的性别统计指标体系。包括具有政策导向和评价意义,以指数指标为主的性别统计基本指标体系;具有数据收集价值、便于统计部门操作,以总量、数量指标为主的统计监测指标体系;适用于不同时期中国妇女发展纲要目标监测评估的妇女发展纲要目标监测评估指标体系。要建立性别统计指标的动态调整机制,定期对现有的性别统计指标清单进行调整完善。在指标体系的构建中,应重视与国际性别统计指标体系的对接。特别是性别平等核心指标的选择,要充分吸收国际通用的核心指标和统计标准,以提高我国性别平等指标体系的国际化水平。

3. 构建统筹协调、多方联动的性别统计工作机制,定期开展妇女发展状况和权益保障统计调查和分析。要完善性别统计数据收集并增加性别统计数据供给,充分发挥并强化国家和地方统计局与相关政府部门在性别统计数据定期收集汇总分析中的主力军作用。对那些严重缺乏分性别数据的领域和问题,要开列指标和责任清单,通过增加政府相关行政记录性别分组,充分整合利用已有的全国性调查分性别统计数据,建立性别统计缺口数据专项调查制度等途径,尽快实现缺口指标数据的分性别收集。尽快实现收入、社会保障、就业与失业、经济资源占有、非正规就业等经济活动的性别统计。要将妇女社会地位调查和时间利用调查作为性别统计数据收集、分析的经常性国家统计调查项目,适当缩短调查周期,扩大调查范围。要加强对性别统计数据的审查与分析评估,不断提高性别统计数据质量。

4. 提高性别统计数据的公开和可利用程度。要充分认识到性别统计数据在反映妇女发展和社会文明进步程度、树立中国发展良好形象方面的重要作用,进一步完善性别统计数据公开与传播机制,加强性别统计资料的发布和出版传播。要在统计系统内部数据库基础上,尽快在政府统计机构官网和妇女儿童工作委员会门户网站建设可供各类用户查询使用的性别统计数据库,按年度发布性别统计分析报告,定期公开出版年度性别统计资料。要促进相关领域统计年鉴等出版物增设性别统计项目,使性别统计更好地服务于性别平等的政策促进和宣传倡导。要大力推动性别统计大数据库建设,开发性别统计数据 App 平台,加强性别统计数据的供给和促进其有效利用,为性别平等提供监测和预警机制,及时、准确地为决策者提供性别统计信息。

第五节　保障妇女权益的救济措施

引　例

2021 年 11 月,江苏省宝应县人民检察院(以下简称宝应县院)与县妇联共同开展"消除对妇女家暴、维护妇女权益"专项行动,排查出"金某某疑遭家暴"等重点线索。金某某(女,智力残疾四级)被丈夫郝某某殴打致伤后,其亲属曾于 2020 年 6 月 24 日至宝应县妇联反映情况,当地接诊医院诊断金某某的病情为"多发性击打伤",但并未报警。宝应县院进一步核查发现,县域近 87% 的医疗机构未落实强制报告制度,宝应县卫生健康委员会(以下简称县卫健委)负有监管职责却未采取有效监管措施,侵害了妇女合法权益。2022 年 2 月 24 日,宝应县院决定以行政公益诉讼立案。

2022 年 3 月 1 日,宝应县院向县卫健委发出诉前检察建议,建议其履行监督管理职责。县卫健委收到检察建议后高度重视,立即依法对涉案医疗机构及医务人员作出相应处理,组织开展专题教育培训和考核检查;建立健全全县医疗机构实施妇女遭受家暴案件强制报告的工作流程制度;协调有关部门搭建线索移送、信息共享、进度通报、结果汇总的工作平台。为进一步完善反家暴治理机制,宝应县院还联合有关部门构建了受家暴妇女权益一体化保护联盟。[39]

一、妇女权益保障检察公益诉讼制度

一般认为,现代意义上的公益诉讼兴起于 20 世纪中期的美国民权运动。美国妇女采取公益诉讼等法律工具争取男女权利平等,以改变不平等、不公正的性别社会结构。此后,这种新的诉讼形式为其他国家和地区的妇女纷纷仿效,比如印度、巴基斯坦、南非和拉美诸国等,并在不同的国家和地区拓展出多种形式的诉讼策略和实践方式。与世界其他多数国家主要由妇女个人或妇女组织提起公益诉讼不同,我国采取

---

[39] 江苏省宝应县人民检察院督促落实涉家庭暴力妇女强制报告行政公益诉讼案,最高人民检察院会同中华全国妇女联合会联合发布的妇女权益保障检察公益诉讼典型案例(2022 年 11 月 25 日发布)。

的是专门通过检察公益诉讼保障妇女权益的模式。

(一)我国妇女权益保障检察公益诉讼制度的确立和发展

我国的妇女权益保障检察公益诉讼属于妇女权益保障公益诉讼的一种类型。我国《宪法》确认了男女平等的基本国策,《妇女权益保障法》则从多方面对妇女权益保护进行了原则性规定,有力提升了妇女权益保障的法治水平。但是,现实中对女性的各种歧视、排斥和伤害等仍然存在,比如就业歧视、性骚扰、家庭暴力和公共场所侵犯隐私等,呈现出侵犯妇女权益的系统性、顽固性、普遍性特征。不少妇女虽有依法维权意识,但因缺乏诉讼知识、取证困难和成本精力有限等,很难借私人诉讼解决结构性的性别不平等问题。我国的检察机关是国家专门的法律监督机关,检察公益诉讼制度是对其监督职能的具体化。由检察机关通过法定程序维护公共利益,可以克服妇女个体诉讼维权的诸多障碍,保障不特定多数妇女的权益,还可以产生"涟漪效应",助推形成男女平等、依法维护妇女合法权益的社会氛围。

2019年,党的十九届四中全会通过《中共中央关于坚持和完善中国特色社会主义制度 推进国家治理体系和治理能力现代化若干重大问题的决定》,明确要求"拓展公益诉讼案件范围"。在关注"集体性"和"扩散性"国家利益和社会利益[40]的同时,公益诉讼还延伸至妇女等特定群体权益保护领域。最高人民检察院作为此项重点改革举措的牵头单位,在全国妇联等的协同配合下,发布了《关于建立共同推动保护妇女儿童权益工作合作机制的通知》《关于积极稳妥拓展公益诉讼案件范围的指导意见》等文件,重点探索将妇女权益保障纳入检察公益诉讼"等"外领域,指导各地开展探索实践。2019年11月起,最高人民检察院将加强妇女权益保障作为贯彻落实党的十九届四中全会"拓展公益诉讼案件范围"改革任务的重点领域,会同全国妇联围绕妇女发展纲要和国家人权行动计划明确的主要目标和突出问题,积极稳妥探索强化法律监督的保障措施,并推动地方立法先行先试,为妇女权益保障法的修订完善积累经验。2021年《中共中央关于加强新时代检察机关法律监督工作的意见》,强调积极稳妥拓展公益诉讼案件范围,探索办理妇女权益保护等领域公益损害案件,总结实践经验,完善相关立法。2021年9月国务院新闻办公室发布的《国家人权行动计划(2021—2025年)》也提出,要完善妇女权益保障制度,修改妇女权益保障法,检察机关积极探索开展相关领域公益诉讼。2022年,党的二十大报告明确要求"完善公益诉

---

[40] 比如生态环境和资源保护、国有土地使用权出让、国有财产保护以及食品药品安全问题。

讼制度"，充分体现了党中央对公益诉讼制度设计及其实践的高度认可，明确了公益诉讼在推进中国式现代化中的重要地位和作用。从地方立法层面看，2019年以来，多数省级人大常委会出台了关于加强检察公益诉讼工作的决定，明确授权检察机关开展妇女权益保障领域公益诉讼。

在上述文件和地方试点的基础上，2022年修订的《妇女权益保障法》第77条专门增设了检察公益诉讼条款。同时，最高人民检察院创新了在单行法中配套完善公益诉讼法律制度的立法模式。至此，我国妇女权益保障公益诉讼正式以法律的形式得到确立，充分贯彻落实了党的二十大报告对于"坚持男女平等基本国策，保障妇女儿童合法权益"的要求，为妇女权益的实现提供了现实的途径和有效的司法保障。

在上述立法基础上，各级检察机关和妇联组织也在积极推动妇女权益保障公益诉讼的实践。2022年11月25日"国际消除对妇女暴力日"，最高人民检察院会同全国妇联发布10件妇女权益保障检察公益诉讼典型案例。2023年3月3日，最高人民检察院发布《关于贯彻实施新修订〈中华人民共和国妇女权益保障法〉切实保障妇女权益的通知》。2023年3月8日，最高人民检察院第八检察厅印发《关于准确理解适用〈妇女权益保障法〉积极稳妥推进妇女权益保障公益诉讼检察工作的提示》，同时印发《公益诉讼检察工作情况（妇女权益保障专刊）》，推广浙江、重庆、安徽、上海、山西等地检察机关相关工作经验和5件妇女权益保障检察公益诉讼典型案例。全国各地检察机关依照相关法律规定，积极落实最高人民检察院的部署要求，与各级妇联组织密切配合，办理了一批有影响、效果好的公益诉讼案件，维护了广大妇女的合法权益。[41]

（二）妇女权益保障检察公益诉讼的概念和类型

妇女权益保障检察公益诉讼制度是我国《妇女权益保障法》2022年修订新设的一项妇女权益保障救济措施，它是指检察机关在履行职责过程中，针对侵害妇女合法权益、导致社会公共利益受损的行为，依法向人民法院提起公益诉讼的法律制度。

妇女权益保障检察公益诉讼可以划分为民事公益诉讼和行政公益诉讼两种类型。

妇女权益保障检察民事公益诉讼是由检察机关提起的，针对公民、法人或其他组织违反民事法律，侵犯妇女合法权益的行为，依法向人民法院提起的以救济不特定多

---

[41] 邱景辉：《妇女权益保障检察公益诉讼的制度优势与衔接协同》，载《人民检察》2023年第10期。

数妇女合法权益、维护社会公共利益为目的的诉讼。比如,包含性别歧视的职场制度、贬损妇女人格的广告等都可能成为民事公益诉讼的对象。

妇女权益保障检察行政公益诉讼则指由检察机关提起的,针对承担保障妇女权益行政职能的主体违法损害妇女权益或怠于履行保障妇女权益职责的行为,依法向人民法院提起的以救济不特定多数妇女合法权益、维护社会公共利益为目的的诉讼。例如,政府在制定或执行某些政策时,如果存在性别歧视或忽视妇女权益的情况,就可能成为行政公益诉讼的对象。

妇女权益保障检察公益诉讼并不涉及刑事领域;但如果在刑事案件中需要追究被告人侵害社会公共利益的民事责任,检察机关可以一并提起附带民事公益诉讼,由同一审判组织一并审理,节约司法资源。

(三)我国妇女权益保障检察公益诉讼的特征

妇女权益保障检察公益诉讼制度为妇女权益保障事业提供了中国方案,它既是保障人权和消除性别歧视与暴力的必然要求,也是推进依法治国和国家治理现代化的重要手段。它具有如下特征:

首先,从目的上看,我国的妇女权益保障检察公益诉讼通过保障妇女群体的普遍利益,维护更广泛的社会公共利益。自公益诉讼制度确立以来,我国的公益诉讼范围从"集体性"和"扩散性"国家利益和社会利益扩展到特定群体权益的保护。人们越来越意识到,基于否定性的性别文化和社会性别机制对妇女权益的损害,往往和全社会的利益息息相关。妇女权益保障检察公益诉讼的目的,不是个案救济或维护妇女个人的合法权益,而是维护和保障公共利益的"平等"价值属性。

其次,从起诉主体上看,我国提起妇女权益保障公益诉讼的主体为人民检察院,这是因为,由检察机关提起公益诉讼具有法理上的正当性。是基于人民司法的理念,为广大妇女的普遍权益提供专门、高效的保障,这一点也和英美等国主要由社会组织提起的公益类诉讼有所区别,后者总体上属于利益集团主导的诉讼活动,具有明显的阶层性、种族性、地域性等特征。[42] 此外,检察机关提起公益诉讼还拥有法律上的执行力和威慑力。作为法律监督机关,检察机关在资源、经验、专业性和权威性上具有明显优势,能够有效克服公益诉讼取证难、胜诉难等种种障碍。考虑到妇女在实际生活中难以对抗重重性别歧视和贬损背后的制度结构和观念文化,由检察机关提起妇

---

[42] 刘艺:《规范为要 前景可期:妇女权益保障类检察公益诉讼》,载《中国妇女报》2023年3月21日,第6版。

女权益保障公益诉讼可以更充分、高效地保障妇女权益,促进公共利益的实现。

再次,从诉讼过程看,我国的妇女权益保障检察公益诉讼具有多元参与、协同共治的特征。我国的妇女权益保障检察公益诉讼体现为多种机制组合、多方力量参与的协同共治过程,形成党委领导、政府主导、各方协同、社会参与的格局。检察机关坚持"双赢多赢共赢"理念,主动加强与妇联、公安、法院、卫生健康、民政、人力资源和社会保障等部门的协作配合,完善案件线索移送、信息共享、联合调查、专业支持等工作机制,推动形成妇女权益保护合力;联合多部门深入开展妇女权益保障法治宣传,引入社会力量的参与和监督;综合利用磋商、听证、圆桌会议、诉前检察建议、诉讼等操作机制推动案件的解决。

最后,从诉讼功能和效果上看,我国的妇女权益保障检察公益诉讼具有预防性和治理性。依据《妇女权益保障法》第77条的规定,检察机关可以直接监督村民自治活动中违反法律法规,侵犯农村妇女集体经济组织成员身份相关权益的情况,推动基层治理;针对相关单位未采取合理措施预防和制止性骚扰,检察机关也可以通过公益诉讼手段追究相关国家机关、企业事业单位的责任。妇女权益保障检察公益诉讼不仅可以针对已经发生的侵害妇女合法权益、损害公共利益的行为,还可以及时制止那些对公共利益的潜在侵害,从而发挥补充行政执法的作用,通过司法治理提升特定领域妇女权益保障工作的效果,形成与行政治理既分立又配合的保障格局。[43]

(四)妇女权益保障检察公益诉讼的构成要素

1. 诉讼主体

(1)公益诉讼起诉人。[44] 在妇女权益保障检察公益诉讼中,检察机关以"公益诉讼起诉人"的身份向人民法院提起公益诉讼。

(2)被告。妇女权益保障检察公益诉讼的被告为侵害妇女合法权益、导致社会公共利益受损的行为人。行为人的行为既可以是已造成现实的损害,也可以是将来可能造成的损害,只要能够证明具有损害发生的可能性即可。在妇女权益保障检察民

---

[43] 刘艺:《妇女权益保障领域检察公益诉讼机制的理论基础与实现路径》,载《重庆大学学报(社会科学版)》2022年第2期。

[44] 按照2018年3月1日最高人民法院、最高人民检察院联合发布、2020年修正的《关于检察公益诉讼案件适用法律若干问题的解释》第4条的规定,人民检察院以公益诉讼起诉人身份提起公益诉讼,依照民事诉讼法、行政诉讼法享有相应的诉讼权利,履行相应的诉讼义务,但法律、司法解释另有规定的除外。这就体现了检察机关具有不同于普通民事诉讼、行政诉讼原告的特殊性。

事公益诉讼中,被告包括侵害妇女合法权益,损害社会公共利益的公民、法人或其他组织。在妇女权益保障检察行政公益诉讼中,被告主要是那些具有监督管理职能的国家行政机关;当其对侵害妇女合法权益的违法行为不作为,或者违法行使职权侵害妇女合法权益时,就会损害到社会公共利益。

2. 受案范围

根据我国《妇女权益保障法》第77条的规定,妇女权益保障检察公益诉讼的受案范围包括以下五种情形:(1)确认农村妇女集体经济组织成员身份时侵害妇女权益或者侵害妇女享有的农村土地承包和集体收益、土地征收征用补偿分配权益和宅基地使用权益;(2)侵害妇女平等就业权益;(3)相关单位未采取合理措施预防和制止性骚扰;(4)通过大众传播媒介或者其他方式贬低损害妇女人格;(5)其他严重侵害妇女权益的情形。

该规定为公益诉讼在妇女权益领域的实际应用提供了法律依据,并对实践保持一定的开放性。第5项兜底条款意味着,其他严重侵害妇女合法权益,导致社会公共利益受损的情形,比如侵害妇女财产权益、在就业等领域歧视妇女以及不履行预防和制止家庭暴力职责等在社会中具有典型意义或属于普遍状况的情形,也可以逐渐被纳入公益诉讼范围。[45]

3. 立案条件

一般而言,妇女权益保障检察公益诉讼立案应当同时满足四个条件:(1)国家利益或者社会公共利益遭受严重侵害或者存在重大侵害危险,人民群众反映强烈;(2)侵害行为违反法律的强制性规定,具有明显的违法性;(3)负有监督管理职责的行政机关违法行使职权或者不作为,或者行政执法制度机制存在明显短板,难以有效解决公益侵害问题;(4)没有其他适格主体可以提起诉讼,难以通过普通民事、行政、刑事诉讼有效实现公益保护。

对于国家层面已经着手调查、开展治理,或者有关部门已启动行政执法的线索,可以持续关注并进行分析研判;有关部门已经积极履职的,不宜再启动检察公益诉讼办案程序。国家利益或者社会公共利益仍处于受侵害状态,相关责任主体可能存在履职不到位等违法情形的,可以通过检察公益诉讼跟进监督。[46]

---

[45] 2021年9月国务院新闻办公室发布的《国家人权行动计划(2021—2025年)》。
[46] 邱景辉:《妇女权益保障检察公益诉讼的制度优势与衔接协同》,载《人民检察》2023年第10期。

4. 检察机关在妇女权益保障公益诉讼中的履职方式

根据《妇女权益保障法》第 77 条的规定，侵害妇女合法权益，导致社会公共利益受损的，检察机关可以发出检察建议；特定情形下，检察机关可以依法提起公益诉讼。这意味着法律提供了检察建议和公益诉讼两种不同的救济制度。

(1) 发出检察建议

在妇女权益保障行政公益诉讼提起之前，以向行政机关制发检察建议为核心的诉前程序是公益诉讼的必经前置程序，它有助于行政机关主动履职，加强检察权与行政权的合作互补，从而节约司法资源和提高效率。根据《人民检察院检察建议工作规定》，检察建议分为再审检察建议、纠正违法检察建议、公益诉讼检察建议、社会治理检察建议和其他检察建议五类。在侵害妇女权益导致公共利益受损的场合，检察机关可以制发两类检察建议，一是以督促行政机关依法履职为职责定位的公益诉讼检察建议，二是以改进工作、完善治理为主旨的社会治理检察建议。

妇女权益保障公益诉讼检察建议的制发对象为行政机关，是检察机关对行政机关违法行使职权侵害妇女合法权益的行为，或者行政机关对侵害妇女合法权益的违法行为不作为，导致社会公共利益受损的行为进行监督提出的建议。社会治理检察建议的制发对象包括行政机关、司法机关、企业事业单位、人民团体、社会组织等。检察机关在办理公益诉讼案件中发现有关单位存在普遍性男女不平等问题，需要有关单位建章立制、加强监管、改进工作的，可以制发社会治理检察建议。[47]

按照《妇女权益保障法》第 77 条的规定，在侵害妇女合法权益导致社会公共利益受损的情况下，一般制发社会治理类检察建议；只有出现该条规定的五种情形时，检察机关才可以选择制发社会治理类检察建议或公益诉讼检察建议。[48]

(2) 提起诉讼

公益诉讼检察建议发出后，行政机关仍不依法履行职责，社会公共利益处于受侵害状态的，检察机关应当提起妇女权益保障行政公益诉讼，由法院判决行政机关依法履职。因此，检察机关向行政机关制发公益诉讼检察建议是进入妇女权益保障行政公益诉讼前的必经程序。一般而言，在依法可以提起妇女权益保障公益诉讼的情形中，应优先制发公益诉讼检察建议，并且检察建议的内容应与后续诉讼的内容保持一致。

---

[47] 包艳春：《区分运用公益诉讼检察建议和社会治理检察建议》，载《检察日报》2023 年 6 月 15 日，第 7 版。
[48] 李洪祥、马佳悦：《〈妇女权益保障法〉主要救济制度的构成、特色与运行》，载《人权研究》2023 年第 2 期。

在《妇女权益保障法》第 77 条规定的五种特定情形中,人民检察院可以提起妇女权益保障民事公益诉讼。在民事公益诉讼中不涉及公益诉讼检察建议,但检察机关可以对有关单位或组织制发社会治理检察建议。近年来,在妇女权益保障公益诉讼司法实践中,还创新性地运用了申请司法确认民事公益诉讼磋商协议这样一种新类型的民事特别程序。侵权行为人自行纠正违法行为,采取补救措施,或者承诺整改的,检察机关可以就民事责任的承担与侵权行为人进行磋商。经磋商达成协议的,可以向审判机关申请司法确认。[49] 经过磋商未达成一致,社会公共利益仍然处于受损害状态的,人民检察院应当提起妇女权益保障民事公益诉讼。

二、就业性别歧视联合约谈制度

为消除就业性别歧视、保障妇女的平等就业权,2022 年修订的《妇女权益保障法》增设了就业性别歧视联合约谈制度。

(一)就业性别歧视联合约谈制度的确立

就业性别歧视联合约谈的实践早在《妇女权益保障法》修订前就开始了。全国妇联在工作中发现,用人单位在招聘、录用过程中的性别歧视问题比较突出,如在非法律法规规定的不适合妇女的工种或者岗位的招聘信息中标注"限男性"或者"男性优先";同等条件下,限制女性求职者笔试、面试或者复试机会;对女性求职者附加身材、容貌要求,询问其婚育状况或计划;等等。但是由于求职者与用人单位尚未形成劳动关系,《劳动法》对女职工的特殊保护无法适用,招录过程中的性别歧视其时也未被纳入劳动保障监察范围,因此就业机会受到不利影响的女性求职者难以获得及时有效的救济。针对上述问题,全国妇联 2016 年 7 月制定并下发了《妇联组织促进女性公平就业约谈暂行办法》,明确妇联组织可以对涉嫌在招录过程中歧视妇女的用人单位进行约谈。此后,各地妇联组织纷纷探索建立约谈机制,落实约谈办法,及时化解求职者与用人单位之间的矛盾纠纷,督促用人单位纠正就业性别歧视行为,引导其依法依规开展人力资源管理。

在妇联组织开展就业性别歧视约谈的实践基础上,2019 年 2 月,人力资源和社会保障部与全国妇联、全国总工会等九部门联合印发了《关于进一步规范招聘行为促进妇女就业的通知》,规定人力资源和社会保障部门、工会组织、妇联组织等部门"根据

---

[49] 2020 年《上海市人民代表大会常务委员会关于加强检察公益诉讼工作的决定》。

举报投诉,对涉嫌就业性别歧视的用人单位开展联合约谈,采取谈话、对话、函询等方式,开展调查和调解,督促限期纠正就业性别歧视行为,及时化解劳动者和用人单位间矛盾纠纷"。此后,2021年国务院印发的《"十四五"就业促进规划》和《中国妇女发展纲要(2021—2030年)》,以及全国妇联、教育部、人力资源和社会保障部联合印发的《关于做好女性高校毕业生就业创业工作的通知》等文件也对建立健全就业性别歧视联合约谈机制予以规定。

与此同时,一些地方针对就业性别歧视进行了约谈或联合约谈相关立法。2017年通过的《河北省妇女权益保障条例》首开先河,率先在地方立法中规定妇联可约谈在员工招聘和录用中存在歧视妇女问题的单位的主要负责人,督促其在约定期限内予以纠正,必要时可邀请劳动保障行政部门、媒体等相关组织参与约谈,并下达整改意见书。其后,江苏、宁夏也相继在其妇女权益保障条例中对就业性别歧视联合约谈作出规定,但在具体的适用范围、约谈主体等方面规定得不尽相同。

据全国妇联统计,2017～2021年,各级妇联单独或联合开展就业性别歧视约谈800多起,及时化解劳动者与用人单位之间的矛盾纠纷,引导用人单位纠正就业性别歧视行为,取得了良好效果。[50]

为进一步强化就业性别歧视联合约谈的法治基础,2022年修订的《妇女权益保障法》正式以法律形式确立了这一制度。该法第74条规定:"用人单位侵害妇女劳动和社会保障权益的,人力资源和社会保障部门可以联合工会、妇女联合会约谈用人单位,依法进行监督并要求其限期纠正。"由此,就业性别歧视联合约谈制度得以统一和规范,适用范围也从招聘、录用中的性别歧视扩展至所有侵害妇女劳动和社会保障权益的行为。

(二)就业性别歧视联合约谈制度的特征

就业性别歧视联合约谈是一种刚柔并济的制度措施,与传统的管理型行政执法范式相比,具有以下特征。

1. 协商性

传统的执法范式是将用人单位置于"客体化"位置,通过行政机关单方自决追究用人单位的法律责任,对其加以威慑。联合约谈则是约谈方与被约谈方甚至其他利益方广泛参与,在对话、协商的基础上达成共识,解决问题。人力资源和社会保障部

---

[50] 但淑华:《新〈妇女权益保障法〉的制度机制创新》,载《群言》2023年第1期。

门、工会、妇联通报被约谈用人单位涉嫌侵害妇女劳动和社会保障权益的问题及其行为的危害性，听取用人单位的陈述申辩，充分掌握其行为动机等情况，围绕问题展开有建设性的沟通。

2. 预防性

行政处罚等惩罚性方式是追究行政相对人过去违法行为的责任，而联合约谈更多是面向未来的。通过联合约谈，人力资源和社会保障部门、工会、妇联可以及早发现、及时介入侵害妇女劳动和社会保障权益的行为，唤醒用人单位的自我反思，引导、督促其转变不当观念、纠正违法行为，及时化解劳动者与用人单位之间的矛盾纠纷，预防违法行为升级或潜在违法行为发生。如果人力资源和社会保障部门、工会、妇联在约谈中发现用人单位面临或存在的问题是其所处行业的共性问题，还可以出台更合理的政策措施，使约谈发挥更积极、广泛的效用。

3. 弱强制性

虽然就业性别歧视联合约谈是以一种比较温和的形式与被约谈方进行沟通交流，但从根本上说，其仍是以国家权力为基础的，权力权威是约谈发挥作用的根源所在。[51] 被约谈的用人单位拒不接受约谈或约谈后拒不改正的，人力资源和社会保障部门可以依法对其进行不同程度的处罚。因此，就业性别歧视联合约谈仍具有一定的强制性，但与行政处罚、行政强制相比，其强制性程度更为轻缓、有限。[52]

（三）就业性别歧视联合约谈制度的内容

1. 适用情形

依据《妇女权益保障法》第74条，就业性别歧视联合约谈的适用情形是"用人单位侵害妇女劳动和社会保障权益"。无论是在招聘、录用环节，还是在晋级、晋职、评聘专业技术职称和职务、培训、辞退等过程中，只要构成对妇女劳动和社会保障权益的侵害，均可开展约谈。此处的"侵害"既包括已经对妇女个体造成侵害事实，也包括虽未对妇女个体造成侵害事实，但是用人单位的规章制度违法或不当，足以对作为劳动者的妇女造成侵害的情形。[53]

---

[51] 蔡书芳：《行政约谈的治理功能、作用逻辑与法律规范》，载《领导科学》2022年第8期。

[52] 陆洲：《行政约谈制度：一种非典型的协商型执法范式》，载《中南民族大学学报（人文社会科学版）》2022年第6期。

[53] 郭庆珠：《妇联约谈用人单位的法律属性及规范化实施》，载《中华女子学院学报》2023年第3期。

2. 约谈主体

就业性别歧视联合约谈的实施主体包括人力资源和社会保障部门、工会和妇联。人力资源和社会保障部门可以单独约谈用人单位,必要时可以联合工会、妇联开展联合约谈。工会、妇联不能单独进行约谈,这是由约谈的行政属性决定的。因为工会和妇联作为群团组织,不具备约谈所需的行政权力基础。

就业性别歧视联合约谈的对象为侵害妇女劳动和社会保障权益的用人单位,实践中通常是用人单位的法定代表人或主要负责人。

3. 约谈程序

《妇女权益保障法》未明确规定就业性别歧视联合约谈的程序。实践中,就业性别歧视联合约谈的开展通常包括以下几个环节:

(1)受理。人力资源和社会保障部门、工会、妇联通过窗口来访接待、热线电话等渠道,及时受理侵害妇女劳动和社会保障权益的相关举报投诉,并对举报投诉内容进行初步调查核实。

(2)调解。对存在侵害妇女劳动和社会保障权益情形或有侵害之虞的,人力资源和社会保障部门、工会、妇联可根据举报投诉双方意愿组织调解,督促用人单位限期纠正就业性别歧视行为,及时化解劳动者和用人单位间的矛盾纠纷。

(3)约谈。对不愿调解、调解不成或经调查核实需要约谈的,由人力资源和社会保障部门发起单独约谈,或联合工会、妇联开展约谈,并做好约谈记录。

(4)整改。被约谈的用人单位应当在规定或约定时限内完成整改。人力资源和社会保障部门、工会、妇联应当对被约谈用人单位进行回访,监督其整改落实情况。对拒不接受约谈或约谈后拒不改正的,人力资源和社会保障部门应依法进行查处,并通过媒体向社会曝光。

4. 约谈方式

就业性别歧视联合约谈可以采用对话、谈话或函询的方式。对话、谈话是以口头形式进行沟通协商:对话更强调双方或多方的互动和沟通;谈话通常是人力资源和社会保障部门、工会、妇联居于主导地位,通过提问、解答等方式进行。函询是指以书面形式向被约谈的用人单位了解情况,要求其对相关问题进行书面解释和说明。

就业性别歧视联合约谈可以视情况采取内部或公开约谈。公开约谈应对外公布相关信息,并可邀请公众或媒体列席。

三、调解、仲裁与诉讼

(一)调解

"申请调解"的救济措施是 2022 年修订《妇女权益保障法》时新增加的内容,标志着妇女权益救济体系的进一步完善。

1. 调解概述

调解在我国有着悠久深厚的历史传统,从最初作为自发解决民间纠纷的方式逐步上升到法律制度的层面。调解最显著的特点是形式上的灵活性、当事人的自决性以及结果的变通性。自古以来,调解在定分止争中都发挥着不可替代的作用,特别是对于婚姻家事纠纷、邻里纠纷等发生在熟人间的纠纷,其不仅关注单个法律关系确认或某种权利实现的法律效果,还着眼于纠纷主体的未来利益及纠纷化解的实际效果。[54]

我国目前主要的调解类型有人民调解、行政调解及司法调解。《妇女权益保障法》第 72 条第 2 款规定的"申请调解"并未对调解类型予以限定,结合妇女权益纠纷类型,可以解释为包含了前述三种类型。

人民调解,是指人民调解委员会通过说服、疏导等方法,促使当事人在平等协商的基础上自愿达成调解协议,解决民间纠纷的活动。人民调解的主体是人民调解委员会,调解遵循自愿原则,且不得违反法律法规和国家政策。人民调解委员会在性质上属于群众性组织,分别由村民委员会、居民委员会设立;县级以上地方人民政府司法行政部门负责指导本行政区域的人民调解工作,基层人民法院负责业务指导。人民调解委员会调解成功达成调解协议的,双方当事人可以自调解协议生效之日起 30 日内共同向人民法院申请司法确认;经人民法院确认的调解协议具有强制执行的效力。

行政调解,是指由行政机关主持,按照相关程序对当事人之间发生的民事纠纷、行政纠纷进行调解的活动。[55] 行政调解的主体是行政机关,具有多元性,包括公安机关基于治安管理进行的调解,[56] 乡镇人民政府对农村土地承包经营纠纷进行的调

---

[54] 这种实际效果是综合的,既包括法律层面,也包括社会道德和情感层面。
[55] 刘旺洪:《论行政调解的法制建构》,载《学海》2011 年第 2 期。
[56] 《治安管理处罚法》(2012 年修正)第 9 条规定:"对于因民间纠纷引起的打架斗殴或者损毁他人财物等违反治安管理行为,情节较轻,公安机关可以调解处理……"

解,[57]以及其他主管行政机关在其主管范围内进行的调解。[58] 从调解对象看,行政调解既可以对民事纠纷,也可以对行政纠纷进行调解。行政调解达成的协议具有何种法律效力并没有明确的规定,有的认为行政调解协议与人民调解协议类似,经司法确认后才能获得强制执行力;也有的认为行政调解书经当事人签收即具有执行力。

司法调解,又称为诉讼调解或者法院调解,是指由人民法院主持,遵循合法自愿原则,以查清案件事实为基础,依据《民事诉讼法》的规定所进行的调解。司法调解的主体是人民法院,在性质上属于法院审判活动,调解所达成的协议或者调解书具有与民事判决相同的法律效力。我国民事诉讼活动非常重视司法调解,根据《民事诉讼法》的规定,调解贯穿于诉讼程序的全过程。

2. 调解在妇女权益保障中的运用

调解作为妇女权益救济措施,适用的纠纷范围非常广泛。妇女的人身和人格权益、文化教育权益、劳动和社会保障权益、财产权益以及婚姻家庭权益受到侵害,都可以通过调解解决纠纷。以最为常见的婚姻家庭纠纷为例,调解在救济妇女权益方面发挥了基础性作用。妇女的婚姻家庭权益内容广泛,无论是在婚姻家庭中的人身权益还是财产权益受到侵害,妇女都可以申请调解。

妇女可向专门的人民调解委员会申请人民调解。除由村民委员会、居民委员会设立的人民调解委员会外,全国妇联、中央综治办、最高人民法院等《关于做好婚姻家庭纠纷预防化解工作的意见》明确指出,要建立健全婚姻家庭纠纷人民调解组织,由妇联组织会同司法行政机关等建立健全婚姻家庭纠纷人民调解委员会(以下简称婚调委)。妇女向婚调委提出申请后,婚调委判断是否属于可以调解的纠纷类型。不能调解的如严重的家庭暴力,超出了可以调解的范畴,应及时报告公安机关和上级妇联。针对可以调解的纠纷,婚调委接受双方当事人的申请后进入调解程序,确定调解员,通过询问当事人等了解纠纷情况,通过双方陈述明确当事人诉求,然后通过释法说理调解纠纷。双方当事人通过人民调解未达成协议的,由人民调解委员会告知当

---

[57] 《农村土地承包经营纠纷调解仲裁法》第 3 条规定:"发生农村土地承包经营纠纷的,当事人可以自行和解,也可以请求村民委员会、乡(镇)人民政府等调解。"

[58] 例如,《商标法》第 60 条规定:对侵犯商标专用权的赔偿数额的争议,当事人可以请求进行处理的工商行政管理部门调解。《医疗事故处理条例》第 46 条规定:发生医疗事故的赔偿等民事责任争议,医患双方可以协商解决;不愿意协商或者协商不成的,当事人可以向卫生行政部门提出调解申请,也可以直接向人民法院提起民事诉讼。《道路交通安全法》(2021 年修正)第 74 条第 1 款规定:对交通事故损害赔偿的争议,当事人可以请求公安机关交通管理部门调解,也可以直接向人民法院提起民事诉讼。

事人可以申请仲裁或者提起诉讼;能够调解达成协议的,双方签名、盖章后告知当事人可以向人民法院申请司法确认;一方不履行调解协议或者达成协议后反悔的,则告知当事人可就此纠纷向人民法院起诉。

当婚姻家事纠纷进入诉讼后,妇女也可以在诉前、诉中、诉后任一阶段申请调解。离婚案件依法需要先行调解,调解不成再与诉讼衔接,及时审判。在其他家事案件中,调解虽非必经程序,但人民法院也非常重视调解。人民法院可以通过委托或委派特邀调解组织或调解员[59]的方式开展婚姻家庭案件的调解工作,也可以自行主持调解。通过调解达成的调解协议,双方当事人可以申请人民法院进行司法确认;如果是人民法院直接作为调解主体,双方达成调解的,可以申请人民法院制作调解书。

(二)仲裁

我国现行法律体系下的仲裁主要包括商事仲裁、劳动仲裁、土地仲裁,分别通过《仲裁法》《劳动争议调解仲裁法》《农村土地承包经营纠纷调解仲裁法》《劳动人事争议仲裁组织规则》《劳动人事争议仲裁办案规则》规范调整。其中,商事仲裁在妇女权益救济领域的作用相对有限,仲裁主要适用于妇女的劳动和社会保障权益以及农村土地承包权益受侵害的情形。

1.劳动仲裁

劳动仲裁,是指劳动者因与用人单位发生劳动争议而将争议提交给劳动争议仲裁委员会,由其加以裁决的一种纠纷解决机制。劳动争议仲裁委员会由劳动行政部门代表、工会代表和企业方面代表组成。劳动仲裁在劳动争议解决机制中具有前置性,即劳动争议应先由劳动争议仲裁委员会仲裁,当事人对仲裁裁决不服的,再向人民法院提起劳动争议诉讼。

根据《劳动争议调解仲裁法》的规定,劳动者和用人单位间发生的劳动争议提交劳动争议仲裁委员会仲裁。其中,劳动争议包括妇女与用人单位因确认劳动关系发生的争议;因订立、履行、变更、解除和终止劳动合同发生的争议;因除名、辞退和辞职、离职发生的争议;因工作时间、休息休假、社会保险、福利、培训以及劳动保护发生的争议;因劳动报酬、工伤医疗费、经济补偿或者赔偿金等发生的争议;法律、法规规

---

[59] 委托和委派调解的区别在于调解介入的阶段,立案前人民法院进行委派调解,立案后则是委托调解。人民法院吸纳符合条件的人民调解、行政调解、商事调解、行业调解等调解组织或者个人成为特邀调解组织或者特邀调解员,接受人民法院立案前委派或者立案后委托依法进行调解,促使当事人在平等协商的基础上达成调解协议,解决纠纷。

定的其他劳动争议。由此可见,可以申请劳动争议仲裁的纠纷范围比较广泛,包括所有的妇女劳动权益受侵害的情形。

2. 土地仲裁

土地仲裁,是指发生农村土地[60]承包经营纠纷,由农村土地承包仲裁委员会仲裁的纠纷解决方式。农村土地承包仲裁委员会由当地人民政府及其有关部门代表、有关人民团体代表、农村集体经济组织代表、农民代表和法律、经济等相关专业人员兼任组成。

《妇女权益保障法》第75条第2款规定:"乡镇人民政府应当对村民自治章程、村规民约,村民会议、村民代表会议的决定以及其他涉及村民利益事项的决定进行指导,对其中违反法律、法规和国家政策规定,侵害妇女合法权益的内容责令改正;受侵害妇女向农村土地承包仲裁机构申请仲裁或者向人民法院起诉的,农村土地承包仲裁机构或者人民法院应当依法受理。"其中,"受侵害妇女"是指合法权益受到村民自治章程、村规民约,村民会议或村民代表会议的决定侵害的妇女。"合法权益"具体包括哪些权益,法律未作进一步规定,但是结合《农村土地承包经营纠纷调解仲裁法》第2条的规定,应指村民自治章程、村规民约,村民会议、村民代表会议的决定等侵害了妇女在农村集体经济组织中的土地承包经营权。妇女在集体经济组织中的其他权益,比如集体经济组织收益分配、土地征收补偿安置等权益受到侵害,则不能通过土地仲裁进行救济。

当事人不服农村土地承包仲裁委员会作出的仲裁裁决,可以自收到裁决书之日起30日内向人民法院起诉。逾期不起诉的,裁决书即发生法律效力;生效的裁决书具有强制执行力。

(三)诉讼

1. 诉讼概述

诉讼是通过国家公权力解决纠纷的一种纠纷解决机制,在现代社会的纠纷解决机制体系中处于主导地位。诉讼分为刑事诉讼、行政诉讼和民事诉讼。

刑事诉讼的主要目的是保证刑法的正确实施,惩罚犯罪分子,并保障无罪的人不受刑事追究。刑事诉讼的专门机关是公安机关(包括国家安全机关)、人民检察院、人

---

[60] 农村土地是指农民集体所有和国家所有依法由农民集体使用的耕地、林地、草地,以及其他依法用于农业的土地。

民法院。侮辱、诽谤、暴力干涉婚姻自由、虐待、侵占有证据证明的轻微刑事案件，被害人有证据证明对被告人侵犯自己人身、财产权利的行为应当依法追究刑事责任，而公安机关或者人民检察院不予追究被告人刑事责任的案件，都属于自诉案件，受害人可以直接向人民法院提起诉讼。

行政诉讼，是指公民、法人或者其他组织认为行政机关和行政机关工作人员的行政行为侵犯其合法权益，向人民法院提起的诉讼。行政诉讼中的被告为行政机关，人民法院针对行政机关的行政行为是否违法进行审理，诉讼中由行政机关对其行为合法负证明责任。

民事诉讼，是公民、法人及其他非法人组织发生民事争议，提请人民法院这一公权力机关解决争议、确定权利义务关系的诉讼。民事诉讼主体具有平等的法律地位和权利义务关系，纠纷也具有可处分性。

2. 诉讼在妇女权益保障中的运用

在妇女权益救济措施体系中，与和解、调解、仲裁等机制相比，诉讼具有救济的兜底性、终局性及监督性。

首先，诉讼具有兜底性。兜底性是指诉讼作为救济机制，具有最终解决纠纷的作用。妇女权益遭受侵害时，妇女可以选择自力救济的和解，也可以选择社会救济的调解、仲裁，在其他纠纷解决机制均无法解决纠纷、提供救济时，妇女可以提起诉讼。一方面，诉讼的制度供给为其他诉讼外纠纷解决机制的存在和活力提供支撑和后盾，使当事人具有选择救济机制的自由；另一方面，诉讼作为最终救济方式，也是最为权威的救济方式，其他救济机制不能与诉讼相冲突，这也体现出诉讼成为权益救济的最后一道防线，为妇女权益救济提供保障。

其次，诉讼具有终局性。经过诉讼救济机制解决妇女权益纠纷，人民法院作出生效裁判后，妇女不得再就同一纠纷申请仲裁或者调解。这是因为诉讼以国家公权力为基础，以严格的诉讼程序为保障，由此作出的生效裁判具有定分止争的效力，终局性地确定当事人之间的权利义务关系。当然，诉讼的终局性并不排斥当事人在执行阶段进行执行和解或者进行调解，只是达成的执行和解协议或者调解协议并不改变生效裁判确定的内容，而只是对执行进行变通；若双方不履行执行协议，仍然恢复原生效裁判的执行。

最后，诉讼具有监督性。民事诉讼通过人民调解协议司法确认程序以及撤销或者不予执行仲裁裁决，对人民调解及仲裁进行法律监督。人民调解、仲裁的主体都属于社会组织，调解和仲裁赋予了当事人极大的程序选择权，为了保障调解、仲裁不违背当事人的真实意思表示,不损害国家和社会公共利益,需要通过民事诉讼对其进行一定的监督。

妇女权益遭受侵害时可以根据具体情况选择通过刑事诉讼、行政诉讼或者民事诉讼进行救济。比如妇女在家庭中遭受丈夫虐待,可以通过向人民法院提起刑事自诉进行救济,也可以对其提起民事诉讼,要求与之离婚并主张离婚损害赔偿。通常来说,三大诉讼机制的案件适用范围具有比较清晰的界限,妇女可以依据具体受损权益的类型选择与之匹配的诉讼机制。但是,妇女在农村集体经济组织成员身份确认等方面的权益受到侵害,究竟是提起民事诉讼还是行政诉讼,由于立法未予明确,实务中尚存在较大争议。

四、支持起诉

(一)支持起诉概述

支持起诉是指对于损害国家、集体或个人民事权益的行为,受损害的单位或个人不敢、无力或不便提起诉讼,机关、社会团体、企业事业单位可以支持其向人民法院起诉的一项法律制度。[61]

我国《民事诉讼法》第15条对支持起诉予以规定:"机关、社会团体、企业事业单位对损害国家、集体或者个人民事权益的行为,可以支持受损害的单位或者个人向人民法院起诉。"

1. 支持起诉的主体

支持起诉的主体只能是机关、社会团体、企业事业单位,不能是公民个人。通常情况下,支持起诉的单位具有法律赋予的职责。比如,根据《劳动法》第30条以及《工会法》第22条的规定,劳动者(职工)因用人单位侵犯其劳动权益申请仲裁或者提起诉讼的,工会应当依法给予支持和帮助。除此之外,《妇女权益保障法》《未成年人保护法》等均对有关组织支持起诉进行了具体规定。

目前实践中履行支持起诉职能的机关主要是检察机关,法律依据是《民事诉讼法》第58条。检察机关支持起诉是检察机关履行社会治理检察监督职能的重要体现。民事支持起诉的根本目的是实现司法公正,检察机关作为与案件处理结果无利害关系的第三方,能够站在客观公正的立场,通过行使民事检察权,为相对弱势、困难

---

[61] 《民事诉讼法》(第3版),高等教育出版社2022年版,第66页。

的特定群体、特定当事人提供支持与保障,是法律监督职能延伸的体现。[62] 近年来,检察机关在支持起诉方面发挥积极作用。2019年,全国检察机关共受理民事支持起诉案件18510件,支持起诉15419件;2020年,全国检察机关共受理民事支持起诉案件32546件,支持起诉24355件;2021年1月至9月,全国检察机关受理民事支持起诉案件41966件,支持起诉29303件。[63]

2. 支持起诉的对象

支持起诉的对象可以是权益受损害的单位或者个人,但是目前该制度运行中最广泛的支持起诉对象仍然是个人。检察机关支持起诉的情形主要包括:追索劳动报酬、社会保险待遇的;因年老、疾病、缺乏劳动能力等不能独立生活或存在生活困难,请求追索"抚养费、扶养费、赡养费"的;因监护、代理、抚养、收养、继承、侵权等涉及未成年人合法权益的;残疾人的人身权利、财产权利等遭受侵害的;遭受家庭暴力,因害怕遭受报复等不敢起诉的。[64] 其他社会组织支持起诉的对象主要是合法权益遭受侵害的消费者、劳动者、妇女、未成年人及老年人。以上支持起诉的对象具有的共同特点是:诉讼行为能力缺乏或者较弱,不能或者难以单独提起诉讼维护自己的合法权益。

3. 支持起诉的条件

支持起诉通常需要满足两个条件:一是诉讼当事人有提起诉讼进行维权的意思表示,即支持起诉的前提是当事人自主处分自己的权利,其他主体不得对其进行干预;支持起诉并不意味着相关主体主动介入纠纷,强迫或者取代当事人的意思表示。二是当事人提起诉讼存在起诉困难,比如不能、不敢、不会提起民事诉讼。"不敢起诉是指被侵权人由于受到恐吓或者财产威胁,主观上想起诉,客观上能起诉,但惧于起诉。不能起诉是指被侵权者的合法权益遭受侵害,自身或法定代理人缺乏一定的诉讼能力、专业知识或者基本经济保障等条件,依靠自身力量不能单独提起诉讼。不便起诉是指被侵权方因为客观原因导致诉讼条件不便利。"[65]

4. 支持起诉的方式

《民事诉讼法》并未明确法律规定的机关单位及其他组织以何种方式支持起诉。支持起诉是否仅限于在当事人提起诉讼之前给予必要的支持,亦存在一定争议。但是,目前我国检察机关积极发挥支持起诉职能,对支持起诉的方式总结了一些经验。

---

[62] 姜昕等:《检察机关能动履职支持起诉的价值考量及法理内涵》,载《人民检察》2022年第4期。
[63] 兰楠:《推动民事支持起诉更好保障妇女权益》,载《检察日报》2022年5月27日,第3版。
[64] 姜昕等:《检察机关能动履职支持起诉的价值考量及法理内涵》,载《人民检察》2022年第4期。
[65] 石瑛、郑进、刘丹:《推进民事检察支持起诉工作的建议》,载《人民检察》2023年第7期。

比如贵州省检察机关在支持起诉中综合运用提供法律咨询、协助收集证据、协助申请法律援助、引导当事人达成和解、开展公开听证、向人民法院提出支持起诉意见书等方式实现检察支持起诉职能。[66]

(二)支持起诉制度在妇女权益保障中的运用

《妇女权益保障法》第78条规定,国家机关、社会团体、企业事业单位对侵害妇女权益的行为,可以支持受侵害的妇女向人民法院起诉。该条规定是民事诉讼支持起诉制度的具体体现。早在2022年修订《妇女权益保障法》以前,人民检察院就开始了通过检察支持起诉维护妇女合法权益的实践探索。其中,最高人民检察院2021年11月发布的第三十一批指导性案例中,检例第126号[67]便是检察机关在离婚纠纷中支持家庭暴力受害女性起诉的案例。

2023年3月最高人民检察院发布的《关于贯彻实施新修订〈中华人民共和国妇女权益保障法〉切实保障妇女权益的通知》明确要求,各级检察机关要立足法律监督职能,遵循检察机关关于民事支持起诉工作指引要求,依法运用提供法律咨询、协助收集证据、提出支持起诉意见、协调提供法律援助等方式,为受侵害妇女起诉提供帮助,提升民事支持起诉工作质效。由此,检察机关保障妇女权益,履行支持起诉检察职能的方式更加具体明确。并且基于《妇女权益保障法》新增了"支持起诉"制度,检察机关在妇女权益保障领域履行支持起诉职能也突显了一些新的特点:支持起诉的案件范围拓宽,从此前反家庭暴力案件扩展到妇女农村集体经济组织成员资格权益保护、农村土地承包经营权纠纷;检察履职开启与妇联、公安、民政等多部门联动的模式,通过与其他部门协调更好发挥支持起诉制度功效。

五、法律援助与司法救助

(一)法律援助

根据《法律援助法》第2条的规定,法律援助,是国家建立的为经济困难公民和符

---

[66] 高飞、刘奇:《检察机关民事支持起诉制度的实践把握》,载《中国检察官》2024年第9期。
[67] 在该案中,妇女张某云因长期遭受家庭暴力提起离婚诉讼,但法院认为其提供的证据未达到离婚法定情形"家庭暴力"的程度,又考虑到双方育有两个子女且尚未成年,因此最终判决不准予离婚。此后,张某云依旧遭受丈夫殴打恐吓,张某云向司法局申请法律援助。司法局引导张某云向当地人民检察院申请支持起诉。人民检察院对当事人进行了询问,并调查相关证据材料,鼓励其再次提起诉讼。人民检察院发出支持起诉意见书,并依据《民事诉讼法》第15条的规定支持张某云向人民法院起诉离婚。

合法定条件的其他当事人无偿提供法律咨询、代理、刑事辩护等法律服务的制度,是公共法律服务体系的组成部分。法律援助机构由县级以上人民政府司法行政部门设立,负责组织实施法律援助工作,受理、审查法律援助申请,指派律师、基层法律服务工作者、法律援助志愿者等法律援助人员提供法律援助,支付法律援助补贴。

《妇女权益保障法》第 72 条第 3 款规定,对符合条件的妇女,当地法律援助机构或者司法机关应当给予帮助,依法为其提供法律援助或者司法救助。此条中的"条件"应当符合《法律援助法》的规定,通常是指经济困难。但《法律援助法》第 32 条也规定,遭受虐待、遗弃或者家庭暴力的受害人主张相关权益等情形,不受经济困难条件的限制。同时《法律援助条例》第 10 条第 2 款规定:"省、自治区、直辖市人民政府可以对前款规定以外的法律援助事项作出补充规定。"例如,广州市司法局为了提升妇女法律援助服务水平,扩大妇女法律援助覆盖面:妇女遭受虐待、遗弃或者家庭暴力申请法律援助的,不受经济困难条件的限制;重度残疾妇女、60 周岁以上的残疾妇女,以及追索劳动报酬、工伤待遇和赡养费、抚养费、扶养费的妇女申请法律援助的,免予核查经济困难状况。

(二)司法救助

1. 司法救助概述

根据最高人民法院印发的《关于对经济确有困难的当事人提供司法救助的规定》的通知》(以下简称《司法救助通知》)第 2 条的规定,司法救助是指人民法院对于当事人为维护自己的合法权益,向人民法院提起民事、行政诉讼,但经济确有困难的,实行诉讼费用的缓交、减交、免交。申请司法救助的核心要件是"经济确有困难",对此,《司法救助通知》第 3 条[68]进一步列举了可以向人民法院申请司法救助的情形。《人

---

[68] 《司法救助通知》第 3 条规定:"当事人符合本规定第二条并具有下列情形之一的,可以向人民法院申请司法救助:(一)追索赡养费、扶养费、抚育费、抚恤金的;(二)孤寡老人、孤儿和农村'五保户';(三)没有固定生活来源的残疾人、患有严重疾病的人;(四)国家规定的优抚、安置对象;(五)追索社会保险金、劳动报酬和经济补偿金的;(六)交通事故、医疗事故、工伤事故、产品质量事故或者其他人身伤害事故的受害人,请求赔偿的;(七)因见义勇为或为保护社会公共利益致使自己合法权益受到损害,本人或者近亲属请求赔偿或经济补偿的;(八)进城务工人员追索劳动报酬或其他合法权益受到侵害而请求赔偿的;(九)正在享受城市居民最低生活保障、农村特困户救济或者领取失业保险金,无其他收入的;(十)因自然灾害等不可抗力造成生活困难,正在接受社会救济,或者家庭生产经营难以为继的;(十一)起诉行政机关违法要求农民履行义务的;(十二)正在接受有关部门法律援助的;(十三)当事人为社会福利机构、敬老院、优抚医院、精神病院、SOS 儿童村、社会救助站、特殊教育机构等社会公共福利单位的;(十四)其他情形确实需要司法救助的。"

民检察院开展国家司法救助工作细则》第 2 条规定,人民检察院开展国家司法救助工作,是人民检察院在办理案件过程中,对遭受犯罪侵害或者民事侵权,无法通过诉讼获得有效赔偿,生活面临急迫困难的当事人采取的辅助性救济措施。第 9 条规定,国家司法救助以支付救助金为主要方式,并与法律援助、诉讼救济相配套,与社会救助相衔接。

根据上述规定可知,司法救助的主体既包括人民法院,也包括人民检察院。司法救助的对象是指经济有困难的当事人,包括民事诉讼、行政诉讼中的当事人和刑事诉讼中的受害人或者受害人家属。司法救助的方式与主体相关,人民法院进行司法救助主要是给予符合条件的当事人缓交、减交、免交案件受理费的保障;而人民检察院的司法救助方式主要是发放司法救助金,也包括给予法律援助以及衔接其他社会救助。

2. 司法救助在妇女权益保障中的运用

最高人民检察院联合全国妇联分别于 2022 年及 2023 年发布了关于开展"关注困难妇女群体,加强专项司法救助"活动的两个通知,明确检察机关办案过程中的救助对象为五类妇女,包括:属于防止返贫监测对象的农村妇女;遭受家庭暴力、性侵害、拐卖等违法犯罪行为侵害的妇女;家庭主要劳动力受到违法犯罪侵害致死或者丧失劳动能力,承担养育未成年子女、赡养老人义务的妇女;身患重病或者残疾的妇女;赡养义务人没有赡养能力或者事实无人赡养的老年妇女。除此之外,还有因就业性别歧视、职场性骚扰等民事侵权案件而生活困难,通过法律途径难以解决,以及因遭受家庭暴力起诉离婚,生活确有困难,根据实际情况被认为需要救助的妇女。实践中,检察机关曾针对家庭暴力受害妇女在离婚诉讼中生活非常困难且需要独自抚养女儿的情况,帮助其申请临时救助金,为其提供法律咨询并帮助其申请法律援助律师等,切实保障妇女的合法权益。[69]

---

[69] 河北田某国家司法救助案,最高人民检察院、中华全国妇女联合发布的检察机关与妇联组织协作开展司法救助典型案例(2024 年 3 月)。该案中,田某婚后遭受丈夫家庭暴力,且其丈夫与他人以夫妻名义共同生活构成了重婚罪。田某报案后,公安机关立案并由当地人民检察院提起公诉。在此期间,田某提起了离婚诉讼,并寻求当地妇联帮助。妇联发现田某可能符合国家司法救助条件,并将线索移送人民检察院。人民检察院对田某的情况进行了走访调查,查明其丧失一定劳动能力,须独自抚养女儿,生活非常困难。人民检察院针对田某的情况,联合妇联邀请心理治疗师对其进行心理疏导,帮助其申请临时救助金,为田某离婚诉讼提供法律咨询并帮助其申请法律援助律师。

引例分析

《妇女权益保障法》第 77 条第 5 项是一个兜底条款,为检察机关拓展公益诉讼范围留下了空间。《国家人权行动计划(2021—2025 年)》中明确提出,对不履行预防和制止家庭暴力职责等侵害不特定多数妇女合法权益、损害社会公共利益的行为,检察机关可以发出检察建议或提起公益诉讼。最高人民检察院第八检察厅下发的《关于进一步深化拓展妇女权益保障公益诉讼检察工作的提示》也提出,各级检察机关要将妇女权益保障作为重点新增法定领域逐步拓展办案规模,推动妇女权益保障法、反家庭暴力法等法律法规统一正确实施,以法治之力为妇女权益筑牢坚固屏障。根据《妇女权益保障法》和上述文件的规定,家庭暴力属于"其他严重侵害妇女权益的情形"之一,应被纳入妇女权益保障检察公益诉讼范围。本案便是对《妇女权益保障法》第 77 条兜底条款的适用。

本案中,宝应县院虽然决定以行政公益诉讼立案,但未真正对县卫健委提起公益诉讼。这是因为县卫健委收到公益诉讼检察建议后高度重视,履行了监督管理职责。制发诉前检察建议是行政公益诉讼的前置程序,其目的是督促行政机关依法自我审查行政行为的合法性,尽量减少诉讼环节,节约司法资源,只有督促无效的才提起诉讼。这也可以提高检察机关办理行政公益诉讼案件的质量和效率。

本案还体现出公益诉讼凝聚多方合力、促进系统治理的制度价值。宝应县院以个案线索为突破口,推动类案监督和整改落实,督促行政机关依法履职并落实强制报告制度。此外,宝应县院还针对地方反家暴治理机制的"碎片化"现状,争取当地党委领导、政府支持,坚持以"我管"促"都管",进一步完善了反家暴治理机制。

第六节 妇联维护妇女权益的工作制度

引 例

被害人田某(女)在 12~14 岁时与母亲和母亲的男友张某共同生活。其间,田某多次受到张某猥亵,但因惧怕不敢反抗,又担心被张某报复,故当时没有报警。16 岁时田某离开老家到北京上学,暂时脱离了那个家庭,于是到全国妇联信访接待室求助。

全国妇联立即通知田某家所在地省妇联,要求落实最高人民检察院与全国妇联《关于建立共同推动保护妇女儿童权益工作合作机制的通知》,协调当地检察机关、公安机关及时立案,依法惩治违法犯罪行为,维护未成年人合法权益。公安机关高度重视,与检察机关成立联合调查小组,协同省妇联一同前往北京调查取证。全国妇联提供场所,帮助公安、检察机关对田某进行了"一站式"询问,省妇联指派专人担任合适成年人,保障田某的诉讼权利。调查结束后,公安机关拘捕了犯罪嫌疑人,检察机关以猥亵儿童罪批捕起诉,最终张某被判处有期徒刑5年。

一、妇联的成立与发展

中国共产党一经成立,就把男女平等写在奋斗的旗帜上,把争取妇女解放融入为中国人民谋幸福、为中华民族谋复兴的奋斗历程。党中央高度重视妇女工作,强调妇女工作是党的群众工作的重要组成部分,应由全党来做;强调单独的妇女群众组织是党联系妇女群众的需要,必须长期存在[70]——党领导下的妇联因此诞生。最早的妇联成立于革命战争年代,今天它已发展成由全国、省(区、市)、市(地、州)、县(市、区)、乡镇(街道)、村(社区)六级妇联组织,机关事业单位、社会组织的妇女委员会或妇女工作委员会,以及团体会员构成的组织体系,同时,新经济组织、新社会组织、新就业群体等领域的妇联组织覆盖面也在不断扩大。

全国妇联是全国各族各界妇女为争取进一步解放与发展而联合起来的群团组织,是中国共产党领导下的人民团体,是党和政府联系妇女群众的桥梁和纽带,是国家政权的重要社会支柱。全国妇联以宪法为根本的活动准则,依照法律和《中华全国妇女联合会章程》独立自主地开展工作。

二、妇联履行维护妇女权益基本职能的主要依据

妇联立足引领、服务、联系的职能定位,以团结引导各族各界妇女听党话、跟党走为政治责任,以围绕中心、服务大局为工作主线,以联系和服务妇女为根本任务,以代表和维护妇女权益、促进男女平等和妇女全面发展为基本职能。

妇联开展维护妇女权益工作主要有两个重要依据:

一是妇联章程。1949年中国妇女第一次全国代表大会通过的第一个妇联章程就把"保护妇女权益……以实现男女平等,妇女解放"作为妇联的宗旨。此后妇联章程

---

[70] 中华全国妇女联合会编:《中国共产党领导妇女运动百年》,中国妇女出版社2023年版,第124页。

虽历经多次修改，但维权作为妇联组织的基本职能始终未变。现行《中华全国妇女联合会章程》第一章"任务"第3条和第4条规定，全国妇联代表妇女参与管理国家事务、管理经济和文化事业、管理社会事务，参与民主决策、民主管理、民主监督，参与有关法律、法规、规章和政策的制定，参与社会治理和公共服务，推动保障妇女权益法律政策和妇女、儿童发展纲要的实施；维护妇女儿童合法权益，倾听妇女意见，反映妇女诉求，向各级国家机关提出有关建议，要求并协助有关部门或单位查处侵害妇女儿童权益的行为，为受侵害的妇女儿童提供帮助。

二是《妇女权益保障法》。《妇女权益保障法》是我国妇女权益保护的基本法律，规范了妇女权益保障的重要制度机制，其中对妇联依法履行维护妇女权益的职责作出了明确的规定，主要有：全国妇联和地方各级妇联依照法律和中华全国妇女联合会章程，代表和维护各族各界妇女的利益，做好维护妇女权益、促进男女平等和妇女全面发展的工作。有关机关制定或者修改涉及妇女权益的法律、法规、规章和其他规范性文件，应当听取妇联的意见，充分考虑妇女的特殊权益，必要时开展男女平等评估。妇联代表妇女积极参与国家和社会事务的民主协商、民主决策、民主管理和民主监督。妇女的合法权益受到侵害的，可以向妇联等妇女组织求助。妇联等妇女组织应当维护被侵害妇女的合法权益，有权要求并协助有关部门或者单位查处。有关部门或者单位应当依法查处，并予以答复；不予处理或者处理不当的，妇联可以向其提出督促处理意见，必要时可以提请同级人民政府开展督查。用人单位侵害妇女劳动和社会保障权益的，人力资源和社会保障部门可以联合工会、妇联约谈用人单位，依法进行监督并要求其限期纠正。鼓励和支持群团组织、企业事业单位、社会组织和个人参与建设妇女权益保护服务热线，提供妇女权益保护方面的咨询、帮助。

由此可以看出，妇联作为党和政府与妇女群众之间的桥梁和纽带，代表和维护各族各界妇女的利益。其开展妇女维权工作的制度机制有两个方面：一方面，妇联要在党的领导下，积极融入政府主导、各方协同、社会参与的保障妇女权益工作机制中，协助党委政府做好保障妇女权益的各项工作。另一方面，妇联也要充分发挥职能优势，主动作为，建立有群团组织自身特色的维权服务机制，为妇女群众提供法律、心理、救助关爱等服务。

三、妇联开展维权工作的制度机制

妇女事业是党和人民事业的重要组成部分，国家始终高度重视促进男女平等和妇女事业发展，加强和改进党对妇女工作的领导，建立完善人大立法保障妇女权益、政协协商推动妇女事业发展的工作机制,建立健全政府贯彻落实男女平等基本国策的工作机制,强化妇联组织作为党和政府联系妇女群众桥梁纽带的工作机制,为妇女事业发展提供强有力的政治保障和制度机制保障。妇联充分发挥党开展妇女工作最有力的助手作用,积极参与并推动完善各项权益保障机制。

(一)在人大立法保障妇女权益的工作机制中切实履行代表职能

全国人民代表大会制度是坚持党的领导、人民当家作主、依法治国有机统一的根本政治制度安排。全国人大常委会高度重视保障妇女权益的制度机制建设:一是强化组织保障,在全国人大社会建设委员会中设立工青妇室,专门负责与群团工作以及老年人、妇女、儿童、青少年权益保护等有关的立法、监督、代表、议案建议办理等方面的事项。二是建立妇女权益保障法律体系,形成了以《宪法》为基础,以《妇女权益保障法》为主体,包括《民法典》《刑法》《反家庭暴力法》《农村土地承包法》《劳动法》《就业促进法》《母婴保健法》等100多部法律法规在内的全面保障妇女权益的法律体系。妇联践行全过程人民民主,在国家立法保障妇女权益的制度机制中切实履行代表妇女权益的职责。

第一,推动健全法律体系。妇联针对妇女权益领域的突出问题,主动开展调研论证,向立法机关反映情况,提出制定、修改法律的意见建议;配合全国人大社会建设委员会开展妇女权益保障相关法律的执法检查,促进妇女权益保障相关法律的有效实施。在法律草案征求意见的过程中,妇联积极建言献策,促进将男女平等的宪法原则贯穿法律制定修改全过程,使妇女在政治、经济、文化、社会和家庭生活等各方面的平等权利和特殊利益得到法律保障。特别是党的十八大以来,妇联先后推动了《反家庭暴力法》《家庭教育促进法》的制定和《妇女权益保障法》的全面修订,在《民法典》编纂以及《刑法》《农村土地承包法》《农村集体经济组织法》《未成年人保护法》等法律的制定修改中提出多项保障妇女儿童权益的建议,被立法机关采纳,使我国妇女权益保障法律体系日益健全完善。

第二,推动法规政策性别平等评估机制普遍建立。2020年全国妇联配合国务院妇儿工委制定《关于建立健全法规政策性别平等评估机制的意见》,在国家层面和31个省区市建立法规政策性别平等评估机制,要求对有关法规、规章、政策的制定和实施进行评估,避免或者纠正涉嫌性别歧视的相关内容。2022年,全国妇联积极建议将这一制度写入妇女法并增加对"法律"的评估,被立法机关采纳,从而将各层级规范性文件的制定和实施都纳入评估范围,进一步强化了从源头上保障妇女合法权益的制度机制。

(二)在政协协商推动妇女事业发展的工作机制中建言献策

中国人民政治协商会议是中国共产党领导的多党合作和政治协商的重要机构。政协协商的工作机制在推动妇女事业发展中同样发挥着重要的作用。界别是人民政协的基本组织单元,是人民政协协商议政、开展活动的基本单位,也是人民政协建立和发展的重要基础。通过界别,不同社会阶层、社会群体的委员可以参与国家事务的讨论和决策。政协全国委员会有34个界别,其中专门设置了妇联界别。妇联注重发挥政协妇联界别的作用,通过组织协商座谈,开展专题调研,提交提案建议等,在政治协商、民主监督、参政议政中持续推进妇女发展和男女平等。政协全国委员会和地方委员会还设有社会和法制委员会,对涉及妇女发展的重点难点问题提出建议,办理涉及妇女权益的提案。妇联向社会和法制委员会提出建议,促进妇女权益保护重点难点问题的解决;妇联界别政协委员多次在政协会议上发言,就关系经济社会发展大局的妇女问题建言献策。

(三)在政府贯彻落实男女平等基本国策的工作机制中发挥协调督促作用

各级妇联通过承担各级妇儿工委办公室工作,充分发挥这一有中国特色的制度优势,组织、协调、指导和督促有关部门落实国家经济社会发展总体规划、政府年度重点工作中有关妇女儿童发展和权益保护的任务。

近年来,国家妇女权益保障的顶层设计力度不断加大。"十三五"和"十四五"两个国民经济和社会发展五年规划纲要中均设立专章,就保障妇女权益、促进男女平等和妇女全面发展设置目标、制定措施。在扶贫开发、乡村振兴、科教兴国、人才强国、创新驱动发展、就业优先、健康中国等国家重大战略的实施中,注重统筹妇女发展,保障妇女各项权益。国家人权行动计划、中国反对拐卖人口行动计划加强对妇女等特定群体权益的保障。全国妇联积极参与落实国家重大规划实施的工作机制,并通过这些工作机制,主动反映妇女群众的利益诉求,使国家相关部门在制定政策、编制规划、部署工作的过程中,充分考虑两性的现实差异和妇女的特殊利益,促进男女平等基本国策在各领域贯彻落实。比如,国务院成立了反拐部际联席会议,全国妇联也加入了这个工作机制作为成员单位之一,指导地方妇联开展防拐反拐知识的普及宣传,增强妇女儿童安全意识;加强日常走访关爱,发现有来历不明的妇女儿童或者有疑似涉拐卖等违法犯罪行为时及时报警;配合基层政府做好返乡被拐妇女儿童的安置服务,协调落实有关政策和帮扶救助措施,帮助她们重树生活信念,回归正常生活。又如,为了贯彻落实《反家庭暴力法》,推动解决反家庭暴力工作实践中存在的突出问题,2020年全国妇联联合国务院妇儿工委办公室出台了《关于加强反家庭暴力经常性工作的意见》,建立反家庭暴力多部门会商机制,由国务院妇儿工委办公室每年定期召开会议,召集相关部门和单位,共同会商涉及反家庭暴力的重大事项,推动解决重点难点问题。

(四)在全面依法治国中推进妇女权益司法保障

司法保障是人民群众感受公平正义的最后一道防线,依法维护妇女合法权益是司法机关的法定职责,也是妇联的使命任务。妇联组织分别与法院、检察院建立了妇女儿童权益保护合作机制,围绕打击性侵犯罪、预防和制止家庭暴力、困难妇女救助帮扶等领域,推动出台司法解释和制度文件,如《关于审理拐卖妇女儿童犯罪案件具体应用法律若干问题的解释》《关于依法办理家庭暴力犯罪案件的意见》《关于加强人身安全保护令制度贯彻实施的意见》等;开展专项合作,与最高人民检察院联合开展"关注困难妇女群体 加强专项司法救助"活动,在检察办案环节发挥各自职能优势,共同救助帮扶困难妇女;推动完善司法制度,与最高人民检察院加强妇女权益保障检察公益诉讼制度研究,并积极建议将该项制度写入2022年修订的《妇女权益保障法》;建立维护妇女权益典型案例发布和以案释法制度,"一个案例胜过一打文件",近年来全国妇联与最高人民检察院、最高人民法院等每年联合发布多批典型案例,为社会公众送上生动的保障妇女儿童权益普法"公开课",也为司法机关、妇联组织和相关部门解决类似问题提供指导和参考;与法院、检察院联合举办主题开放日活动,让各行各业的女性代表走进司法机关,展示以法治守护妇女权益的实践成果,凝聚保障妇女权益的社会合力,提升保障妇女权益的工作质效;提供法律援助,作为国家法律援助制度的组成部分,妇联组织实施的"中国妇女法律援助行动"自2018年以来共帮助妇女群众挽回经济损失4.5亿元。

(五)立足妇联职能建立健全维权服务机制

代表和维护妇女权益是妇联组织的基本职能。各级妇联发挥组织优势,主动作为,建立健全了一系列关爱妇女儿童、防治侵权行为的制度机制,把维权工作做在平常、抓在经常、落到基层。

第一,妇女儿童关爱服务机制。2019年全国妇联建立了维权五项机制,要求各地妇联通过常态化的走访排查,了解困难妇女儿童情况,及时提供关爱帮扶;对于日常工作中发现的侵害妇女儿童权益线索,及时报告公安机关;加强与政府相关部门、司法机关等多部门的联防联动,共同开展救助和服务;加大妇联系统的上下联动,积极营造尊重保护妇女儿童的社会氛围;强化对工作的指导和督办,促进各项维权机制有效运行。2022年全国妇联就扎实开展维权服务,做到走访联系常态化、关爱妇女精细化、发现报告制度化、协调联动机制化进一步提出指导意见,充分调动国家至村(社区)六级妇联组织力量,发挥770多万基层执委作用,落实妇联组织关爱服务、发现报告、联防联动、舆情应对、工作督查等制度,通过实实在在的服务把党的关怀、妇联"娘家人"的温暖送到广大妇女身边。各地妇联按照意见要求,创造性地开展了大量卓有成效的工作。如云南省妇联2022年以来开展"三访四察五送"工作,五级妇联干部、执委、巾帼志愿者下沉到基层一线、矛盾最集中的现场了解妇情民意。妇联能办的,马上办、高效办;妇联不能办或者办不了的,深入开展调查研究,找准问题症结,积极向党委政府报告,推动有关部门联动解决。截至2023年年底,全省共协调推动近9万名重点人、4000多户重点家庭纳入政策性兜底保障范围,直接解决各类困难问题4.5万个。2024年全国妇联又牵头与最高人民法院、最高人民检察院、公安部、民政部、司法部、人力资源和社会保障部、农业农村部、国务院妇儿工委办、中国残联等十家单位联合开展"巾帼暖人心"深化维护妇女权益专项活动,指导各系统在困难妇女群体关爱帮扶、婚姻家庭矛盾纠纷预防化解、预防处置家庭暴力、保障妇女平等就业、维护农村妇女土地权益等方面加强协作,共同落实好党中央关于妇女事业发展的各项规划部署。

第二,婚姻家庭纠纷预防化解工作机制。开展婚姻家庭纠纷预防化解是促进家庭和睦幸福、防范婚姻家庭领域风险、维护社会安宁稳定的有效举措。全国妇联贯彻落实党中央关于加强矛盾纠纷多元化解的总体部署,自2015年起,会同司法行政机关积极推进婚调委建设,开展婚姻家庭纠纷预防化解工作。2017年,全国妇联联合中央综治办、最高人民法院、公安部、民政部、司法部出台《关于做好婚姻家庭纠纷预防化解工作的意见》,形成婚姻家庭纠纷预防化解工作联动机制,合作开展纠纷排查、婚姻辅导、家事调解、预防制止家庭暴力。2019年全国妇联实施了"家家幸福安康工程",在四大行动之"家庭服务提升行动"中,提出推进婚调委规范化、专业化建设的阶段性目标和做深做实婚姻家庭纠纷预防化解的措施。2021年,"十四五"时期妇联事业发展规划中明确了实现婚调委"县级全覆盖"、鼓励有条件的地方建立社区婚姻家庭纠纷调解工作室的任务。近年来,全国妇联坚持和发展新时代"枫桥经验",积极探索"妇联+"调解模式,推动婚姻家庭纠纷调解组织入驻综治中心、派出所/警务室、诉讼服务中心、婚姻家庭辅导室、公共法律服务中心。目前,全国县级以上建立婚调委4000余个,基层婚姻家庭纠纷调解工作室27万个,专兼职婚调员近10万人,每年调解约20万件案件。

第三,信访接待与热线服务制度。信访工作是党的群众工作的重要组成部分,是了解社情民意的重要窗口。妇联信访是妇联组织联系妇女群众、掌握妇情民意的"晴雨表",是向党和政府反映妇女儿童问题,维护妇女儿童合法权益的重要渠道。妇联组织通过建立健全信访工作制度,宣传妇女权益保护法律政策,倾听妇女意见建议,反映妇女诉求呼声,协调化解社会矛盾,引导妇女依法维权,配合、督促解决妇女权益问题。12338妇女维权公益服务热线是妇联组织开通的全国统一的维权服务热线,也是妇联信访工作的重要部分。2023年县级以上妇联接到的热线来电已经占信访总量的60%以上,有的省已超70%,成为妇联群众信访的主要渠道。各地妇联组建了由妇联专职维权干部、律师、心理咨询师、婚姻家庭咨询师等专业力量构成的热线服务团队,在党委和政府的支持下,加强制度机制保障,升级改造硬件平台,推动热线数字化、信息化、智能化。各地妇联还积极联动公安、法院、检察院、人社、教育等部门,建立典型个案处理协调机制,对热线中接到的严重侵害妇女儿童权益的维权投诉,协调、配合、督促相关部门调查处置。

引例分析

女性遭遇性侵害是一件令人痛心的事情,尤其是当这种伤害来自共同生活的家庭成员时,她们通常难以向亲人启齿或寻求帮助,因此,这类违法犯罪行为往往持续很长时间而不被发现,使受害人的身体、精神、情感备受折磨。比如本案的受害人因为惧怕而隐忍多年,直到脱离加害人的控制才敢投诉。对此,《妇女权益保障法》第73条规定了救济措施。对该条的理解应注意以下几点:

第一,妇女的合法权益受到侵害的,可以向妇联等妇女组织求助。受害人可以通过给妇联写信、到妇联信访接待窗口投诉、拨打12338妇女维权热线投诉咨询等方式,向妇联组织反映权益受侵害的情况,提出维权诉求。

第二,妇联组织接到妇女群众通过来信、来访、来电等方式提出的维权投诉后,会根据求助人的需要,提供有关保护妇女儿童权益的法律政策和婚姻家庭关系等方面的咨询,开展法律帮助、矛盾调处、支持起诉等服务,依法维护被侵害妇女儿童的权益。

第三,妇联组织有权向有关部门和单位反映情况,要求它们依法查处侵害妇女儿童权益的行为,并配合协助它们做好相关工作。

第四,有关部门或者单位对于妇联组织反映的侵权问题,应当认真对待,不仅要依法调查处理,还应当就调查情况和处理结果等向妇联组织反馈。

第五,有关部门或者单位如果不予处理或者处理不当,比如推诿、拖延或者故意不查处,滥用职权,包庇、偏袒行为人等,县级以上人民政府负责妇女儿童工作的机构或者妇联组织可以向其提出督促处理意见,必要时可以提请同级人民政府开展督查,督促其及时处理侵害妇女权益的行为,或者及时改正其不合适的处理意见。

本节引例就是一个妇联组织通过信访发现女童受侵害后,立即启动与司法机关和政府部门建立的多部门合作保护妇女儿童权益联防联动机制,发挥各自职能优势,相互配合共同做好依法打击犯罪、救助关爱受害妇女儿童的成功案例。一方面,各部门能动履职,相互配合打击犯罪。秉持未成年人利益最大化原则,公安机关、检察机关、妇联组织及时启动性侵未成年人"一站式"询问和保护机制,在各个环节多方联动、密切配合,确保侦查结果经得起考验。由于案发时间较为久远,被害人对于案件的细节记忆有所模糊,而有关的客观证据和直接证据甚少,为有效指控性侵未成年人犯罪,检察机关主动延伸检察职能,在刑事立案前便介入侦查,同时邀请妇联组织作为保障受害女童诉讼权利的合适成年人,在"一站式"调查取证现场参与问话及相关环节,协助收集、固定证据,提升指控犯罪的质量和效果。在依法抓捕加害人之前,地方妇联三级联动,配合学校及公安机关阻止加害人进入校园骚扰受害女童、干扰办案程序。另一方面,多方联动,共同做好受害人关爱帮扶工作。由于被害女童遭受侵犯后心灵受创严重,甚至对其母亲产生敌视心理,多次表示要与母亲断绝关系,全国妇联积极协调心理咨询师对被害女童开展有针对性的心理疏导,帮助其解开心结。地方检察院还联系法律援助机构指派专业强、有责任心且熟悉未成年人身心特点的女律师为被害女童提供法律援助,用心用情呵护祖国的花朵。

章结语

《妇女权益保障法》是保障妇女权益的基本法,其在总结实践经验的基础上确立了共产党领导、政府主导、各方协同、社会参与的保障妇女权益的工作机制,创设了法律政策性别平等评估机制、性别统计调查制度、妇女权益保障检察公益诉讼制度、就业性别歧视联合约谈制度等保障妇女权益的制度机制,充实了调解、仲裁、支持起诉、法律援助与司法救助等救助措施。妇联以代表和维护妇女权益、促进男女平等和妇女全面发展为基本职能,形成了妇女儿童关爱服务、婚姻家庭纠纷预防化解、信访接待与热线服务等独具特色的妇女维权工作机制。

思考题

1. 妇女权益保障机制包括哪些内容?
2. 如何理解保障妇女权益与维护妇女权益的联系与区别?
3. 我国保障妇女权益的工作机制为什么要强调"坚持中国共产党的领导"?
4. 阐述法律政策性别平等评估指标。
5. 什么是性别统计的性别敏感性?生理性别与社会性别的理论概念在性别统计中是如何应用的?
6. 通过检察公益诉讼保障妇女权益具有什么样的制度优势?
7. 相较于其他救济措施,就业性别歧视联合约谈对保障妇女的平等就业权有何优势?
8. 检察机关支持起诉的具体方式有哪些?检察机关在支持起诉过程中如何与妇联组织、公安机关、民政部门及司法行政机关联动?各个组织和机关承担哪些具体职责?
9. 妇联是如何履行维护妇女权益的职责的?请谈谈你对这一问题的看法。